U0517721

本著作出版受国家自然科学基金项目《中国欠发达地区城市群建构中的新区域主义（41371182）》、广东省政府2010年重大决策咨询公开招标项目《推进广东省城乡一体化的路径和相关政策研究（2010102）》的资助。

陈修颖　汤放华

著

城乡一体化的推进路径及相关政策
——基于广东省的研究

中国社会科学出版社

图书在版编目(CIP)数据

城乡一体化的推进路径及相关政策：基于广东省的研究／陈修颖，
汤放华著.—北京：中国社会科学出版社，2016.1

ISBN 978 - 7 - 5161 - 6438 - 9

Ⅰ.①城…　Ⅱ.①陈…②汤…　Ⅲ.①城乡一体化 - 研究 - 广东省
Ⅳ.①F299.276.5

中国版本图书馆 CIP 数据核字(2015)第 152478 号

出 版 人	赵剑英
责任编辑	宫京蕾
责任校对	秦　艳
责任印制	何　艳

出　　　版	中国社会科学出版社
社　　　址	北京鼓楼西大街甲 158 号
邮　　　编	100720
网　　　址	http://www.csspw.cn
发 行 部	010 - 84083685
门 市 部	010 - 84029450
经　　　销	新华书店及其他书店

印刷装订	北京市兴怀印刷厂
版　　次	2016 年 1 月第 1 版
印　　次	2016 年 1 月第 1 次印刷

开　　本	710×1000　1/16
印　　张	15.5
插　　页	2
字　　数	231 千字
定　　价	58.00 元

凡购买中国社会科学出版社图书，如有质量问题请与本社营销中心联系调换
电话：010 - 84083683
版权所有　侵权必究

前　言

改革开放 30 多年，我国城乡关系发生了重大的变化。当前，我国已进入"以工哺农、以城带乡"的城乡关系发展新阶段。党的十七届三中全会对我国经济社会发展阶段做出了"三个进入"判断，即"我国总体上已进入以工促农、以城带乡的发展阶段，进入加快改造传统农业、走中国特色农业现代化道路的关键时刻，进入着力破除城乡二元结构、形成城乡经济社会发展一体化新格局的重要时期"。按照中共十七届三中全会的战略部署，到 2020 年，我国将初步形成城乡经济社会一体化新格局。

进入发展的新阶段，并随着发展方式的转型，我国的城乡关系将面临前所未有的大变局。未来 5—10 年，全国城乡经济社会一体化进程将全面加快，并且城乡结构的变化将处在从量变到质变的过程之中。从全国来看，通过"以工哺农、以城带乡"实现城乡经济社会一体化，成为扩大国内消费、实现发展方式转型的战略任务。我国自浙江省 2004 年首次发布城乡一体化规划纲要以来，迄今为止已有上海、江苏、山东、重庆、四川等省市出台了城乡一体化规划或城乡一体化行动纲领，城乡一体化实践取得了显著成效。2007 年 6 月 7 日，成都正式获批"全国统筹城乡综合配套改革试验区"。由此开始，成渝两地成为全国城乡一体化改革与实验的"新特区"。2007 年 12 月 24 日，国家发改委批准"武汉城市圈"和"长株潭城市群"为全国资源节约型和环境友好型社会建设综合配套改革试验区。2008 年 10 月，国家发改委将苏州列为城乡一体化发展综合配套改革联系点，同时，苏州还和重庆、成都、嘉兴一起被国家发改委列为中澳管理项目①试点城市。海南省在 2010 年首次完成全省范围的城乡一体化规划，推进城乡一体化将成为海南省"十二五"的头等战略任务。广东省的城乡一体化实践起步早，早在 2003 年就有少数地方开始尝试城乡一体化的土地、户籍等制度改革，2009 年分别在佛山、中山和惠州进行统筹城乡发展综合改革试点，取得了丰富的实践经验，甚至有些典型模式被其他省市借鉴。但这些理论研究和实践是零散的，行动也没能上升到省级政府的重点战略行为。至 2010 年，广东省的国内生产总值达 45472.83 亿元，第二产业增加值 22918.07 亿元，增长 14.5%，城市化率 63.4%，但城乡差距仍然很大，城乡收入比为 3.12：1，在沿海经济发达省市中是最大的②，城乡间在基础设施建设、基本公共服务及配套设施、居民人均收入、居民消费能力、居民社会保障水平等方面的差距仍然很大，产业关联、就业关联、制度关联等较弱。从区域社会经济发展阶段看，广东省已进入以工补农、以城促乡的战略转型阶段，将城乡一体化上升为全省统一的战略行动是"十二五"的当务之急，并将推进广东省的城乡一体化作为实现广东省的发展观转型、资源观转型，顺利实现广东省"十二五"各项经济社会战略目标的切入点和关键突破口。

---

① 2004 年，根据中国政府和澳大利亚政府的双边合作安排，经国家发展改革委员会领导同意，发改委经济体制综合改革司启动了与澳大利亚国际发展署的合作谈判，并最终确定了"消除城乡一体化的体制障碍，促进农民富裕与城乡统筹发展"的合作主题。该项目自 2007 年 4 月启动，计划于 2010 年上半年执行完毕。其特点和目的，就是借鉴国际经验、借助国内专家、采用先进方法，通过政策研究和实践探索，更加全面、系统、准确、科学地为我国统筹城乡发展、建立促进城乡一体化发展的制度，探索路径、积累经验、提供示范。

② 2009 年沿海 7 省市城乡收入差距比较：

上海	浙江	江苏	辽宁	山东	福建	广东
2.15：1 (28838/13404)	2.45：1 (24611/10007)	2.56：1 (20552/8004)	2.60：1 (15800/6000)	2.91：1 (17811/6119)	2.93：1 (19577/6680)	3.12：1 (21575/6907)

说明：城乡收入比指城镇人均可支配收入与农村居民人均纯收入的比值。数据依据各省市 2010 年统计年鉴计算、整理而得。

　　本项目的研究意义体现在三个方面：（1）理论意义。探索广东实施全面城乡一体化和有限城乡一体化的具体定量标准和内容，是对马克思城乡一体化理论的补充和深化。（2）实践意义。确定广东省推进城乡一体化的时、空两维行动路径。（3）方法论意义。运用社会学、经济学和地理学的方法综合研究，研究结论更具科学性和可靠性。本项目的研究目的有三个：（1）对广东省城乡一体化现状、问题和推进障碍等做出科学评价。重点是通过构建科学的指标体系。（2）为广东省城乡一体化制定科学可行的行动路径。行动路径包含时、空两方面。（3）确定省委省政府在城乡一体化过程中未来要重点设计和改革的相关政策以及投入的重大工程。

　　本项目以马克思的城乡一体化理论为指导，依据因地制宜、量力而行；城乡互动、规划衔接；分类指导，梯度推进；政府主导，民间参与；改革创新，政策配套等五大原则，通过对八大问题的深入研究，得出推进广东城乡一体化的路径和相关政策。成果将重点服务于广东省"十二五"城乡一体化实践、指导广东中长期城乡一体化工作的推进。项目研究重点为七大内容：（1）广东省城乡一体化现状、问题和推进障碍等做出科学评价。（2）广东省城乡一体化监测评价指标体系构建。（3）未来中长期广东城乡一体化的总体目标和主要任务。（4）广东城乡一体化的区域特征及地域性策略。（5）广东省城乡一体化的实践及长三角的经验借鉴。（6）广东省城乡一体化"十二五"重点行动：十大工程。（7）广东省推进城乡一体化的政府转型和政策创新。

目　　录

第一章　城乡一体化理论及对广东城乡一体化的指导意义 ……… （1）

第一节　马克思的城乡关系演进理论对广东省城乡一体化
　　　　实践的指导 ……………………………………… （1）

第二节　毛泽东主席的办法及其当下启示 ………………… （5）

第三节　城乡联系理论与广东省城乡紧密关系建立 ……… （7）

　一　城乡联系格局 ………………………………………… （8）

　二　城乡联系的物质基础 ………………………………… （12）

　三　城乡联系理论新进展 ………………………………… （13）

　四　城乡空间联系优化目标 ……………………………… （16）

第四节　"十六大"以来我国城乡一体化的政策含义及实践
　　　　要求 …………………………………………………… （17）

第二章　广东省推进城乡一体化的社会背景、现状及问题
　　　　评述 …………………………………………………… （21）

第一节　广东省社会经济发育阶段的判断 ………………… （21）

第二节　广东省推进城乡一体化的社会背景 ……………… （22）

第三节　国家"十二五"规划中的城乡一体化解读 ……… （30）

第四节　广东省城乡收入差距：时空特征与原因分析 …… （32）

　一　现状 …………………………………………………… （32）

　二　阶段性特征 …………………………………………… （32）

　三　区域性特征 …………………………………………… （36）

　四　广东省与沿海省份的城乡居民收入差异比较 ……… （38）

　五　城乡居民收入差距发展趋势预测 …………………… （43）

第五节　广东省基础设施的城乡差异及区域差异：现状及
　　　　问题 ……………………………………………………（46）
　　一　广东省基础设施城乡差异现状 …………………………（47）
　　二　广东省基础设施城乡差异问题与原因 …………………（49）
　　三　广东省基础设施区域差异 ………………………………（51）
　　四　广东省基础设施区域差异分析 …………………………（56）
第六节　广东省城乡基本公共服务现状及问题 …………………（56）
　　一　广东省农村公共服务概况 ………………………………（57）
　　二　广东省基本公共服务城乡差异现状分析 ………………（59）
　　三　存在的突出问题及其原因分析 …………………………（64）

第三章　广东省城乡一体化监测评价指标体系及发育水平的
　　　　区域差异 ………………………………………………（67）
第一节　指标体系构建 ……………………………………………（67）
　　一　指标体系构建依据 ………………………………………（67）
　　二　指标体系设计 ……………………………………………（68）
第二节　广东省各地市城乡一体化发育水平测量 ………………（73）
　　一　城乡一体化发育水平综合评价模型 ……………………（74）
　　二　广东省城乡一体化综合评价结果及分析 ………………（75）
　　三　城市化水平与城乡一体化对比分析 ……………………（78）
　　四　三点主要结论 ……………………………………………（80）

第四章　广东省城乡一体化的实践及长三角的经验借鉴 ………（82）
第一节　广东省城乡一体化的实践及经验 ………………………（83）
　　一　珠江三角洲城乡一体化居于全国领先水平 ……………（83）
　　二　珠江三角洲四城市的城乡一体化实践及其经验 ………（84）
　　三　统筹城乡综合改革试点市的实践与初步经验 …………（91）
　　四　小榄镇推进城乡一体化的做法及启示 …………………（92）
　　五　珠江三角洲的城乡一体化模式 …………………………（96）
第二节　浙江城乡关系演变与城乡统筹发展及其基本经验 …（98）
　　一　城乡关系演变历程 ………………………………………（98）
　　二　统筹城乡发展的主要阶段 ……………………………（100）

三 已实施的城乡一体化重点工程 ················· (101)

四 统筹城乡发展的浙江特色与推广价值 ········· (103)

第三节 长三角地区典型城市城乡一体化经验借鉴 ········ (108)

一 上海城乡一体化发展模式 ··················· (108)

二 苏南城乡一体化模式 ······················· (110)

三 苏州市城乡一体化特点及经验 ··············· (111)

四 宁波市城乡一体化特点及经验 ··············· (115)

五 嘉兴市城乡一体化特点及经验 ··············· (122)

六 义乌市的城乡一体化特点及经验 ············· (127)

第五章 未来中长期广东城乡一体化的目标、路径、手段与
内容 ·· (136)

第一节 指导思想 ································· (136)

第二节 基本思路 ································· (136)

第三节 总体目标 ································· (137)

一 城乡空间一体化目标 ······················· (137)

二 城乡经济一体化目标 ······················· (138)

三 城乡社会一体化目标 ······················· (139)

四 城乡人口与就业一体化目标 ················· (139)

五 城乡生态一体化目标 ······················· (140)

六 城乡基础设施一体化目标 ··················· (141)

七 城乡基本公共服务均等化目标 ··············· (141)

第四节 广东城乡一体化目标下的区域社会经济要素的实现
目标 ······································· (142)

第五节 广东省城乡一体化的路径与手段 ··············· (143)

一 推进路径 ································· (143)

二 推进手段 ································· (143)

第六节 广东省城乡一体化核心内容 ··················· (148)

一 城乡规划一体化 ··························· (148)

二 城乡基础设施网络化 ······················· (149)

三 基本公共服务城乡均等化 ··················· (150)

四　城乡产业一体化 ···（151）

五　城乡人口与就业一体化 ·······································（151）

六　城乡生态环境建设一体化 ···································（152）

第六章　广东省城乡一体化的区域特征及地域性策略 ·······（153）

第一节　区域社会经济差异及其发展阶段判断 ···········（153）

第二节　城乡一体化发育水平区域差异 ·····················（153）

第三节　广东城乡一体化推进的地域性策略 ···············（154）

一　城乡一体化梯次推进策略 ···································（154）

二　城乡一体化推进的阶段性目标 ·····························（158）

三　城乡一体化推进的分区域引导目标 ·····················（158）

第七章　广东省城乡一体化重点行动：十大工程 ···········（168）

第一节　城乡规划一体化工程 ···································（169）

第二节　先行先试安排 ··（169）

第三节　城乡产业结构优化工程 ·································（176）

一　城乡一体化导向下的主导产业选择及企业布局

特点 ··（176）

二　城乡产业一体化的约束条件 ·································（176）

三　主要内容和措施 ···（176）

第四节　中心村镇与农村社区培育与建设工程 ···········（177）

一　在区域空间结构中起关键作用的主要有四大节点 ·····（177）

二　基于城乡一体化的城市发展方针及关键节点对城乡

一体化的作用 ·······································（178）

三　中心镇、中心村在推进城乡一体化中的节点价值 ···（180）

四　广东城乡一体化：城市化推动途径 ·····················（182）

第五节　城乡流动空间培育与建设工程 ·····················（183）

一　流动空间优化的物质支持体系 ·····························（183）

二　广东省流动空间优化的核心内容 ·······················（184）

三　城乡流动空间培育与建设工程（一）：交通与

公交网 ···（185）

四　城乡流动空间培育与建设工程（二）：信息网 ·······（186）

　　五　城乡流动空间培育与建设工程（三）：能源网 ……… (189)

　　六　城乡流动空间培育与建设工程（四）：物流与市场

　　　　体系 ……………………………………………………… (190)

第六节　城乡基本公共服务均等化工程 …………………………… (193)

　　一　基本公共服务均等化的内涵 ……………………………… (193)

　　二　基本公共服务均等化的保障 ……………………………… (194)

第七节　生产性服务体系建设工程 ………………………………… (195)

　　一　农业科技支持现状问题与对策 ………………………… (195)

　　二　广东农业社会化服务体系建设 ………………………… (197)

第八节　农业现代化建设工程 ……………………………………… (200)

　　一　实施农业现代化建设工程对推进城乡一体化的意义

　　　　与作用 ………………………………………………… (200)

　　二　广东省农业生产基本条件现状 ………………………… (201)

　　三　农业公共基础设施建设存在的问题 …………………… (203)

　　四　农业现代化建设工程推进城乡一体化的机制与

　　　　过程 …………………………………………………… (203)

　　五　广东农业现代化建设工程的主要内容 ………………… (204)

　　六　发展现代农业的思路：实现三个“做到”、解决

　　　　四大矛盾 ……………………………………………… (205)

第九节　农民工程 ………………………………………………… (206)

　　一　农民素质提升工程 ……………………………………… (206)

　　二　农村劳动力就业与转移工程 …………………………… (207)

　　三　农村人口集聚工程 ……………………………………… (208)

第十节　农村人居环境建设综合工程 ……………………………… (211)

　　一　村庄整治 ………………………………………………… (211)

　　二　农村住房改造 …………………………………………… (212)

　　三　古村落保护与适度开发 ………………………………… (214)

第八章　广东推进城乡一体化的政府转型和政策创新 ………… (218)

第一节　城乡一体化与府际关系重构 ……………………………… (218)

第二节　推进城乡一体化的三级政府职责 ………………………… (224)

第三节　城乡产业一体化发展制度环境营造 ……………（227）

第四节　城乡均衡的基本公共服务体系建设 ……………（227）

第五节　基于城乡一体化的土地产权制度改革 …………（229）

第六节　城乡基本公共服务均等化的制度基础建设及保障

　　　　措施 ………………………………………………（232）

　　一　制度基础建设 ……………………………………（232）

　　二　完善保障措施 ……………………………………（234）

后记 …………………………………………………………（236）

第一章

城乡一体化理论及对广东城乡一体化的指导意义

城乡一体化指通过在城市和乡村两大人地关系地域系统之间建立起互动和耦合机制，实现区域内城乡协调发展、工农公平平等、资源和要素自由流动的过程。城乡一体化的基础是空间正义与公平。实现城乡一体化的根本途径是城乡居民收入均衡增长，城乡居民享受公共服务、自然资源和社会资源的机会均等。城乡一体化的终极目标是城乡融合。城乡一体化既是区域社会经济发展的时序阶段，是人地关系、人居系统演化的必经过程，同时也是一种国家政权的制度安排手段和模式，只不过这种制度安排应当符合社会历史发展客观规律，要与社会经济发展的客观基础相适应。

党的十一届七中全会提出城乡一体化的战略决策，是在对我国发展阶段的科学判断基础上提出的新的制度安排，也是我国发展观转型、制度转型的重要转折点。

基于我国仍然处于社会主义建设初级阶段的判断，指导广东省城乡一体化实践的理论主要包括三大类：一是判断区域发展阶段的理论，如马克思的城乡一体化理论、罗斯托的区域发展阶段论等；二是关于城乡结构的理论，如"刘—拉—费"模型、城市—区域论等；三是关于建立城乡紧密关系的理论，如增长极理论、城乡联系理论、马克思的城乡关系演进理论等。

第一节　马克思的城乡关系演进理论对广东省城乡一体化实践的指导

既然社会发展的宗旨是为了人，所以在马克思、恩格斯看来，人人共享、普遍受益是社会发展的终极目标。

马克思以唯物史观为指导，把城乡关系放在人类社会历史进程中来考察，从人类生存的城市与乡村两种社会有机体的发展及人类自由、全面发展两个维度揭示了城乡关系的基本规律，并专门探讨了亚细亚城乡关系问题，形成了科学的城乡关系学说。这是中国当前统筹城乡经济社会发展的重要理论指南。①

从城市和乡村两种人类集聚形式的角度，马克思、恩格斯认为，在生产力和生产关系矛盾统一的规律支配下，城乡关系发展经历了否定之否定历程，从一个侧面折射了人类文明由低级向高级形态演进的历史图式：与生产力低水平的原始氏族社会相联系的是城乡浑然一体；与生产力发展不足相伴随的是社会分工、私有制的出现，国家的产生，城乡分野及城乡对立；生产力高度发展，为社会分工、私有制的废除、公有制社会的创立及人类全面自由的发展创造了条件，也为城乡对立的消融，实现城乡新的一体化创造了条件。

从人类自身作为一个生命体演化的角度，马克思从人类自由全面发展过程中"人的依赖关系"、"物的依赖关系"，再到"人的全面自由发展"依次递进的维度，论述了城乡关系的起源、对立及其消融的基本规律。人类发展的"人的依赖关系"与城乡混沌一体，与生产力较低发展水平是相适应的。在漫长的原始氏族社会，自然经济是社会的基本特征，生产力发展水平较低，人类处于"人的依附关系"——"最初社会形态"中，人必须依赖、服从家族、氏族和部族，在其血缘或宗法的集体中居于一定位置、获得一定保障、无条件地接受一定的约束，此时，社会分工不明显，城乡混沌一体，人不可能有独特个性的发展。人类发展的"人的依赖关系"和城乡混沌一体都是与生产力较低发展水平相适应的。人类发展的"物的依赖关系"与城乡对立的历史状态，是与生产力较高水平的发展，但"发展又有所不足"紧密相连的。进入资本主义社会，人类到了"第二大社会形态"，资本

---

① 江俊伟：《马克思主义城乡关系理论的两个维度及其当代启示》，《黑龙江史志》2009 年第 4 期。

主义发展的独立性和人的社会关系的丰富性，带来了"人格的普遍提高"；然而，这种人的独立性却时时处处建立在对物的依附关系的基础上。人类发展"全面自由"与城乡关系的融合，是与生产力高度发展相一致的。随着生产力的高度发展，社会分工、私有制的废除，阶级对立的消灭，人类社会进入了"第三个阶段"，其发展不再是对人或物的依赖关系，而是依赖于社会的协调发展和全面进步。此时，"从事农业和工业的将是同一些人，而不再是两个不同的阶级"①。

"城乡融合"的概念最早是由恩格斯提出的。"通过消除旧的分工，进行生产教育，变换工种，共同享受大家创造出来的福利，以及城乡融合，使全体成员的才能得到全面的发展。"② 列宁在《关于全俄中央执行委员会和人民委员会的工作》中提出了"电气化将把城乡连接起来，在电气化这个现代高技术的基础上组织工业生产，就能清除城乡建设的悬殊现象"的观点。

从恩格斯和列宁的这些论述可以清晰地判断，城乡一体化虽然是一个长期的社会经济发展历程，也是社会发展必经的一个发展阶段，但是城乡一体化本身也是一种制度安排，在不违背社会经济发展基本规律的前提下，也可以通过构建新的制度体系、优化区域关系和城乡关系，尽可能地减少制度障碍，通过优化配置各种社会、经济发展资源，加快城乡一体化的推进步伐。

尽管广东省是我国社会经济发展的先进地区，2010 年全省生产总值（GDP）45472.83 亿元，人均 46900 元，折合为 7000 美元，经济发展进入中等收入国家水平，从经济发展阶段看，已经进入工业化中期阶段，珠江三角洲进入工业化后期向后工业化社会过渡阶段。但经济社会发展中还存在一些突出问题：一是城乡差异大；二是区域差异大；三是改善民生任务繁重；四是资源环境约束突出。广东省和我国的基本国情一样，仍然处于社会主义发展阶段，这是广东省经济社会发展的基本省情。中共十六大、十六届三中全会以我国仍将长期处于

---

① 《马克思恩格斯选集》（第 1 卷），人民出版社 1995 年版。

② 《马克思恩格斯全集》（第 1 卷），人民出版社 1995 年版，第 224 页。

社会主义建设初级阶段的科学判断为基础，根据 21 世纪初中国经济社会发展的特点和突出矛盾做出了"统筹经济社会发展"的重大战略决策。中共十七大进一步强调，要以科学发展观统领城乡经济社会发展，加快城乡一体化的进程，促进城乡社会资源的合理流动和有效整合，保证城乡共享改革发展的成果。广东省处于社会主义建设初级阶段的省情，决定了广东城乡社会分层、城乡分化现象仍将长期存在，但是必须兼顾效率与公平，把城乡社会分层、差别控制在人们的承受限度以内，必须构建城乡和谐社会，调动各阶层的积极性，促进社会稳定发展。

概括地说，马克思的城乡关系理论对广东省城乡一体化实践的启示有三：

（1）广东省城乡一体化的推进是一个漫长的过程。在我国，城乡二元结构的形成既是社会演化的结果，更是城乡分治的体制和政策长期作用的结果。从社会演化规律的角度，加快广东省区域社会经济向城乡一体化演进的对策是大力发展三农、缩小城乡差距；从区域社会治理的角度，转变政府职能、创新区域发展政策是实现城乡一体化的关键。无论采取什么措施，这两方面都不是一个立竿见影的工作，是一个复杂的、长期的系统工程。因此，推进城乡一体化不能一蹴而就，也不能"拔苗助长"，要以科学发展观和负责任的政绩观贯穿所有的城乡一体化实践工作。

（2）广东省城乡一体化的推进要因地制宜地展开。城乡一体化是区域社会经济发展的阶段性特征，就是说区域只有发展到相应的阶段，才会开始城乡一体化进程。事实上，由于城乡一体化是城市与乡村在社会、经济、体制、文化、生活方式等领域慢慢融合的过程，区域发展水平即使到了城乡一体化阶段，各要素的一体化也是有时序差异的，不可能是所有社会经济成分同步地一体化。因此，广东省在推进城乡一体化时，应当考虑区域差异，依据各地社会经济发育状况，因地制宜地确定城乡一体化内容。同一个区域内要依据一体化内容的等级程度确定时序安排。个别欠发达区域，还没有发育到实施城乡一体化的阶段水平，但作为省域的统一战略行动，将城乡一体化作为一种制度安排，也要将最基本的一些要素——体现空间正义和空间公平的基本要素，如基本公共服务、基础设施等，推进城乡一体化。

（3）广东省的城乡一体化推进要始终沿着两条主线展开。一是物质的和技术的；二是上层建筑的和意识形态的，前者是基础，后者是保障。物质的和技术的手段主要解决城乡收入差距的缩小、大力发展三农、促进城乡互动互联，落实"以工补农、以城促乡"，实现区域共同发展。主要内容是基础设施、产业重构与布局、基本公共服务等三大领域的城乡一体化。上层建筑的和意识形态的手段主要解决体制机制和政策问题，体现区域意志，促进物质的和技术的手段能顺利实施，减少障碍。主要内容是城乡综合配套改革，人口、就业与土地等制度的重构，政府职能转型和政策创新等。

第二节　毛泽东主席的办法及其当下启示

由于中国是一个农业大国，工业基础薄弱，新中国成立之初，政府在战略选择上不得不采取工业化战略以摆脱贫穷落后面貌，最终走了以农补工的工业化道路，采取了城乡分治的一系列政策措施，在政策的选择上做出了有利于工业化的制度安排。尽管在政策层面上不得已做出了这样的选择，但毛泽东主席依然十分关心城乡差距和农民、农村问题，并在实际工作中做出了必要的调整。他的缩小城乡差别的思想、城乡兼顾的思想、城市支援乡村的思想等具体体现在他试图通过乡村工业化、工农业互相结合、农民就地变成工人的办法来发展农村生产力、解决农村人口过剩，以此缩小以至消灭城乡差别、工农差别。

1950—1952 年三年国民经济恢复时期，是中国农村人口迁入城市较多的时期。这个时期内，城镇人口比重由 10.64% 上升到 12.46%。1953—1957 年第一个"五年计划"时期，国家开始大规模经济建设，从农村招收了大批职工，工业化的启动推动了城市化的发展。这一时期城镇人口比重由 12.46% 上升到 15.4%。与此同时，国家组织和动员人多地少的内地向边疆地区移民，也组织动员城市疏散人口支援内地，支援边疆，支援农业建设。因此，这一时期存在着城乡之间人口的双向流动。20 世纪 50 年代由城市迁往农村和由农村迁入城市的人数之比大约是 1∶1.8。这说明当时中国的城乡关系是开放的，城乡之间的迁移是比较自由的，呈现城乡对流的状态。

　　如何在城市和工业发展优先与防止城乡差别扩大两大矛盾中求得均衡与突破？毛泽东主席采取了四个办法应对这个难题。（1）打开城门让农民进城。在《论联合政府》中指出："农民，这是中国工人的前身。将来还要有几千万农民进入城市，进入工厂。如果中国需要建设强大的民族工业，建设很多的近代的大城市，就要有一个变农村人口为城市人口的过程。""一五"时期是中国工业化发展最快的阶段，由于基本建设需要，在这段时间里国家曾经动员 2000 万农村劳动力进城支援城市建设，大批农民涌入城市，转为工业企业工人。（2）大力发展农村经济。推动农村工业化和城镇化是两大重要举措，以此吸纳大量农村剩余劳力，解决就业，推动农村富裕，达到缩小城乡差别的目的。1957 年，毛泽东在《关于农业问题》的讲话中指出："讲到农业与工业的关系，当然，以重工业为中心，优先发展重工业，这一条毫无问题，毫不动摇。但是在这个条件下，必须实行工业与农业同时并举，逐步建立现代化的工业和现代化的农业。过去我们经常讲把我国建成一个工业国，其实也包括了农业的现代化。现在，要着重宣传农业。"1958 年 1 月，他在南宁会议上提出，地方工业产值要超过农业。而后国家经委据此起草了《关于发展地方工业的意见》，提出"农业社办的小型工业，以自产自用为主，如农具的修理，农家肥的加工制造，少量的农产品加工等"。（3）将农民组织起来，提高农业生产效率。毛泽东认识到，我国农村生产力水平低下是由于小农经济的分散耕作方式造成的，因此主张农业走合作化道路。毛泽东认为，农业合作化应分三步走，即互助组阶段、农业合作社阶段、集体农庄阶段，以逐步实现对农业的社会主义改造。这一举措的根本目的仍然是发展农村经济，防止城乡差距扩大。（4）强调社会公平。毛泽东强调的社会公平既包括人际公平，也包括空间公平，其中空间公平包含区域公平和城乡公平两部分。他强调城市要对农村实行援助，其中包括把小型的工厂转让给农村，把城市里的知识分子派到农村去，提供书籍和教师来传播科技知识，在城市的工厂和学校里为农村培训人才，到后来就直接发展为知识青年下乡，到农村的广阔天地中去锻炼。为了缩小城乡差距、保证社会公平，他对城市与农村之间的合作也尤为重视。其中最成功的例子是农村卫生保健体系的构建。自1969年以后，农村赤脚医生的培训计划大大加快，到20个世纪70年代中期，这类医辅人员已经成为农村医疗保健体系中的骨干力量。① 毛泽东解决城乡差距问题的办法虽然具有时代性，但对我们当下推进城乡一体化具有重要价值。概括地说，毛泽东解决城乡差距扩大的办法对广东省城乡一体化实践的启示有两点。

（1）从毛泽东解决城乡差距问题的办法可以看出，城乡差别并非简单的政令可以消解的，更好的方式在于积极培养农村自己的力量，壮大农业、富裕农民、发展农村。也就是说，让乡村自强才能更好、更稳固地解决城乡差别的问题。优先解决"三农"问题，既是推进城乡一体化不可绕过的过程，也是推进城乡一体化最有效的手段。在这个问题上，毛泽东消除城乡差别的思想具有很好的指导意义，是广东省在推进城乡一体化过程中应当吸收的思想精华。

（2）毛泽东通过合作社的形式将分散的农民组织起来，通过构建农村三级医疗网、大兴农田水利基本建设等途径建设起良好的公共服务和公共设施。可见，推进城乡一体化，最关键的工作是基础设施建设和基本公共服务的供给两方面。这是当下广东省推进城乡一体化的以点带面、先抓重点的工作思路。

第三节　城乡联系理论与广东省城乡紧密关系建立

城乡联系是城乡关系形成的基础。主导区域城乡关系的主体不

---

① 李熠煜：《毛泽东缩小城乡差别思想的现代价值：基于政治合法性视角的考察》，《当代世界与社会主义》（双月刊）2009年第3期。

同，城乡联系的内容、方式和动因也完全不同。

一　城乡联系格局

城乡联系过程中，由于城市与乡村的地位不同，将呈现不同的联系格局，主要有城市主导下的城乡联系格局、乡村主导下的城乡联系格局和城乡平等下的城乡互动关系格局等三种类型。

（1）城市主导下的城乡联系格局：集聚

马克思和恩格斯认为，城乡联系形成的根本动力是区域分工。分工导致城乡分异，城乡分异导致区域空间的社会、经济结构分化，区域内的全部生产要素将按照新的逻辑重新在区域内流动和重组。社会资本长期向城市集中，进而城乡联系中的各种要素（包括经济的、政治的）都向城市集中，城市控制区域的能力不断增强，对乡村统治的不断加强，最终必然导致城乡之间的对立，城市的发展加剧城乡对立。马克思、恩格斯认为，这种对立是历史发展的规律，因而只有通过制度安排才能把农业和工业结合起来，也只有公有制才能解决城乡对立的问题。可见，马克思和恩格斯认为在城乡联系的自然发展过程中，城乡对立不可避免，城市对乡村具有主导和支配作用，城乡对立的矛盾不能在经济发展中自行解决，而需借助建立特定的外在制度。弗朗索瓦·佩鲁的增长极理论、缪尔达尔的累积因果关系理论、赫希曼的中心—外围理论和弗里德曼的空间极化理论，都强调区域经济增长的不平衡规律，认为城市在城乡经济联系中起主导作用，增长是以城市为中心的，乡村地区的发展需要城市的带动，离不开资源要素从城市到乡村的流动。

事实上，我们不能以静态的眼光观察城乡关系，马克思、恩格斯所说的城市主导的城乡关系，西方经济学者提出的增长极理论、中心—外围理论等解释的城市主导的城乡关系，都只是区域发展初级阶段的城乡关系特征。城乡联系的总体特征是：集聚。资金向中心城市集聚、人才向中心城市集聚，物质流、信息流、价值流都指向中心城市。

（2）乡村主导下的城乡联系格局：扩散

城市为主导的城乡联系理论也可称为自上而下的城乡联系理论，

它天然地带有城市偏向，反映到政策方面必然强调城市的作用而忽视乡村。利普顿对以大城市为中心的、自上而下的发展政策展开了深入批评，认为不发达国家之所以不发达，穷人之所以穷，是因为这些国家没有处理好本国的城乡关系，政府采取的是偏袒城市的政策，不利于农村的发展。发展中国家城乡关系的实质就是城市集团利用自己的政治权利，通过城市偏向的政策使社会资源不合理地流入城市地区，资源的这种流向延缓了农村的经济发展，扩大、加剧了城乡差距和不平等。科布纳基认为城乡关系可能依附于阶级关系或政治制度等其他关系，批评利普顿把城乡经济关系上升为城乡政治对立，但承认城市偏向政策的客观存在，认为其症结在于不利于农村的价格政策特别是食物价格低廉，偏向于城市工业的投资战略和由此引起的乡村地区资金、技术的缺乏，以及农村地区医疗、教育等基础设施的普遍落后。利普顿和科布纳基因此提出了一系列反城市偏向的政策，强调以农村为中心的分散发展政策，倡导了以乡村为主导的城乡关系理论，也可称为自下而上的城乡联系理论。

隆迪勒里也坚持乡村在城乡经济联系中的主导性地位，但同时认为任何精心设计的农村发展规划，如果不考虑与城市的联系，完全采取自下而上的策略是无法落实的，因为农业剩余产品的市场在城市，大部分农业投入由城市提供，因农业生产率提高而释放的农村劳动力需要到城市寻找就业机会，许多社会、医疗、教育等服务设施也都由城市提供。因此，发展中国家要实现社会经济全面发展，投资应在地理上分散，这要求有完整而又分散的城镇体系，以给整个国家或地区的人们提供进入市场、获得各种服务的机会。政策的中心思想是相对分散地对农村地区进行战略性投资，为农村居民提供发展经济和逐步实现自立的基本条件。隆迪勒里强调农村与小城镇、小城镇与大城市之间的经济联系，认为中小城镇社会经济基础的提高可使农村发生根本性变化。我国费孝通教授的观点与此类似，他认为我国农村经济发展缓慢的最重要的制约因素是中小城镇发展滞后。

斯多尔和泰勒也坚持乡村的主导性地位，坚持城乡发展的中心应是农村发展。认为自下而上的发展应由最下层的农村地区来发起，以各地资源禀赋和制度的最大利用为基础，满足农村居民的基本需求是首要目标，直接面对农村的贫困问题。斯多尔还指出，为使自下而上的发展获得成功，需要四方面的政策配合：政治上给予农村地区更高的自主权，改变政治权利由城市向农村的单向流动格局；调整全国的价格体系使之有利于农村发展和农产品生产；激励农村经济活动，不仅满足当地需求，还要向外输出产品；加强城乡之间、乡村之间的交通、通信网络建设。

托达罗认为，发展中国家农业发展相对落后的主要原因是片面强调对城市部门的投资，忽视了农业部门的发展。他提出了加强农村综合发展与综合建设、缩小城乡就业机会差别、改革教育制度、调整教育结构等一系列发展农村的政策性建议。哈里斯则认为发展农村经济、提高农民收入是解决城市失业和"城市病"及"农村病"的根本途径。

（3）城乡一体的城乡联系格局：互动

城乡一体化理论可追溯到圣西门、傅立叶和欧文等空想社会主义者，他们把城乡一体化作为对未来理想的和谐社会的一种追求，在他们的理想社会中没有城乡差别和城乡对立，城市不是农村的主宰，乡村也不是城市的附庸，二者完全平等。1898 年，霍华德提出了建设"田园城市"的设想，此后精心筹划并付诸试验，倡导用城乡一体的新社会结构取代城乡对立的旧结构，在当时并对后世都产生了很大影响。田园城市实质上是城和乡的结合体。芒福德很赞同霍华德的思想，指出："城与乡不能截然分开；城与乡同等重要；城与乡应当有机结合在一起，如果问城市与乡村哪一个更重要的话，应当说自然环境比人工环境更重要。"同时，他也推崇赖特的思想，主张通过分散权利来建造许多新的城市中心，形成更大的区域统一体，通过以现有城市为主体并使之分散，将城市与乡村统一到多孔的多中心的可渗透的区域综合体，并作为整体运行，使城市与乡村相互包容，引导城乡区域的整体发展，建立城乡平衡，最终达到霍华德提出的"田园城市"设想。

麦基根据对东南亚很多国家和地区的实证研究，主张从城乡联系与城乡要素流动的角度把握社会经济变迁对区域发展的影响，认为亚洲国家城乡之间的传统差别和地域界限日渐模糊，城乡之间出现了一种以农业活动和非农业活动并存、趋向城乡融合的地域组织结构，它是作为城乡要素相互作用的结果而在地域空间上形成的一种独特的经济单元，他称之为"Desakota"，与我国学者提出的城乡边缘区概念非常一致。这种独特的地域空间单元表现出如下特征：地域空间结构上的动态性、过渡性；人口在社会学特征上的多元化；经济发展的复合型；激烈竞争的多样化土地利用等。Desakota 或城乡边缘区既不是农村，也不是城市，但兼有二者特征，或者说以城乡一体为特征，但又处于不断发展变化中，尚未定型，它实际上是城乡融合的中间地带，是城乡一体化推进过程中的必然现象，其发展前景就是更广空间范围的城乡一体化。

普林斯顿强调城乡之间的互动关系，在定义城乡相互作用的基础上划分出城乡相互作用的五个类别：人的运动、商品的运动、资本的运动、社会交易、行政和服务的供应。古尔德认为城乡相互作用是人、商品、技术、货币、情报和思想在城乡间的双向流动，这些流动不仅是发展过程的特征，而且是乡村和城市本身的特征。隆迪勒里实际上也强调了城乡之间的互动关系或联系，认为区域系统中的城乡联系具体包括七类，即物质联系、经济联系、人口移动联系、技术联系、社会相互作用联系、服务传递联系、政治与行政和组织联系。

近年来，国外政府部门和理论界对城乡互动发展研究非常重视，出现两个新趋势：一是将城乡互动发展与可持续发展联系起来进行研究；二是提出了发展中国家城乡互助的理念。我国的段娟等人则在涵盖城市、城乡边缘区、乡村的整个空间广域上强调城乡的互动关系，认为城乡互动关系是城乡之间因社会、经济、技术、文化等多种交流与联系而形成的一种空间关联的地域关系，这种交流、互动与关联构成了城乡这一有机巨系统。主张城乡的互动与关联发展，即实现资本、劳动力、物质、信息等社会经济要素在城乡空间的双向流动与优化配置。

二　城乡联系的物质基础

城乡联系的紧密度取决于"流"（flows）的数量和质量。流动越频繁、流动越高效，城乡之间就构建起紧密而有序的一体化关系。因此，流动导致城乡联系，流动是城乡关系形成的本质和根源。但是流动需要有物质基础，即"流"的载体。空间流复杂而多样，城乡流大致包括人流、物质流、能量流、信息流、商品流五大类，不同的流动依赖不同的载体。其中，人流、物质流和商品流载体又是交叉重叠和共享的。

人流载体：客运系统（城市公交系统、铁路客运系统、公路客运系统、航空客运系统、水上客运系统等）。

物质流载体：交通基础设施（铁公机水）。

能量流载体：输变电系统、天然气管道、输油管道等。

信息流载体："三网"（万维网，有线、无线电信网，闭路电视网）。

商品流载体：商业连锁网、专业批发零售市场体系。

区域流动空间规划、建设和管理对紧密城乡一体化关系的构建至关重要，这是广东省在推进城乡一体化过程中要高度重视的，也是要优先规划、优先建设、重点管理的关键领域。

城乡空间联系是城乡差异的结果。城乡空间联系的根源是城乡分工导致的城乡功能差异、产业结构差异、城乡文化差异、城乡景观差异、城乡社会结构差异等。上述城乡差异是区域社会经济演化的自然结果，是正常的差异。城乡差异不完全等于城乡差距，城乡差距很大程度上是表达由于特定的制度安排而人为导致的城乡之间产生的生活水平、收入、公共服务、基础设施建设等方面产生的不平等现象的一个指标。城乡差异是现成城乡有机联系的根本动力，而城乡差距是人为割裂城乡联系，通过制度安排而产生的。从这一基本原理出发，要实现城乡融合，就需要构建紧密的城乡关系，这些都依赖于加强城乡联系。城乡差异导致要素、产品、人口流动，城乡关联度越高，城乡流动的流量越大、流强越强。城乡关联度越高，城乡差距就越小，离城乡融合就越近。

三　城乡联系理论新进展

城镇与其区域密不可分。城镇的形成与发展受区域条件的约束，城镇是区域发展到一定条件的产物，从历史的角度看，城镇是一个区域内第二、第三产业分化、独立发展并在空间上趋于集中而形成的，形成的前提是农业的发展达到相当高的水平，能够提供剩余的农产品和劳动力，从而使手工业、商业和贸易活动能够从农业中分离出来，逐步积聚而发展成为城镇。可见，城镇与乡村不可能孤立地发展，城乡关系实际上是不同的历史时期内城乡联系内容和联系状态的综合反映，这种具有时代阶段特色的城乡联系会体现在城乡空间结构上。20世纪50年代以来，城乡联系理论出现了许多新的观点。

（1）"刘易斯—拉尼斯—费景汉"模型（L-R-F Model）

刘易斯（W. A. Lewis）于1953年把发展中国家的经济结构概括为现代部门与传统部门，建立了两部门经济发展模型，奠定了无限剩余劳动力供给的二元经济结构理论的基础。刘易斯认为，在工业化过程中存在二元结构，因为传统农业存在大量廉价的、具有完全供给弹性的劳动力，使工业部门可以获得无限供给的劳动力而只需支付与传统农业相应的报酬。1961年拉尼斯（G. Ranis）和费景汉（John C. H. Fei）对刘易斯的模型进行了修正，他们共同认为刘易斯模型存在缺陷，即过于贬低了农业在经济发展中的地位。农业的作用不仅仅是只为工业提供劳动力，而且也为工业部门的扩张提供必需的劳动剩余，要使城市化水平和工业发展水平不断提高，就业转化是关键，为此必须保证农业迅速增长到足以满足越来越多的非农产业劳动力对产品的消费需求，一个没有技术进步和持续追加投资的农业必将引起非农产业工资成本的急速飙升，解决问题的办法是提高农业劳动生产率。L-R-F模型从区域共同发展的角度较准确地理解了城乡关系，这种关系不是刘易斯模型所描述的单向关系，而是城乡双边互动关系。据此，城乡空间结构的重组方向应当是开放式的网络结构，流动是自由的、通道是网络式的、产业是城乡互动的。

（2）城乡联系类型理论

Rondinelli（郎迪里）认为城乡联系存在七种类型（表1-1），Unwin（安温）在对发展中国家城乡联系的分析中亦建立了城乡流及其对应关系（表1-2）。人类学家 G. E. Guldinye 也认为城市化并非简单地指越来越多的人居住在城市和城镇，而应该是指社会中城市和非城市地区之间的来往和相互联系日益增多的过程。基于这种城乡之间的复杂联系，城市及其腹地是不可分割的一个整体，就城市论城市、"发达的城市落后的地区"、"发达的地区落后的城市"等现象都是割裂城乡联系的恶果，最终必然导致城乡关系的不协调，影响区域经济发展的整体效率。

表1-1　　　　　　　　　城乡联系类型（Rondinelli）

联系类型	要素
物质联系	公路网、水网、铁路网、生态相互联系
经济联系	市场形式、原材料和中间产品流动，资本流动，前向、后向和双向的生产关系，消费和购物形式，收入流、行业
人口移动联系	临时和永久性的人口移动、通勤
技术联系	技术相互依赖、灌溉系统、通讯系统
社会作用联系	访问形式、亲戚关系、仪式、宗教行为、社会团体相互作用
服务联系	能量流和网络、信用和金融网络、教育、培训、医疗、职业、商业和技术服务形式、交通服务形式
政治、行政组织关系	结构关系、政策预算流、组织相互依赖性、权利于监督形式、行政区间交易联系、非正式政治决策联系

资料来源：袁中金、王勇：《小城镇发展规划》，东南大学出版社 2001 年版，第 31 页。

表1-2　　　　　　　　城乡联系流类型（Unwin）

联系	流	相互作用
经济	劳动力、资金、车辆、商品、能源、信用、原材料	劳动力、资本、销售、采购、交通
社会	人、通信、长途通讯、医疗	社会团体、家庭、朋友、阶层
政治	权力、威信、预算分配、法律	政治行为、游说、执法、权利与义务
观念	意见、书籍、收音机、电视	宗教行为、教育、宣传

资料来源：见表1-1。

（3）城市—地区理论

城市—地区理论是人们对区域经济社会发展的整体性认识的理论总结。我国著名经济地理和城市与区域规划学家宋家泰先生认为，"城市—区域"是城市发展及与之有紧密联系的周围地区之间的一种特定的地域结构体系。《管子》中说："……百乘之国，中而立市，东南西北度五十里。……千乘之国，中而立市，东南西北度百五十里。……万乘之国，中而立市，东南西北度五百里。"我国战国时代的尉缭子说："量土地肥饶而立邑建城。以城称地，以地称人，以人称粟。"可见，我国古代就十分注意立邑建城与区域经济基础的关系。从城市与区域规划的不同思潮①（表1-3）可以发现，处理城市与区域的关系一直是城市与区域规划的核心问题，在当今我国实施市场经济发展策略的时代，具有开放性特征的城市与区域空间结构关系更具有现实意义。

表1-3　　　　　　　　　区域规划的历史时代

时代思潮	关键人物	特征
生态区域主义 （20世纪早期）	Geddes, Howard, Mumford, MacKaye	关心19世纪工业城市过度拥挤问题，努力平衡城市与乡村
区域科学 （20世纪40年代晚期以来）	Isard, Alonso, Fredmann	强调区域经济整体发展，定量分析，社会科学方法
新马克思主义 区域经济地理学 （20世纪60年代晚期以来）	Harvey, Castells, Massey, Sassen	发展了区域内权力和社会运动分析
公众选择区域主义 （20世纪60年代以来， 20世纪80年代尤为盛行）	Tiebout, Ostron, Gordon, Richardson	用新古典经济学的自由市场观分析区域
新区域主义	Calthorpe, Rusk, Downs, Yaro, Hiss, Orfield, Katz, Pastor.	关心环境、公平及经济发展，集中在专门的区域和后现代大都市景观的问题

资料来源：Stephen M. Wheeler. The New Regionalism: Key Characteristics of an Emerging Movement. Journal of the American Planning Aassociation, Vol. 69, No. 3, Summer2002. 转引自吴良镛《2002中国城市规划学会年会（厦门）大会报告》。

---

① Stephen M. Wheeler. The New Regionalism: Key Characteristics of an Emerging Movement. Journal of the American Planning Association. Vol. 69, No. 3, Summer 2002.

四　城乡空间联系优化目标

（1）目标

基于城乡一体化目标下的城乡空间联系优化目标：城乡互动型空间结构的形成。不同的城乡关系理论从多种角度揭示了城乡关系的不同侧面，但都共同揭示了城乡关系的互动本质。综观人类的发展过程，城乡空间关系存在五个发展阶段：以乡哺城阶段、城乡依存阶段、城市主导阶段、城乡融合阶段和城乡一体化阶段，这五个阶段是依据社会生产力的进步而依次递进的，但不论哪一个阶段，城与乡都不是孤立发展的，互动是城乡关系的永恒主题。割裂城乡联系的区域空间结构是与二元经济的社会经济体制相伴而生的，也是加剧城乡差距的根源之一。为了不违背城乡关系是互动关系的这一本质规律，地方级区域空间结构重组的目标是构建城乡互动的空间结构，对我国而言，这一目标取向更具有现实意义。一是因为我国具有典型的二元经济特征，城乡割裂是当前区域经济发展的主要障碍；二是因为我国区域空间差距和城乡社会差距已经到了十分严重的程度。据世界银行1997 年对 36 个国家的分析，城乡居民的收入比例一般低于 1.5：1，极少超过 2：1，但我国在 1985 年、1990 年、1995 年、2000 年和2001 年的相应比例分别是 1.86：1、2.20：1、2.71：1、2.79：1 和2.90：1，如果考虑城镇居民的各种隐性收入和农村居民的各种不能成为消费资金的收入，有关专家①估计目前我国城乡居民收入的实际差距大约为 4：1。

（2）特征

基于城乡一体化的城乡互动型空间结构具有四个特征②。① 通道特点：以网络式替代辐射式。我国传统的城乡空间结构是以辐射式网络为特征的，建立在此基础上的城乡关系必然是垂直关系，垂直关系

---

① 宋洪远、庞丽华、赵长保：《统筹城乡，加快农村社会经济发展：当前的农村问题和未来的政策选择》，《经济要参》2003 年第 43 期。

② 陈修颖：《基于城乡互动的衡阳市城市空间结构重组：理论与实践》，《地理科学》2005 年第 3 期。

很少具备互动功能，是一种主从关系，在空间结构上中心城市具有强烈的向心性，职能上处于支配地位，经济和其他活动上也是以城市为中心的单向空间竞争为主。网络化的空间结构将以水平联系取代垂直联系。单纯从个体城市出发确定未来发展规模和目标的可能性将减少，更大程度上与区域发展背景紧密相关。② 节点特征：大城市拓展与小城镇集中相结合。在城乡互动、整体发展思想的基础上，区域空间内必将形成多中心结构，使相对集中的开敞空间系统与城市化空间系统紧密融合，使大城市的扩展与小城镇的相对集中发展结合。从城乡整体发展观出发，大城市的扩展能够避免圈层式扩张的趋势，将走有机疏散的道路解决中心城市过度拥挤问题，如引导区域空间向形成新的功能组团形式发展，从而促进小城镇不断积聚，最终使区域空间内的所有城镇成为一个有机的、互动的整体。③ 产业特征：城市加工、制造业的价值链延伸与农业产业化相结合。在城乡整体发展理念下，城市产业与乡村产业必然形成互动关系。为了延长加工制造业的价值链，形成具有竞争力的区域产业簇群，地方性中心城市主导产业的确定应以充分发挥区域优势为原则，尤其应与农业产业化相衔接，使乡村工业的上游价值链和城市加工制造业的下游价值链同时得到延伸。④ 城镇空间生长：从盲目生长向以区域为背景的理性生长。在城乡孤立发展的封闭空间结构下，城市的空间扩张通常是盲目的。主观的途径是城市政府的决策，因此城市的扩展方向带有明显的长官意志。客观的途径是依据土地、供水、大型企业的区位等情况确定城市空间生长方向。在城乡一体化理念下，中心城市的空间生长不仅要考虑用地、供水、生态、交通等客观条件，更重要的是要充分考虑区域经济的成长轴和未来区域空间的主要经济联系方向。据此确定的城市空间生长方向才是科学的。

第四节　"十六大"以来我国城乡一体化的政策含义及实践要求

　　自党的"十六大"正式提出"城乡统筹"、"城乡一体化"等概念以来，各地对城乡一体化有不同的表述，但对城乡一体化的本质把握都很准确，因此，自党的"十六大"以来全国各地推进城乡一体化实践的指导原则基本符合中央的基本路线方针政策，但在实施途径、措施和效果等方面各地有各地的特色，并且形成了许多特色鲜明的模式。

北京认为，城乡一体化是城市化的最高阶段，但不是全部乡村都转变为城市，更不是城市乡村化（北京社科院）。

上海认为，城乡一体化是郊区与中心城市经济规模和综合实力相适应、布局结构合理的具有现代交通网络的都市城镇体系，是城乡共同繁荣和富裕（上海农办）。

江苏认为，城乡一体化是在保留城乡各自特点的基础上，创造平等统一的新型城乡关系，形成现代文明城市与高效生态农业相辉映的美好景象（江苏农办）。

浙江省在《浙江省统筹城乡发展推进城乡一体化纲要（2005.1.10）》中强调："统筹城乡发展、推进城乡一体化，就是要把城乡经济社会作为一个整体统一筹划，打破城乡二元结构，整合工业化、城市化和农业农村现代化建设的各项举措，着力解决好'三农'问题，缩小城乡差距，充分发挥城市对农村的辐射带动作用和农村对城市的支持促进作用，实现城乡互补、协调发展和共同繁荣。"

浙江省嘉兴市在《嘉兴市打造城乡一体化先行地行动纲领（2008—2012 年）》中提出的目标任务是："加快体制机制创新，全面实施空间布局、产业发展、基础设施、公共服务、社会保障、生态环境、组织保障等七个推进体系，力争到 2012 年，城乡体制基本接轨、城乡产业相互融合、城乡社会协调发展、城乡差距明显缩小，率先形成城乡一体化发展新格局。"

《苏州市关于全面推进城乡一体化改革发展的决定》（2010.2.1）在指导思想中提出："进一步推动'三农'与'三化'互动并进，使苏州既保持鱼米之乡优美的田园风光，又呈现先进和谐的现代文明，率先形成城乡发展规划、资源配置、产业布局、基础设施、公共服务、就业社保和社会管理一体化的新格局。"

我们认为，要准确把握城乡一体化的本质，必须厘清"城乡统筹"、"城乡一体化"与"城乡融合"三大概念。

"城乡统筹"是"城乡分治"、"城乡二元"的对立概念，是将区域内城市和乡村全盘考虑、统筹安排的一种制度安排模式，"城乡一体化"是通过一系列具体的措施与途径将具有城乡二元特征的城乡关系推进至城乡一体的城乡融合关系，城乡融合是城乡关系的最高理想境界，城乡一体化是推进城乡关系不断高级化的过程。城乡统筹是宏观要求，规定了构建新型城乡关系的思路、机制和方法，城乡一体化与城乡统筹两个概念的提出是一脉相承的，只不过一体化更强调路径和具体措施，有具体的目标和要求，具有可操作的标准和时空计划。因此，城乡统筹、城乡一体化和城乡融合等三个概念是既有区别又相互关联的。

党的"十六大"中央提出"统筹城乡社会经济发展"，党的"十七大"提出"形成城乡社会经济发展一体化新格局"。

确定城乡一体化的内涵，应以中共十七届三中全会《中共中央关于推进农村改革发展若干重大问题的决定》为依据。中共十七届三中全会审议通过的《中共中央关于推进农村改革发展若干重大问题的决定》（以下简称《决定》）首次明确提出破除二元结构，促进城乡一体化，用三个"进入"对当前我国城乡关系发展阶段做出了科学判断："中国总体上已经进入了以工促农、以城带乡的发展阶段，进入加快改造传统农业、走中国特色农业现代化道路的关键时刻，进入着力破除城乡二元结构、形成城乡经济社会发展一体化新格局的重要时期。"根据《决定》精神，城乡一体化的政策含义有三：城乡经济社会管理制度、体制和机制的一体化；城乡现代化整体推进和城乡经济社会发展一体化；城乡居民的经济机会、分享经济社会发展成果和基本公共服务均等化。城乡一体化有两大推进措施和两大阶段目标：

一是着力破除城乡二元结构，建立促进城乡经济社会发展一体化制度、体制和机制。要求"尽快在城乡规划、产业布局、基础设施建设、公共服务一体化等方面取得突破，促进公共资源在城乡之间均衡配置、生产要素在城乡之间自由流动，推动城乡经济社会发展融合"。

二是着力加快"三农"现代化，形成城乡经济社会发展一体化和城乡现代化整体推进的新格局。中期目标（到 2020 年）是："现代农业建设取得显著进展，农业综合生产能力明显提高，国家粮食安全和主要农产品供给得到有效保障；农民人均纯收入比 2008 年翻一番，消费水平大幅提升，绝对贫困现象基本消除；农村基层组织建设进一步加强，村民自治制度更加完善，农民民主权利得到切实保障；城乡基本公共服务均等化明显推进，农村文化进一步繁荣，农民基本文化权益得到更好落实，农村人人享有接受良好教育的机会，农村基本生活保障、基本医疗卫生制度更加健全，农村社会管理体系进一步完善；资源节约型、环境友好型农业生产体系基本形成，农村人居和生态环境明显改善，可持续发展能力不断增强。"

第二章

广东省推进城乡一体化的
社会背景、现状及问题评述

第一节　广东省社会经济发育阶段的判断

党的十六届四中全会首次提出了我国社会经济发展将呈现"两个趋向"的重要判断，胡锦涛总书记在讲话中指出："纵观一些工业化国家发展的历程，在工业化初始阶段，农业支持工业，为工业提供积累是带有普遍性的趋向；但在工业化达到相当程度后，工业反哺农业，城市支持农村，实现工业与农业、城市与农村协调发展，也是带有普遍性的趋向。"2004 年的中央经济工作会议做出我国现在总体上已到了以工促农、以城带乡的发展阶段的重要判断。全会《决定》再次明确指出："我国总体上已经进入以工促农、以城带乡的发展阶段。"这是中央在全面分析我国经济社会发展形势的基础上，对我国城乡关系发展所处阶段的清晰判断。广东省社会经济发展水平居我国各省市前列，2009 年地区生产总值超过 4 万亿元，2010 年达到45472.83 亿元，比上年增长 12.2%，进入区域社会经济发展由工业化中期向工业化后期转变的关键转型时期。广东省要获得区域发展的持续动力、快速转变增长方式、顺利实现区域发展阶段的转型，必须依赖区域关系和城乡关系的优化和重构才能实现。目前，珠三角区域一体化进程不断加速，适时地推进城乡一体化进程，实现区域一体化和城乡一体化同步推进十分重要。

表 2 - 1　　　2009 年中国人均 GDP 过 3 万元的省市主要经济数据比较

排位	省市区	人均 GDP（元）	财政收入（亿元）	城乡差距（城乡收入比）	GDP 总量（亿元）	城市化水平	人口（万人）
1	上海	78313	7760.97	2.15：1（28838/13404）	15046.45	74.32%	1921.32
2	北京	70452	2678.77	2.23：1（26738/11986）	12153.00	77.31%	1755.00
3	天津	62403	1805.00	2.00：1（21430.37/10675）	7500.80	—	1202.00
4	浙江	44335	4121.89	2.45：1（24611/10007）	22832.40	57.9%	5180.00
5	江苏	44744	8404.99	2.56：1（20552/8004）	34457.30	55.6%	7491.77
6	广东	41166	3649.81	3.12：1（21574.72/6906.93）	39482.56	63.4%	9638.00
7	内蒙古	40438	1378.12	3.21：1（15849/4938）	9725.78	—	2405.10
8	山东	35894	2198.53	2.91：1（17811/6119）	33896.65	—	9470.00
9	辽宁	4256	1591.00	2.60：1（15800/6000）	15065.57	—	4256.00
10	福建	33408	1694.63	2.93：1（19577/6680）	12236.53	—	3627.00

　　说明：城乡收入比指城镇人均可支配收入与农村居民人均纯收入的比值。数据依据各省市 2010 年统计年鉴计算、整理而得。

第二节　广东省推进城乡一体化的社会背景

　　广东省推进城乡一体化的社会背景可以总结为一个关键词，即"转型"。具体体现在进入"十二五"时期，中国社会经济发展面临十大转型，这十大转型对广东城乡一体化的意义各不相同，有的需要通过推进城乡一体化顺利实现这些转型；有的转型是社会经济发展趋势所向，是城乡一体化需要面对的，需要顺势而为；有的转型为广东的城乡一体化提供了新的理念和思路，为制定城乡一体化推进路径提供依据。

（1）由物质生产为中心向加快公共服务供给为中心的转型

改革开放 30 多年，解决了我国物质短缺的问题，"十二五"和"十三五"期间，社会需求最短缺的是公共设施和社会服务。同时需要的还有分享成果的正义与公平，这需要制度的创新和体制的优化才能实现。其中，以大力提高农村居民民生质量为核心内容的城乡公共服务均等化、现代农业产业园和特别农业生产功能区的生产性服务是两大重点内容。

（2）由城市和工业本位向"三农"优先、城乡共同发展转型

2009 年 12 月 27 日召开的中央农村工作会议，明确提出"三农"优先的区域发展思路，具体提出要牢牢把握四个"点"：一是把握加强"三农"这个根本立足点，二是把握推动资源要素向农村配置这个重要着力点，三是把握城镇化与新农村建设协调推进这个战略着眼点，四是把握城乡改革联动这个关键切入点。

2011 年中央财政投入"三农"的资金是前所未有的。2011 年"两会"期间，发展改革委新闻发言人在 2011 年 3 月 8 日表示，2011 年中央财政拟安排用于"三农"的投入为 9884.5 亿元，比上年增加 1304.8 亿元。主要包括以下四个方面：一是加快改善农村生产生活条件；二是加强以水利为重点的农业和农村基础设施建设；三是改善农村生产生活条件；四是实施新一轮农村电网改造，加快无电地区电力建设。

城市主导的区域经济增长方式不利于城乡一体化的推进。

（3）由投资与外贸推动向消费推动为主转型

中国区域经济增长长时间依赖于投资拉动，进入改革开放以后，外贸和投资成为区域经济增长拉动的两大核心动力，消费对经济增长的拉动力远没有被激发出来。研究①表明，要实现未来 GDP 年均增长保持 7%—8%，在现有的依赖投资拉动增长模式下，难度很大。对资

---

① 邱晓华、郑京平等：《中国经济增长动力及前景分析》，《经济研究》2008 年第 5 期。

本的巨大需求会导致资本形成率和投资率持续升高，使经济结构扭曲而最终导致经济增长难以为继。我们虽然应该注重投资对推动经济的作用，但是绝不能依靠投资拉动型经济增长方式保经济增长，不能因为经济增长下滑的压力太大而由出口导向型经济转向投资拉动型经济，我们的正确选择只能是在启动投资的同时，要大力启动消费，将经济的可持续增长放在消费有效增长的基础上。只有将消费作为经济增长的动力，经济增长才算是回归其本意：任何经济活动都是为了人，为了人的福祉，为了人的提升和发展，以人为本。提高消费能力、营造消费环境等手段是重点，但在当前的条件下，扩大国内消费，最主要的是让城里人没有后顾之忧，让农民看到增收希望。加大服务业和公共品供给，发展农村经济，加快农村城镇化步伐是促进经济增长方式转型的基础，推进城乡一体化是实现经济增长方式向消费拉动转变的关键。

（4）由农村剩余劳动力无限供给向劳动力短缺的老龄化社会转型

中国的人口红利将逐渐消失，劳动力剩余背景下的产业结构必将难以为继，老龄化、高抚养率社会即将来临。因此，如何解决产业结构升级和优化以及人口老龄化、劳动力短缺等社会、经济问题将是广东省城乡一体化必须面对的艰巨任务。

2015—2030 年中国人口抚养率将大幅度上升。如果将现阶段的代际人口结构简化为 2—4—2—1，随着 20 世纪 50 年代出生率高峰一代在未来 10 年中逐渐退出生产领域，代际人口结构将变动为 4—2—1—1，人口抚养负担将是目前的 3 倍。人口老龄化对经济的不利影响表现为：养老负担增加，这将意味着不再有廉价劳动力供给；技术创新能力下降（有研究表明，发明家的创新成果大多在 30—44 岁的青壮年期完成）；国民储蓄率和投资率将大幅度下降。如果我们借用联合国人口署的资料比较中日两国人口抚养率，会发现 2010 年中国人口抚养率处于最低水平，人口红利比日本 20 世纪 80 年代大得多。但是 2020—2030 年中国人口老龄化问题将变得十分严重。2020 年是一个重要的时间节点，因为这一年中国的人口结构与日本泡沫经济破灭的 1990 年相当，并且此后中国人口结构将以比日本 20 世纪 90 年代更快的速度恶化。因此，如果 2015—2020 年中国不能将投资的重点从低端制造业和基础设施等方面转向医疗、教育等人力资本积累以及高新技术领域，不能实现经济增长方式从要素投入转向效率增进，中国经济增长将在 2020 年以后下一个较大的台阶。[①]

中国改革开放后确立的出口导向型经济，是基于出口产品的低价优势，低价是基于劳动力的廉价、资源环境损耗的无约束。因此，很大程度上说我国的出口导向战略是农村无限廉价劳动力剩余而推动的，当劳动力不再成为剩余要素，出口产品的低价优势不复存在时，我们面临产业结构升级和科技创新的必然选择，但是结构升级需要长期的过程，科技创新依赖人力资源的高级化，这都不是短期内能够实现的。区域经济发展要获得持续的驱动力，我们只有寻求别的动力，这就是内需和投资。显然，扩大内需远比大规模投资有优势，不会产生因金融市场动荡而导致系列社会风险，关注民生和扩大消费是相辅相成的。我国的国情是，消费的主体市场在农村，扩大消费、扩大内需的希望和潜力在农村。这就是我国老龄化社会来临、人口红利耗竭的背景下，必须加快推进城乡一体化步伐的内在逻辑。

（5）由国富优先向国强民富转型和由"先富"向"均富"转型

我国从改革开放时实行的"举国体制"、"集中全国力量办大事"的机制导致了民不富而国先富，同时期提出的"让一部分人先富起来"的政策让少数人暴富而多数人贫穷。就"国富"来说，经过改革开放，我国的经济实力确实大大增强了，经济总量已超过日本，跃居世界前两位。但是人均 GDP 不到日本的 1/10，仍列世界第 100 名之后，总体说是"民穷"。同时我国的人际收入差距巨大，我国人民生活水平总体上比过去有很大提高，部分人群已经暴富。据估计，2009 年我国百万美元以上的富豪人数已达 67 万，居世界第三；资产超 10 亿美元的富翁人数仅次于美国，名列全球第二，我国也成为世界第二大奢侈品消费国，但是大部分国民确实很穷。因此，我国目前是"国

---

① 潘英丽：《中国出口导向型经济的双重战略风险与财富幻觉》，《探索与争鸣》2011 年第 3 期。

富与绝大多数人贫穷、民穷与少数人先富"并存。

目前我国收入分配领域最核心的问题，是贫富差距急剧扩大，两极分化趋势明显，国家税赋较重。要克服和扭转贫富差距扩大和两极分化的趋势，需要政策转向，一是"让一部分人先富起来"的政策向"均富"转型；二是让利于民，大力发展民生事业，尤其要让农民、农村富裕起来，实现基础设施城乡一体化和基本公共服务城乡均等化，提高农民的人居质量和民生水平，他们富裕了中国才真正民富了。

（6）由大中城市建设优先向小城市和中小城镇建设转型

城乡经济社会一体化的基础是高度城市化，这已经成为学界的基本共识。① 解决农村剩余劳动力就业问题、解决农民致富问题、解决农业现代化问题、解决农村居住环境问题等，不能就农业论农业、就农村论农村，实际上，解决"三农"问题的关键相当程度上取决于城市，城市化水平提高了，大部分"三农"问题也就迎刃而解。

问题是，我们该采取什么样的城市化发展方针？大中城市优先抑或中小城市优先？从有效推进城乡一体化的角度看，显然是让小城市和农村城镇优先发展。北京市城乡一体化的关键举措就是通过推进农村城镇化实现城乡基础设施、公共服务、产业布局、人口与就业、综合配套政策改革等方面快速实现城乡统筹的局面。北京市将农村乡镇分为融入城市型乡镇（66个）、自发展型乡镇（27个）、现代农业型乡镇（42个）、生态服务型乡镇（62个）四种类型，分别采取融入大中城市、政府培育建设和通过新型农村社区建设三条途径，分别对上述四类乡镇进行培育，逐步扩大规模、壮大实力，加快农村城镇化进程，以此推进全市的城乡一体化进程。

（7）人地关系由人—地冲突向 PRED 和谐建设转型

环境损耗、资源消耗为特点的产业体系和经济再生产方式向两型社会建设转变。以经济建设为中心的国家发展战略难以避免地追求经

---

① 党国英：《城市化与城乡一体化——新趋势、新挑战、新突破》，中国改革研究院（海南）第五届中挪社会政策论坛论文集。

济的高速增长而忽略环境与生态，长期的结果是物质财富积累的同时也破坏了和谐的人—地关系。我们必须实现国家发展战略的转型，重点是建立起以人的发展为核心的人口增长与空间分布（P）、资源的永续利用（R）、抚育良好生态环境（E）、适度的经济增长（D）四大人—地要素的和谐与统一。

（8）空间发展战略：由极化发展向均衡发展转型

区域社会—经济的发展总是由低水平均衡向区域集聚以提高发展效率的路径演化，当集聚导致过度极化时，集聚的效率下降、集聚的衍生问题繁多时，空间的继续极化将导致区域发展的总体效率下降甚至无效，空间扩散将成为新的需要。因此，区域社会经济的演化历程总是由均衡走向非均衡再走向新的均衡，循环往复。区域空间结构也相应地由极化走向扩散再向新的极化方向演进，循环往复，推动区域的社会经济结构不断向高级阶段演进。我国的空间极化体现在两个方面：区域差异和城乡差异。导致这两大差异的原因有三个：一是区域发展的客观规律。追求空间正义和空间公平是人类的理想，区域发展不可能有绝对的均衡，也不可能有永远的均衡，必然会出现均衡与极化演替的周而复始。二是我国区域发展条件的差异。环境恶劣的、资源贫乏的区域的发展必然要落后于自然条件良好的区域，发展条件的差异是导致区域差异的主要原因。三是国家意志，即人为的制度安排。这应当是导致城乡差异的主要原因。因此，我们在追求和谐社会发展目标时，既要促进落后区域的发展，又要缩小城乡差距，两大任务必须同步推进。目前，广东省内部的珠三角、粤东西和粤北之间的区域差距在持续扩大，每个城市经济区内的城乡差距也在继续扩大，空间极化态势必须尽快扭转，区域空间结构优化的目标十分明确，即引导区域关系和城乡关系由极化走向均衡。加快落后区域发展并构建发达区域支援落后区域的政策体系是实现区域均衡的不二路径，发展"三农"加快农村发展并构建以工补农、以城带乡的政策体系是实现城乡均衡的不二路径。

（9）区域问题解决方案：由城乡孤立视角向区域视角转型

区域社会经济发展问题的解决，在二元经济格局及其体制与政策的约束下，基本上是站在城、乡孤立的角度思考问题的解决方案，采取"就城市论城市、就乡村论乡村"的逻辑解决城乡建设出现的各种问题，通常效果是不理想的。实际上，诸多城市问题的解决要依赖乡村的参与，同样诸多"三农"问题的解决出路通常在城市。因此，站在区域的高视角，对很多城市问题或者"三农"问题的解决视野就开阔多了，大多数问题迎刃而解。这些问题主要集中在 10 个方面：

- 城市交通问题
- 城市住房问题
- 粮食问题与城市菜篮子问题
- 农村剩余劳动力转移问题
- 农村过疏化问题
- 农民增收、农业低效益问题

"十五"期间，我国的《十五计划纲要》提出的农民增收目标是农民人均纯收入增幅每年达到 5%，但实际增幅只有 4%，而城镇居民收入增幅为 8%，城乡居民收入持续扩大。原因是多方面的：一是市场属性，资源要素总是向高收益的产业和区域自动配置，是推动城乡差距扩大的动力；二是制度惯性，体现在二元经济政策的烙印影响；三是思维习惯，城市本位、工业本位的思维。但是我们认为，农民增收难的根本原因在于以粮食为主的农产品的社会需求弹性低、比较效益低的市场特性决定的。因此，农民要增收，只有三条途径：一是从区域整体发展的高度，做出新的制度安排，实施工业反哺农业、城市反哺农村；二是从农业内部出发，促进农业产业升级。在确保粮食生产的前提下，农业主导产业向消费需求弹性大的农产品生产转型，大力发展现代农业；通过农业产业化途径大力发展优势农产品和经济作物的生产，同时通过加大农业产业园区建设，促进农业生产价值链向第二、第三产业延伸；三是以促进农村城镇化，加快农村工业和农村服务业发展，并有选择地承接大中城市的产业转移，发展城市来料加工业务，带动大量农村居民步入工业领域。可见，解决农民增收、农业低效益难题，需要跳出农业和农村，站在区域整体角度，从城市找出路、从城市化找出路。

- 城市建设用地问题
- 农村土地问题
- 农业产业化问题
- 农村社会事业发展问题

城乡一体化也是解决许多城市民生问题的可靠途径，尤其能解决目前珠三角大都市连绵区的两大最棘手的民生问题。一是能帮助城市"治堵"。城乡基本公共服务均等化与基础设施城乡一体化，将有利于大城市"治堵"。区域城市化和城市区域化、大城市去工业化、区域城市多中心化等均有利于人口和生产的均衡分布，在实现城乡一体化的同时，也可以避免人口过度集聚于大城市，减少城乡人口的无序盲目流动，节约社会公共资源，提高流动效率。医院的外迁可以减少进城人流，学校的均衡布局可以引导人口的均衡分布，流动空间的合理规划同样可以引导人口的均衡分布。二是能平抑城市菜价，解决城市"菜篮子"问题。菜价的平抑、农副产品的供给是城乡一体化的动力之一。按照杜能农业区位论，最有效率的区域空间结构形态就是构建核心—外围形态的城乡一体化结构。城市农副产品的消费安全、价格的平稳可控，最佳的办法是由周边乡村稳定地供给（运输成本问题、时效问题），因此在城市周边的乡村建立农副产品生产基地，实现乡—城直供，是城乡一体化的最直接好处。满足城市的大宗、鲜活农副产品需求，是乡村的责任，乡村发展条件（基础设施、公共服务等）的改善也是城市、工业的责任，这是城乡一体化的重要动力。

（10）"不稳定群体"的政治诱因向民生诱因转型

新中国成立后至改革开放初期，"不稳定群体"主要是由于不同人群对社会体制和发展方针的不同政治理念差异而形成的，这种政治上的不同诉求体现的是敌我矛盾。随着经济建设成为我国社会建设的主要内容后，这种因政治诉求不同而形成的"不稳定群体"越来越少，而因对经济建设方针不认同及经济利益受损导致的不稳的群体越来越多。从发生群体性上访和群体性冲突的个案数量看，目前绝大部分社会不稳定因素都是由社会分配领域的不公平而导致人群分化产生的。换言之，"不稳定群体"的诱因明显从政治利益向经济利益转型。

　　为什么经济利益原因会导致目前"不稳定群体"大量产生？根本原因是空间正义与空间公平在区域间、城乡间得不到保障，其中尤其以城乡不公平而导致的群体性冲突事件不断上升最为突出。城乡间社会公共资源的分配不均、城市剥夺乡村的政策和体制是导致城乡间、工农间导致群体性冲突的根源。

　　目前，产生社会不稳定的群体性冲突事件，主要有两类：一是城乡土地关系问题产生的；二是城乡基本公共服务不均等产生的。当农民的土地既是生产资料又是其社会保障时，土地就成了农民的命根子，一旦农民的土地权益被剥夺或者受到侵犯，产生群体性冲突是必然的。当农民的医疗、卫生、教育、文化生活等得不到保障时，通常产生"教育致贫"、"疾病致贫"等由于公共服务不公平而导致的贫困现象，产生群体性冲突也是不可避免的，而且规模会更大、冲突更激烈。要减少社会不稳定群体，维护社会稳定大局，推进城乡一体化是必然要求。由此可见，推进以城乡资源分配公平、基本公共服务均等为主要内容的城乡一体化具有重要的现实意义。

第三节　国家"十二五"规划中的城乡一体化解读

　　国家"十二五"规划中再次强调城乡一体化的重要性，具体提出了五年内城乡一体化的具体目标、政策导向、完善"以工促农、以城带乡"的长效机制、建立健全城乡发展一体化制度等战略性安排。

　　（1）再次强调推进城乡一体化的指导思想

　　国家"十二五"规划中明确再次强调"统筹城乡发展，积极稳妥推进城镇化，加快推进社会主义新农村建设，促进区域良性互动、协调发展"的推进城乡一体化的指导思想。

　　（2）确定了具体目标

　　在具体发展目标中提出"城镇化率提高 4 个百分点，城乡区域发展的协调性进一步增强"，"城镇居民人均可支配收入和农村居民人均纯收入分别年均增长 7% 以上。新型农村社会养老保险实现制度全覆盖，城镇参加基本养老保险人数达到 3.57 亿人，城乡三项基本医疗保险参保率提高 3 个百分点。城镇保障性安居工程建设 3600 万套。贫困人口显著减少"，建设"覆盖城乡居民的基本公共服务体系逐步完善"。

（3）提出推进城乡一体化的政策导向

提出一系列推进城乡一体化的政策导向："同步推进工业化、城镇化和农业现代化。坚持工业反哺农业、城市支持农村和多予少取放活方针，充分发挥工业化、城镇化对发展现代农业、促进农民增收、加强农村基础设施和公共服务的辐射带动作用，夯实农业农村发展基础，加快现代农业发展步伐和推进基本公共服务均等化。把基本公共服务制度作为公共产品向全民提供，完善公共财政制度，提高政府保障能力，建立健全符合国情、比较完整、覆盖城乡、可持续的基本公共服务体系，逐步缩小城乡区域间人民生活水平和公共服务差距。"

（4）大力发展农村经济是推进城乡一体化的根本

规划对大力发展农村经济、促进新农村建设做出了重大战略部署："在工业化、城镇化深入发展中同步推进农业现代化，完善'以工促农、以城带乡'长效机制，加大强农惠农力度，提高农业现代化水平和农民生活水平，建设农民幸福生活的美好家园。"

（5）提出要建立健全城乡发展一体化制度

完善农村发展体制机制方面，规划提出要建立健全城乡发展一体化制度："加快消除制约城乡协调发展的体制性障碍，促进公共资源在城乡之间均衡配置、生产要素在城乡之间自由流动。统筹城乡发展规划，促进城乡基础设施、公共服务、社会管理一体化。完善城乡平等的要素交换关系，促进土地增值收益和农村存款主要用于农业农村。严格规范城乡建设用地增减挂钩，调整优化城乡用地结构和布局，逐步建立城乡统一的建设用地市场。严格界定公益性和经营性建设用地，改革征地制度，缩小征地范围，提高征地补偿标准。完善农村集体经营性建设用地流转和宅基地管理机制。加快建立城乡统一的人力资源市场，形成城乡劳动者平等就业制度。加大国家财政支出和预算内固定资产投资向农业农村倾斜力度。深化农村信用社改革，鼓励有条件的地区以县为单位建立社区银行，发展农村小型金融组织和小额信贷，扩大农村有效担保物范围。认真总结统筹城乡综合配套改革试点经验，积极探索解决农业、农村、农民问题新途径。"

第四节　广东省城乡收入差距：
时空特征与原因分析

一　现状

2010 年，农村居民人均纯收入 7890.25 元，比上年增长 14.2%；扣除价格因素，实际增长 10.3%。农村居民家庭恩格尔系数 47.7%，比上年下降 0.6 个百分点。农村居民消费支出中教育文化娱乐服务所占比重为 5.9%。全年农村居民居住住房总建筑面积人均 29.23 平方米。农村最高 20% 收入组人均纯收入 16827.09 元，农村最低 20% 收入组人均纯收入 3133.91 元。全年城镇居民人均可支配收入 23897.8 元，比上年增长 10.8%；扣除价格因素，实际增长 7.5%。城镇居民家庭恩格尔系数为 36.5%，比上年下降 0.4 个百分点。城镇居民消费支出中教育文化娱乐服务所占比重为 12.9%。全年城镇居民现有住房建筑面积人均 34.13 平方米。城镇最高 10% 收入组人均可支配收入 63620.4 元，城镇最低 10% 收入组人均可支配收入 6934.29 元。城乡居民收入差距由 2009 年的 3.12∶1（以农村为 1）下降为 2010 年的 3.03∶1。

二　阶段性特征

（1）城乡居民人均收入差距逐年拉大

通过表 2－2 得到广东省城乡居民收入及其差距的总体变化趋势（图 2－2、图 2－3）。

从图表中可以看出，广东省城镇人均可支配收入和农村人均纯收入均表现出不断上升的趋势，但在城乡居民收入增长的同时，城乡收

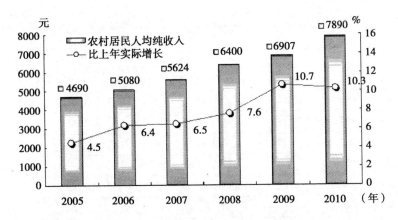

图 2 - 1　2005—2010 年农村居民人均纯收入及其增长速度

入差距也发生了较大的变化。广东省城乡居民收入差距在改革开放以来经历了一个起起落落的曲折路径——一个由迅速缩小到逐渐扩大，由逐渐扩大到逐渐缩小，再由逐渐缩小到加速扩大的发展过程，城乡收入比振荡不定。其变化大致可以分为以下四个阶段：第一阶段，1978—1982 年，城乡收入缓慢增加，城乡差距缓慢下降；第二阶段，1983—1994 年，城乡收入快速上升，城乡差距迅速扩大；第三阶段，1995—1999 年，城乡收入缓慢增长，城乡收入差距调整中下降；第四阶段，2000 年以来，城乡收入快速增长，城乡收入差距稳中有升。到 2009 年，广东城乡收入比达到 3. 12，城乡收入差距较大。

表 2 - 2　　　　1978—2010 年广东省城乡居民收入比较

年份	城镇居民人均可支配收入		农村居民人均纯收入		城乡居民收入绝对差 (1) — (2)	城乡居民收入相对差 (1) / (2)
	数值（1）/元·人 -1	名义增长速度/%	数值（2）/元·人 -1	名义增长速度/%		
1978	412. 13	—	193. 25	—	218. 88	2. 13
1979	416. 33	1. 0	222. 72	15. 2	193. 61	1. 87
1980	472. 57	13. 5	274. 37	23. 2	198. 20	1. 72
1981	560. 69	18. 6	325. 37	18. 6	235. 32	1. 72
1982	631. 45	12. 6	381. 79	17. 3	249. 66	1. 65
1983	714. 20	13. 1	395. 92	3. 7	318. 28	1. 80

续表

年份	城镇居民人均可支配收入		农村居民人均纯收入		城乡居民收入绝对差 (1)—(2)	城乡居民收入相对差 (1)/(2)
	数值(1)/元·人⁻¹	名义增长速度/%	数值(2)/元·人⁻¹	名义增长速度/%		
1984	818.37	14.6	425.34	7.4	393.03	1.92
1985	954.12	16.6	495.31	16.5	458.81	1.93
1986	1102.09	15.5	546.43	10.3	555.66	2.02
1987	1320.89	19.9	662.24	21.2	658.65	1.99
1988	1583.13	19.9	808.70	22.1	774.43	1.96
1989	2086.21	31.8	955.02	18.1	1131.19	2.18
1990	2303.15	10.4	1043.03	9.2	1260.12	2.21
1991	2752.18	19.5	1143.06	9.6	1609.12	2.41
1992	3476.70	26.3	1307.65	14.4	2169.05	2.66
1993	4632.38	33.2	1674.78	28.1	2957.60	2.77
1994	6367.08	37.4	2181.52	30.3	4185.56	2.92
1995	7438.68	16.8	2699.24	23.7	4739.44	2.76
1996	8157.81	9.7	3183.46	17.9	4974.35	2.56
1997	8561.71	5.0	3467.69	8.9	5094.02	2.47
1998	8839.68	3.2	3527.14	1.7	5312.54	2.51
1999	9125.92	3.2	3628.93	2.9	5496.99	2.51
2000	9761.57	7.0	3654.48	0.7	6107.09	2.67
2001	10415.19	6.7	3769.79	3.2	6645.40	2.76
2002	11137.20	6.9	3911.91	3.8	7225.29	2.85
2003	12380.40	11.2	4054.58	3.6	8325.82	3.05
2004	13627.65	10.1	4365.87	7.7	9261.78	3.12
2005	14769.94	8.4	4690.49	7.4	10079.45	3.15
2006	16015.58	8.4	5079.78	8.3	10935.80	3.15
2007	17699.30	10.5	5624.04	10.7	12075.26	3.15
2008	19732.86	11.5	6399.77	13.8	13333.09	3.08
2009	21574.72	9.3	6906.93	7.9	14667.79	3.12
2010	23897.80	10.8	7890.25	14.2	16007.55	3.03

数据来源：1978—2009年的数据是来源于《广东省统计年鉴》，2010年的数据来源于2010年广东国民经济和社会发展统计公报（广东省统计信息网），并经过计算。

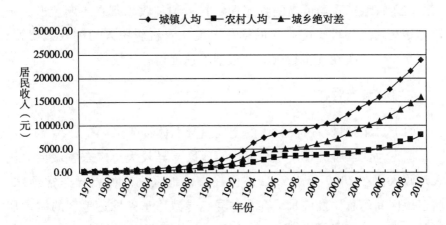

图 2 - 2　广东省城乡居民收入及其差距变化趋势

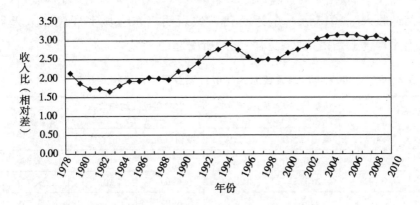

图 2 - 3　广东省城乡居民收入比变化趋势

（2）城乡居民收入增长速度逐步收敛

经计算，得到广东省城乡居民收入的增长速度，见图 2 - 4。

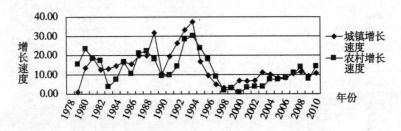

图 2 - 4　广东省城乡居民收入增长速度对比

广东省城镇人均可支配收入和农村人均纯收入都在不断上升，但是城镇居民人均可支配收入的增长速度比农村居民人均纯收入要快，近年来，二者正在逐步接近，并且增长速度均有所放慢。

三　区域性特征

（1）广东省城乡居民收入的空间差异总体特征

首先，城乡居民收入差距现状的地区差异较大。广东省城乡居民人均收入比在 2009 年为 3.12，但在省内地区之间的差异非常悬殊。由于地区间的总体发展水平存在差异，导致广东省发达地区的城市居民与不发达地区的农村居民之间的收入差距更大，如表 2-2 所示，2009 年，东莞市城市居民人均可支配收入（33045 元）是河源市农村居民纯收入（5013 元）的近 7 倍，这表明广东省城乡居民收入差距在很大程度上是由地区之间的差异所引起的。

表 2-3　　2009 年广东省各地区（市）城乡居民人均收入差距

市别	城镇居民人均可支配收入（元）		农村居民人均纯收入（元）		城乡收入比
	数值（元）	增长%	数值（元）	增长%	
全国	17175	9.8	5153	8.5	3.33
全省（含深圳）	21575	12.0	6907	10.7	3.12
全省（不含深圳）	17363	—	6907	—	2.51
广州	27610	9.1	11067	12.6	2.49
深圳	29245	9.1	—	—	—
珠海	22859	9.1	8575	6.6	2.67
汕头	13651	8.8	5260	7.7	2.60
佛山	24578	9.3	10699	10.8	2.30
韶关	16289	11.6	5338	10.1	3.05
河源	12138	7.0	5013	6.0	2.42
梅州	13113	8.3	5390	7.0	2.43
惠州	21278	10.9	7583	16.1	2.81
汕尾	12560	13.5	5372	12.2	2.34
东莞	33045	9.1	13061	6.0	2.53
中山	23088	10.3	12288	11.0	1.88

市别	城镇居民人均可支配收入（元）		农村居民人均纯收入（元）		城乡收入比
	数值（元）	增长%	数值（元）	增长%	
江门	19004	12.7	7534	12.8	2.52
阳江	13075	9.6	5564	8.0	2.35
湛江	13665	10.5	5895	10.6	2.32
茂名	13161	9.6	5784	7.0	2.28
肇庆	15063	12.9	6291	9.5	2.39
清远	14315	10.1	5509	12.7	2.60
潮州	12398	9.5	5492	10.4	2.26
揭阳	13169	12.0	5433	10.3	2.42
云浮	13211	7.1	6128	11.6	2.16

资料来源：各市数据来源于广东省各市统计网站。

其次，城乡居民收入差距变动的地区差异较大。几年来，广东全省城乡居民收入差距在总体上呈现出扩大的趋势，而且在连续四年没有扩大的情况下有所反弹。2003—2007 年，城乡居民收入比增加了0.1（由 2003 年的 3.05 增加到 2007 年的 3.15），接着出现反弹，2008 年，城乡居民收入比从 3.15 下降到 3.08，2009 年又回升到了3.12。但广东省城乡之间的变化在地区间差距较大，如 2009 年汕尾市的城镇居民人均可支配收入的增长速度达到 13.5%，为全省最高，并超过了全省和全国的增长速度，而河源市只有 7.0%。

（2）城乡居民收入的地区差异表现

城乡居民收入值总体表现为："粤北—粤西—粤东—珠三角"由高到低分布。近年，收入差距则集中在粤北山区，整体大致表现出"东部高、西部低；北部高、南部低"的地域分布格局。

广东省城乡居民收入差距不仅各市之间差距大，而且还表现出明显的地域特点。2006 年，东莞（25320 元）与深圳（22567 元）城镇居民人均可支配收入为全国排行榜前二名，在广东省内排名前五位的城市，如广州（19851 元）等均位于珠三角地区，在省内排最后三位均属于山区市。2007 年，珠三角地区的东莞城镇居民人均可支配收入为 27025 元，深圳为 24870 元，广州为 22469 元，而梅州粤北山区城镇居民可支配收入仅为 10802 元。2008 年东莞城镇居民可支配收入为 30274.64 元，深圳为 26729.31 元，广州为 25316.72 元，梅州只有 12109.30 元，最差的 3 个市县的城镇居民可支配收入分别是 8976.34（普宁）、8894.24（兴宁）、8728.40（廉江）元。城镇居民收入空间分布整体按照"粤北—粤西—粤东—珠三角"的次序由低到高排列，多年保持不变。

农村居民人均纯收入也是按照"粤北—粤西—粤东—珠三角"由低到高的地区格局排列，珠三角和边远山区的农村居民的人均纯收入差距由 1980 年的 1.43 变为 2008 年的 2.45，绝对差则由 105 元增加至 7290 元，扩大了 69.4 倍。东莞农村居民人均纯收入 2006 年、2007 年、2008 年、2009 年分别为 10661 元、11606 元、12328 元、13061 元，广州农村居民人均纯收入同期分别为 7788 元、8613 元、9828 元、11067 元，而梅州市只有 4369 元、4613 元、5038 元、5390 元。

由于珠三角地区各市非农产业发达，城乡经济发展水平均较高，导致城乡居民收入差距相对较小；而粤西地区由于距离发达地区较远，且自身经济发展水平较低，导致城乡居民收入差距相对较大。如 2009 年，珠三角地区的中山市城乡收入比仅为 1.88，而粤北山地的韶关城乡收入比为 3.05，粤西地区的阳江为 2.35。2009 年，城乡居民收入差距主要集中在粤北山区，整体大致呈现"东部高，西部低"的地域走势，其空间分布如图 2 - 5 所示。

四　广东省与沿海省份的城乡居民收入差异比较

（1）广东省城乡居民收入差距与全国比较的特征

广东省城乡居民收入差距遵循全国城乡居民收入差距的演变规律。从图 2 - 6 可以看出，从总体上说，近年来，广东省城乡居民收入差距与全国城乡居民收入差距在演变规律上基本上都是遵循扩大—缩小—扩大的趋势。从城乡居民收入的相对差来看，广东省与全国的城乡居民收入差距基本上都是遵循在 2005—2007 年逐步上升，2007—2008 年缓慢下降，2008—2009 年快速回升，加速扩大的规律。

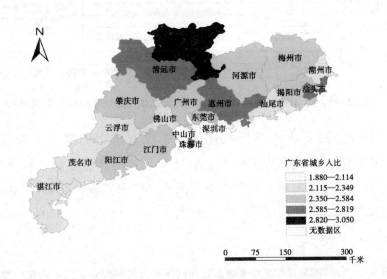

图 2 - 5 2009 年广东省城乡居民收入差距空间分布图

资料来源：根据 2009 年广东省城乡居民收入差距的数据利用 Mapinfo 制作。

广东省城乡居民收入差距低于全国水平。从表 2 - 4、图 2 - 6 中可以发现，广东省城乡居民收入差距相对差低于全国平均水平，相对差距的差值在 2008 年最高，达到 0.23，相对差的比值最高也在 2008年，为 1.08。

表 2 - 4 2005—2009 年广东省城乡居民收入差距与全国的城乡居民收入差距

年份	全国城乡居民收入比（相对差）	广东省城乡居民收入比（相对差）	相对差的差值	相对差的比值
2005	3.22	3.15	0.08	1.02
2006	3.28	3.15	0.13	1.04
2007	3.33	3.15	0.18	1.06
2008	3.31	3.08	0.23	1.08
2009	3.33	3.12	0.21	1.07

数据来源：《广东省统计年鉴》，并经过计算。

（2）广东省城乡居民收入差距与其他沿海省份的比较

全省城乡居民收入差距在连续四年没有扩大的情况下有所反弹。

2009 年广东省城乡居民收入差距为 3.12，比上一年的 3.08 有所

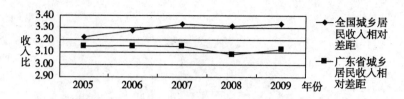

图 2-6　近年来广东省与全国城乡居民收入相对差距变化趋势比较

上升，全省城乡收入差距在连续四年没有扩大的情况下有所反弹（2005—2008 年城乡居民收入差距为 3.15、3.15、3.15、3.08），显示城乡居民收入差距呈徘徊之势。另外，广东省城乡居民收入差距仍高于浙江 2.45、江苏 2.57、福建 2.93、山东 2.91 的水平（表 2-5）。

表 2-5　　2005—2009 年全国和江浙闽鲁粤五省的城乡居民收入差距情况

地区	指标	2005 年	2006 年	2007 年	2008 年	2009 年
全国	城镇	10493.03	11759.45	13786.00	15781.00	17175.00
	农村	3254.93	3587.04	4140.00	4761.00	5153.00
	城乡比	3.22	3.28	3.33	3.31	3.33
江苏省	城镇	12318.57	14084.26	16378.00	18679.52	20552.00
	农村	5276.29	5813.23	6561.00	7357.00	8004.00
	城乡比	2.34	2.42	2.50	2.54	2.57
浙江省	城镇	16293.77	18265.10	20574.00	22726.66	24611.00
	农村	6659.95	7334.81	8265.00	9258.00	10007.00
	城乡比	2.45	2.49	2.49	2.46	2.46
福建省	城镇	12321.31	13753.28	15505.00	17961.45	19576.80
	农村	4450.36	4834.75	5467.00	6196.07	6680.10
	城乡比	2.77	2.85	2.84	2.90	2.93
山东省	城镇	10744.79	12192.24	14265.00	16305.41	17811.00
	农村	3930.55	4368.33	4985.00	5641.50	6119.00
	城乡比	2.73	2.79	2.86	2.89	2.91
广东省	城镇	14769.94	16015.58	17699.00	19732.86	21574.70
	农村	4690.49	5079.78	5624.00	6399.80	6906.90
	城乡比	3.15	3.15	3.15	3.08	3.12

数据来源：各省相关年份统计年鉴。

　　2009 年长三角有八个市城乡收入差距缩小，大部分市的收入差距在 2.34 以下，但珠三角大部分市城乡收入差距在 2.50 左右及以上。如广州城乡居民收入差距为 2.49，高于同一发展水平的上海 2.34 和杭州 2.27 水平；珠海、佛山分别为 2.67 和 2.30，也高于苏州的 2.03、无锡 2.02 和宁波 2.17 水平。

　　（3）广东省城乡居民收入构成与沿海其他省市的比较

　　从居民消费结构方面看，与北京、上海、江苏、浙江等省（市）相比，广东省城乡居民医疗保健、住房、教育文化等领域支出较高。[①]2006 年，全省城镇居民和农村居民平均每人家庭消费性支出主要集中在食品、医疗保健、住房、文化教育娱乐服务、交通通信等几个方面（图 2-7）。

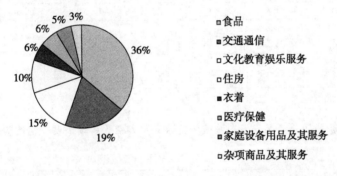

图 2-7　2006 年全省城镇居民家庭每人全年消费支出构成图

　　与北京、上海、浙江、江苏等发达省（市）相比，广东省城乡居民在教育、医疗、交通通信、居住等方面支出占家庭生活总消费比例较高（图 2-8）。

　　在教育娱乐文化服务支出方面，2006 年，全省城镇居民家庭平均每人支出占生活消费总支出的 14.59%，高于浙江，也高于全国 13.83% 的平均水平。在医疗保健支出方面，全省城镇居民家庭平均每人占生活消费支出的 5.69%，高于上海。在住房支出方面，全省城镇居民家庭平均每人占生活消费支出的 10.09%，高于北京、上海、

---

①　2006 年数据，来源于广东省政府发研中心《提高广东城乡居民收入研究报告》。

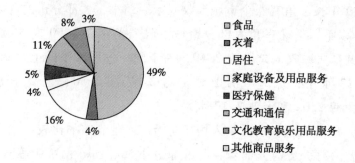

图 2 - 8　2006 年全省农村居民家庭平均每人消费支出构成图

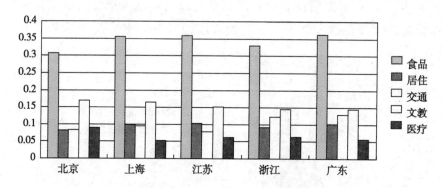

图 2 - 9　沿海五省市城镇居民家庭平均每人各项消费支出比较

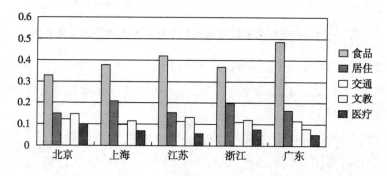

图 2 - 10　沿海五省市农村居民家庭平均每人各项消费支出比较

浙江。全省农村居民家庭平均每人住房支出占生活消费支出的
16.31%，也高于北京、江苏。在交通通信支出方面，全省城镇居民
家庭平均每人占生活消费支出的 12.82%，高于北京、上海、江苏、
浙江；全省农村居民家庭平均每人交通通信支出占生活消费支出的

11.41%，高于北京。

　　与京、沪、江、浙等发达省市相比，广东省城乡居民住房、医疗、教育等费用占居民家庭收入比重偏高，这在一定程度上制约了全省城乡居民的收入水平，抑制了全省城乡居民其他方面的消费支出，同时也刺激了全省城乡居民的防御性心态。在城乡居民货币支付能力有限的情况下，只能压缩当前消费增加储蓄，以准备应付未来预期支出。据统计，2006 年，广东全省城乡居民储蓄存款余额达到22677.19 亿元，是江苏和浙江两省之和。由于储蓄转化为投资的渠道还不够畅通，不能全部转化为投资形成社会需求，对全省的经济进一步增长已形成一定的制约。

五　城乡居民收入差距发展趋势预测

（1）建立预测模型

　　为了更加精确地预测城乡收入差距的未来变动，本文运用 SPSS 的曲线估计进行预测分析，对《广东省统计年鉴》中 1978—2009 年的城乡收入数据（表 2 - 6）分别使用一元线性、二次函数、三次函数和复合函数模拟曲线，选取与实际数据曲线的拟合优度最高的函数，并得到曲线的函数方程。

　　SPSS 模拟城镇人均可支配收入曲线测评值如表 2 - 6 所示。由此可得出模拟城镇人均可支配收入曲线（图 2 - 11），运用三次函数模拟出的曲线，其判定系数 $R_2 = 0.989$，相比其他函数，最接近于 1，做拟合优度检验，方差分析得出 $F = 952.34518$，$Sig = 0.000$，拟合度较好。从图 2 - 11 也可以看出，三次函数曲线同实际观察曲线最接近，因此选取三次函数曲线模型来模拟城镇人均可支配收入。

表 2 - 6　　　　　　SPSS 模拟城镇人均可支配收入曲线测评值

Equation	Model Summary			Parameter Estimates			
	R Square	F	Sig.	Constant	b_1	b_2	b_3
Linear	0.912	309.06	0.000	- 3.819E3	647.82		
Quadratic	0.988	1.317E3	0.000	467.043	- 108.536	22.92	
Cubic	0.989	849.017	0.000	380.135	- 79.168	20.729	0.044
Compound	0.967	887.514	0.000	370.392	1.148		

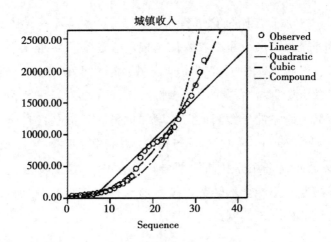

图 2 - 11　SPSS 模拟城镇人均可支配收入曲线

城镇收入的三次曲线模型为：t 年城镇居民人均可支配收入 t = 380.135 - 79.168（t - 1978）+ 20.729（t - 1978）² + 0.044（t - 1978）³。

SPSS 模拟农村人均支配收入曲线测评值如表 2 - 7 所示。由此可得出模拟农村人均纯收入曲线（图 2 - 7），运用三次函数模拟出的曲线，拟合优度最高，其判定系数为 $R^2 = 0.978$，相比其他函数，最接近于 1，做拟合优度检验，方差分析得出 $F = 407.834$，Sig = 0.000，拟合度较好。从图 2 - 7 也可以看出，三次函数曲线与实际观察曲线最接近，因此选取三次函数曲线模型模拟农村人均纯收入。

表 2 - 7　　　　　　SPSS 模拟农村人均纯收入曲线测评值

Equation	Model Summary			Parameter Estimates			
	R Square	F	Sig.	Constant	b_1	b_2	b_3
Linear	0.932	408.181	0.000	- 989.933	207.724		
Quadratic	0.977	608.359	0.000	47.531	24.643	5.548	
Cubic	0.978	407.834	0.000	238.553	- 39.907	10.364	- 0.097
Compound	0.963	790.761	0.000	216.353	1.124		

农村收入的三次曲线模型为：t 年农村居民人均可支配收入 =

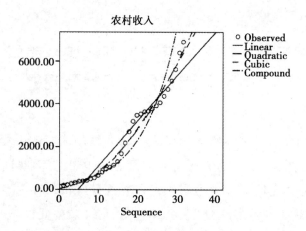

图 2 - 12　SPSS 模拟农村人均纯收入曲线

$238.553 - 39.907$（t - 1978）$+ 10.364$（t - 1978）$^2 - 0.097$（t - 1978）^{3}。

（2）城乡收入差距预测结果

根据以上两个预测函数模型可以分别计算出 2012 年、2015 年、2020 年以及 2030 年的城乡居民收入情况，如表 2 - 8 所示。

表 2 - 8　　　　　　　　　广东省城乡收入差距预测表

年份	城镇居民收入	农村居民收入	城乡收入绝对差（元）	城乡收入比
2012	23380.52	7050.01	16330.51	3.32
2015	28057.65	8036.97	20020.68	3.49
2020	36880.91	9658.02	27222.89	3.82
2030	58501.37	12548.67	45952.70	4.66

从表 2 - 8 可知：按预测，城乡收入的绝对差距将继续扩大，预计将从 2009 年的 14667.79 元扩大到 2012 年的 16330.51 元、2015 年的 20020.68 元，直至 2030 年的 45952.70 元。城乡居民收入比，从 2009 年的 3.12 上升到 2012 年的 3.32，2015 年为 3.49，到 2020 年将上升到 3.49，仍处于一个高水平上，也就说明，今后几年，广东省仍将存在高度的城乡居民收入差距。按广东省现有的状况发展，到 2030 年，甚至可能达到城乡收入比 4.66 的水平。

第五节　广东省基础设施的城乡差异
及区域差异：现状及问题

　　世界银行将经济基础设施定义为"永久性的成套的工程构筑、设备、设施和它们所提供的为所有企业生产和居民生活共同需要的服务"，并认为"它们都程度不同地存在着规模经济，存在着使用者与非使用者之间的利益溢出性"。具体包括：（1）公共设施，即电力、电信、自来水、卫生设施与排污、固体废弃物的收集与处理、管道煤气等；（2）公共工程，即道路、为灌溉和泄洪而建的大坝和水利设施等；（3）其他交通部门，即城市与城市间的铁路、市内交通、港口和航道、机场等。在经济基础设施之外，其他的基础设施被定义为"社会基础设施"，涵盖了文教、科研、医疗保健等方面的内容。

　　自改革开放以来，广东省经历了30多年的快速发展，不仅在整体经济上取得了巨大成就，其基础设施建设的发展也是突飞猛进。2009年，广东全社会固定资产投资规模稳步扩大，全年累计完成13353.15亿元，增长19.5%，增幅同比提高3.0个百分点。其中，第一、第二、第三产业分别完成投资129.85亿元、4456.17亿元和8767.13亿元，分别增长18.0%、13.4%和22.9%；第三产业在交通运输、城市基础设施建设快速增长的拉动下增幅同比提高4.2个百分点。根据最新的《珠江三角洲基础设施建设一体化规划》，广东将投资19767亿元，统筹布局区域内基础设施重大工程项目建设。规划建设交通、能源、水利、信息四类重大工程共150个项目，其中，2009—2012年计划投资9387亿元。

　　虽然伴随着基础设施的不断完善，但是由于广东省不同区域的自然环境、经济基础、政策体制等各方面的原因，各地基础设施的发展出现了很大程度上的不平衡，经济发达的珠江三角洲地区的基础设施，无论是经济基础设施上，还是社会基础设施上，都远领先于其他地区。任凭这种差距的持续扩大，必然会导致广东省基础设施整体效率的损失，并可能会激化经济和社会发展新的不平衡。基础设施的城乡差异是导致城乡发展差异、城乡空间不公平的重要原因，也是"三农"问题产生的重要物质基础。基础设施的区域差异是导致区域发展不公平的关键原因，也是建设和谐社会的最大障碍。由于基础设施建设具有公共财政性、福利性，因此实现基础设施的城乡统筹建设和区域均衡配置，既是一项民生工程，也是一项政治任务。

一　广东省基础设施城乡差异现状

广东省农村固定资产投资增速远远低于城镇，山区固定资产投资低于东西两翼。从这一投资分布可以看出，农村基础设施建设投入需要大幅度增加，山区投入增速虽然高于珠三角区域，但远远不够。2010 年全社会固定资产投资 16113.19 亿元，比上年增长20.7%。分城乡看，城镇投资 12870.25 亿元，增长 23.9%；农村投资 3242.94 亿元，增长 9.4%。分投资主体看，国有经济投资5150.08 亿元，增长 22.4%；民间投资 8625.20 亿元，增长24.0%；港澳台、外商经济投资 2337.91 亿元，增长 6.8%。分地区看，珠三角地区投资 11355.80 亿元，增长 18.2%；东翼投资1475.51 亿元，增长 29.7%；西翼投资 1100.32 亿元，增长35.4%；山区投资 2181.56 亿元，增长 21.3%。

广东省城乡一体化推进最基础的工作是大力发展农村基础设施建设，同时大力推进城市基础设施向农村延伸，形成城乡基础设施联网成片。体现城乡基础设施发展差距的主要是农村生活基础设施状况，体现城乡居民生活质量差异，是民生工程，也是推进广东省城乡一体化的重点任务，根据省发改委的调研数据①显示，近年来随着新农村

---

① 根据广东省委省政府关于深入学习宣传贯彻落实党的十七届三中全会精神部署和省委农村工作领导小组《关于深入贯彻落实党的十七届三中全会精神开展调研活动的通知》（粤农组发电〔2008〕3 号）要求，从 2008 年 11 月 3 日开始由省发改委牵头对全省农村基础设施进行了全面调研，形成的调研报告于 2010 年对外公开。由于目前还没有比这次全面调研更新的更全面的数据，本项目中关于农业农村基础设施现状的数据除无特别说明外，都来自这次综合调研报告的数据。

建设的巨大投入，广东省农村生活基础设施建设取得明显成效。

（1）农村饮水安全工程

至 2009 年年底，全省已累计解决 620 万人农村饮水安全问题，占全省规划人口数的 37.7%。2008 年 5 月 20 日，省政府审议通过广东省农村饮水安全工程建设实施方案，决定从 2008 年起至 2012 年，用 5 年时间投入 73.4 亿元，解决全省农村 1645.5 万人的饮水安全问题。

（2）农村公路建设

在 2000 年年底基本实现村村通公路的基础上，广东省自 2003 年起至 2009 年用 7 年左右时间实现通建制村公路路面硬化目标，通建制村公路路面硬化里程约 48000 公里。目前，农村的村村通工程进展顺利，全省安排镇通行政村公路建设项目里程 46500 多公里，占 48000 公里总任务的 96.87%，至 2009 年基本完成全省农村公路路面硬化目标。

（3）农村生活能源设施建设

2005 年以来，广东省积极推进农村能源沼气建设，到 2007 年，全省正常使用的户用沼气池已达 29.13 万个，占适宜推广农户的 20.2%，年产沼气 1.31 亿立方米，创经济效益 4.4 亿元，处理生产生活污水 1164 万吨，保护森林资源 145 万亩，减少向大气排放二氧化硫 1796 吨，减排甲烷 5.66 万吨，形成了以沼气利用为纽带的生态农场模式、生态农业模式和生态户模式。

（4）农村电网改造

广东省自 1998 年起实施农村电网"两改一同价"改造工作，至年底，全省共安排农网改造资金 214.67 亿元，其中国家农网改造国债项目资金 135 亿元、省农网改造项目资金 79.67 亿元。涉及全省 102 个县级农电单位，通过实施"两改一同价"，目前广东省农村供电体制和电力设施发生很大改善，农村供电质量大幅提高，用电安全性、可靠性大大增强；同时已有 99 个农电单位实现了县级同网同价，大大减轻农民电费负担，提高了农村用电的积极性。对于无电地区电网建设，从 2007 年至 2009 年 10 月，全省累计投入专项资金 3.8 亿元，共解决 867 个自然村，37774 户，188413 人的生产生活用电问题，到 2009 年年底基本实现了村村通电的目标。

（5）人居环境得到初步改善

根据广东省委、省政府 2003 年实施《十项民心工程》决定，从 2004 年开始分期分批对全省农村 15 万户危房进行改造。至 2009 年全省累计共投入农村危房改造资金 37.5 亿元（其中省级财政 5.165 亿元、农民自筹 28.3 亿元）。至 2007 年年底止，完成了省委提出的提前三年改造 15 万户农村危房的计划任务，建设安居房面积 1177 万平方米，户均 78.5 平方米，受惠贫困农民 72 万人。

（6）农村信息化取得新突破

自 2002 年 9 月省委、省政府在《关于加快山区发展的决定》中做出了加快山区信息化步伐的部署以来，连续五年每年安排 3500 万元，重点支持全省 51 个山区县（市）的农村信息化建设，在全国率先启动山区信息化建设。山区信息化建设是广东省整个信息兴农工程战略部署的第一期工程，至 2008 年年底已经基本完成。信息兴农工程二期建设从 2008 年开始，连续两年由省财政每年安排 3500 万元重点支持我省东西两翼欠发达地区非山区县（市）（包括江门的恩平、台山两市）的农村信息化建设。目前已实现 12.8 万个 20 户以上自然村固定电话全覆盖，移动电话覆盖率达 95%，行政村宽带覆盖率达 100%，广播电视网络的村通率达到了 97%，基本达成"网络进村"的目标。

二　广东省基础设施城乡差异问题与原因

农村基础设施建设落后的问题主要存在于省域的外围欠发达区域，尤其是粤北山区农村，基本生活必需的用水、用电、环卫设施都缺乏，特别是农村的污水和垃圾处理等公共设施建设及管理，除个别村庄外，基本空白。而珠三角区域的基础设施问题较少，除少数自然村以外，重要生活基础设施基本具备。

主要问题有两方面：

（1）欠发达地区农村公共供水设施建设相对滞后

分布在粤东西北欠发达地区的农村（包括镇、村）以分散式（水井及山泉水自流）为主供应农村居民的生活用水，水质及水量均无法保障，集中式自来水厂及配套管网设施不足，城镇供水管网大部分未能延伸至农村，全省仍有1300万农村居民饮用水存在不同程度的水质、水量不安全状况。

（2）农村环卫设施基本缺失

镇村普遍缺少垃圾和污水处理设施，尤其是乡村普遍无相关设施及处理机制。

主要有三方面原因导致上述问题的产生：

（1）投入不够、历史欠账太多

首先是政府投入不足，表现在：一是各级政府的财政预算及投资计划中对农业农村公共基础设施及公共服务的支出比重偏低，如广东省水利基建投资计划中的灌区专项资金若干年未增加（近几年年均5000万元左右），而且某些年份的资金绝对量还减少，而水利基建投资计划的年资金总量由过去的10多亿元增加到今年的60多亿元，相对量在逐年减少。二是支农资金用于竞争性经营领域的比重偏大，相对的是对农村公共基础设施和公共服务的投入偏小。三是政府对农业农村投入的资金也仍较分散，存在同类投资项目投入重复、不同类但有密切关联的项目却未能整合投资以及投资重点不突出等问题。四是尚未建立政府对农业农村公共基础设施和公共服务投入的长效机制，如目前仍以议案形式投入，议案结束投入也结束，以及采取"一事一议"的支农方式等。五是社会对农业投入不足，表现在农民集体土地资源未能流转，不能形成农民的财产性收入及资金积累，用以扩大再生产的能力较弱，农业农村的投资软硬环境仍不足以吸引更多的非农工商企业家投资农业，形成农业资本积累，从而通过农业利润形成农村财政收入等。

（2）缺乏长效机制

农村公共基础设施和公共服务领域未形成资金筹措及投入的长效机制，如缺少城乡统筹的农业农村公共基础设施和公共服务中长期专项规划；财政预算和投资计划中支农投入缺少相对稳定的按比例按年度增长机制；部分工程项目省级补助政策标准过低，要求欠发达地区配套比例过高，如在广东省农村饮水安全工程的平均工程成本约为450元/人，广东省省级财政补助标准较低仅为160元/人，而江苏省的省级财政补助为270元/人；农村公路养护、农村垃圾污水处理和教师、医务人员的待遇等机制尚未健全；政府有关部门支农资金未整合且因部门职能分割造成投资效率不高等，如现代标准农田工程规划中，水源到田间部分的公共干支渠改造部分未能纳入规划统筹考虑。

（3）法规不健全

针对农业农村公共基础设施和公共服务的地方法规仍不健全，如与城镇已有相关法规相衔接的、保障政府对农业农村投入以及规范农业农村基本经营制度及机制的地方性法规尚未建立，已建立的相关法规还有待根据新形势做出修订等。

三　广东省基础设施区域差异

（1）区域分异与分析指标

广东省基础设施区域差异的基本考察单元为四部分，包括珠江三角洲区、粤东沿海区、粤西沿海区和粤北山区。珠江三角洲区指广州、深圳、珠海、佛山、江门、东莞、中山、惠州和肇庆九市。粤东沿海区指汕头、汕尾、潮州和揭阳四市。粤西沿海区指湛江、茂名和阳江三市。粤北山区指韶关、河源、梅州、清远和云浮五市。见表2-9。

表2-9　　　　　　　　广东省区域差异的基本考察单元

区域名称	范　围	面积（km²）
珠江三角洲区	广州、深圳、珠海、佛山、江门、东莞、中山、惠州、肇庆	54732
粤东沿海区	汕头、汕尾、潮州、揭阳	15517
粤西沿海区	湛江、茂名、阳江	32616
粤北山区	韶关、河源、梅州、清远、云浮	76835

　　广东省基础设施建设的考核指标分为农业基础设施、水利基础设施（含农田水利设施）、交通基础设施、能源基础设施、城镇市政公用设施、公共教育设施、公共卫生设施、公共体育设施等八项。① 本研究的指标选取坚持科学性、系统性、针对性和可比性的原则，同时在很大程度上受到数据可获得性的影响，选取了九个具体指标进行广东省四个区域基础设施现代化水平的比较分析，具体指标体系如表 2 – 10。

表 2 – 10　　　　　　　　　基础设施现代化评价指标体系

项　　目	指标选择	单　　位
农业基础设施	农业机械总动力	万瓦特
	有效灌溉面积	万亩
水利基础设施	人均日生活用水量	立方米/天
交通基础设施	公路网密度	公里/平方公里
能源基础设施	人均年总用电量	万千瓦小时/人
公共教育设施	教育事业投入额	亿元
公共卫生设施	每万人拥有病床数	个/万人
	每千人拥有的医生数	人/千人
公共体育设施	文化、体育和娱乐业投入额	亿元

　　综合评价指标体系虽然能够比较全面地反映广东省基础设施差异，了解各区所处的发展阶段和与其他区域比较所处的相对地位，但指标设置过于复杂，某些统计指标数据难以获取，在实际的可操作性上存在一定的难度。单项评价指标体系指标数据容易获得，评价方法简单易行，能够直观深入地分析某区域内基础设施差异的差距，但不能从宏观整体上对广东省基础设施差异有一个综合全面的认识和把握。因此，我们认为，根据区域实际情况和数据的可获得性，简化综合评价指标体系，并将综合指标评价和单项指标评价相结合来分析广东省基础设施差异问题，将能够很好地解决以往研究中综合指标评价

---

① 广东省人民政府办公厅：《2011 年广东省公共基础设施建设考核办法（试行）》2011 年公报第 5 期。

和单项指标评价中存在的不足。[①]

（2）研究方法与基础数据

主成分分析（Principal Component Analysis）是把原来多个变量划为少数几个综合指标的一种统计分析方法，从数学角度来看，这是一种降维处理技术。在相关分析的基础上，用较少的新变量代替原来较多的旧变量，而且使这些较少的新变量尽可能多地保留原来变量所反映的信息，且彼此间不相关。[②]

主成分分析法[③]在决定变量权重时最重要的特点是：一方面，它给予那些存在差异较大的变量以较大的权重，而对那些各地区间差异较小的变量，则给予较小的权重，从而使最后生成的指数更能体现差异性。由于本研究对象就是各地区的差异，所以这样是特别有利的。另一方面，各变量之间是存在相关性的，而"主成分分析法"可以根据各变量之间的关系，剔除一部分的相关性或重合性，从而利于避免不适当地夸大差异（此处略去了繁杂的计算模型和计算过程）。主成分分析步骤：

①对原 p 个指标的 n×p 个原始数据标准化。目的是消除变量间在数量级上或量纲上的不同而产生的影响，以使每个变量的平均值为 0，方差为 1。

②根据标准化矩阵求出协方差矩阵（与相关阵一样）。

③求出协方差矩阵的特征根 λ 和特征向量。

④确定主成分，结合专业知识给各主成分所蕴藏的信息给予恰当的解释，并利用它们来判断样品的特性。

基础数据我们选自 2000 年至 2009 年连续 10 年的基础设施区域

---

① 王红辉：《当代中国城乡一体化研究》，山东师范大学硕士学位论文，2008 年，第 5—6 页。

② 徐建华：《计量地理学》，高等教育出版社 2006 年版，第 1 页。

③ RICHARD A Johnson, Dean W Wichern：《实用多元统计分析》，清华大学出版社 2001 年版，第 221—338 页；ZHU JOE. Data envelopment analysis vs principal component analysis: An illustrative study of economic performance of Chinese cities [J]. European Journal of Operational Research, 1998, 111: 50 – 60.

数据（表2－11）。

表2－11　　　　　　2000—2009年广东省基础设施建设数据表

		2000	2001	2002	2003	2004	2005	2006	2007	2008	2009
农业机械总动力（万瓦特）	珠三角	832.21	727.15	830.54	808.69	815.28	784.19	777.84	788.42	799.51	826.90
	粤东	232.39	228.82	225.85	224.19	233.45	234.44	317.64	235.75	240.60	250.50
	粤西	299.22	312.99	352.85	434.50	454.56	475.35	499.77	524.41	548.62	622.88
	粤北	351.28	362.48	365.45	371.03	386.93	387.92	390.50	393.60	398.12	401.09
有效灌溉面积（万亩）	珠三角	2.99	2.98	2.92	2.89	2.88	2.87	2.79	2.79	2.78	3.33
	粤东	0.07	0.08	0.08	0.10	0.13	0.14	0.32	0.66	0.71	1.01
	粤西	1.95	1.94	1.94	1.93	1.95	1.94	1.96	1.96	1.95	2.07
	粤北	2.18	2.17	2.19	2.20	2.20	2.21	2.22	2.24	2.26	2.29
人均日生活用水量（立方米/天）	珠三角	55.65	48.49	48.49	54.56	54.56	55.66	48.50	54.57	55.35	55.41
	粤东	17.09	16.04	16.05	16.91	16.90	17.10	16.06	16.92	17.81	18.09
	粤西	9.22	6.89	6.91	8.21	8.22	9.23	6.92	8.23	9.78	11.37
	粤北	6.43	5.91	5.95	5.33	5.34	6.44	5.93	5.25	6.58	5.34
公路网密度（公里/平方公里）	珠三角	0.59	0.60	0.62	0.62	0.50	0.64	0.92	0.97	0.98	0.99
	粤东	0.64	0.68	0.71	0.71	0.51	0.74	1.21	1.25	1.25	1.25
	粤西	0.55	0.55	0.61	0.63	0.51	0.62	1.31	1.34	1.34	1.34
	粤北	0.54	0.55	0.55	0.55	0.30	0.59	0.82	0.86	0.87	0.88
人均年总用电量（万千瓦小时/人）	珠三角	2320.13	2577.57	2942.28	3529.10	4074.37	4518.53	4958.00	5493.38	5574.67	5670.67
	粤东	606.81	666.91	737.83	907.55	1051.55	1190.21	1348.70	1502.50	1604.16	1729.41
	粤西	492.18	519.56	531.37	598.68	673.62	751.85	850.44	958.69	979.27	1038.72
	粤北	726.33	778.16	818.94	995.66	1153.93	1294.92	1494.47	1763.69	1804.06	1900.85
教育事业投入额（亿元）	珠三角	71.29	88.86	91.42	101.68	120.85	130.19	133.19	170.96	203.89	137.08
	粤东	5.30	7.09	8.17	8.93	9.08	10.40	18.32	18.12	24.20	28.86
	粤西	3.01	3.62	3.57	3.50	4.28	4.91	5.64	6.59	6.02	9.27
	粤北	4.03	4.72	4.93	4.50	7.00	9.84	11.55	15.50	15.60	27.81
每万人拥有病床数（个/万人）	珠三角	19.89	21.70	24.22	23.14	24.20	26.05	27.25	25.14	26.48	34.96
	粤东	10.74	11.70	11.92	11.49	11.54	12.04	12.61	9.18	9.56	15.62
	粤西	16.93	17.42	17.74	29.28	16.98	17.28	17.99	13.50	14.41	23.96
	粤北	19.41	20.13	20.59	18.28	18.49	18.63	19.47	13.42	14.50	25.26
每千人拥有的医生数（人/千人）	珠三角	139.17	145.75	135.53	141.96	149.60	158.33	180.35	190.67	199.92	215.91
	粤东	98.52	103.82	92.39	90.11	89.10	89.39	90.64	91.11	89.81	91.86
	粤西	106.38	112.39	88.31	90.33	90.27	90.87	92.79	96.46	94.61	100.46
	粤北	100.90	146.35	125.51	121.39	118.73	116.49	118.03	118.51	123.04	131.13
文化、体育和娱乐业的投入额（亿元）	珠三角	84.70	86.46	98.67	108.85	118.00	135.41	140.10	171.61	181.89	183.73
	粤东	3.07	3.19	3.47	3.28	4.09	4.55	5.50	9.30	10.79	12.90
	粤西	0.99	1.07	1.28	1.37	1.64	1.91	2.28	2.55	2.82	4.96
	粤北	5.21	5.91	6.50	6.55	7.00	7.46	8.62	9.91	8.54	9.73

　　资料来源：广东省人民政府办公厅：《2011年广东省公共基础设施建设考核办法（试行）》2011年公报第5期，部分数据经过重新整理、归并和计算。

（3）广东省基础设施的区域差异测度

表 2 - 12 2009 年广东省基础设施建设数据表

项 目	指标选择	珠江三角洲	粤东	粤西	粤北
农业基础设施	农业机械总动力（万瓦特）	826.90	250.50	622.88	401.09
	有效灌溉面积（万亩）	3.33	1.01	2.07	2.29
水利基础设施	人均日生活用水量（立方米/人）	55.41	18.09	11.37	5.34
交通基础设施	公路网密度（公里/平方公里）	0.99	1.24	1.34	0.88
能源基础设施	人均年总用电量（万千瓦小时/人）	5670.67	1729.41	1038.72	1900.85
公共教育设施	教育事业投入额（亿元）	137.08	28.86	9.27	27.81
公共卫生设施	每万人拥有病床数（个/万人）	34.96	15.62	23.96	25.26
	每千人拥有的医生数（人/千人）	215.91	91.86	100.46	131.13
公共体育设施	文化、体育和娱乐业的投入额（亿元）	183.73	12.90	4.96	9.73

基础设施建设公因子的特征值及方差贡献见表 2 - 13，根据特征值大于 1、方差累计贡献率达到 85% 的标准，选取了五个公因子，累计贡献率达到 86.166%。因此，可以用这五个公因子代替原来的九个指标进行计量和评价广东省各区域基础设施水平，并进行比较。

表 2 - 13 各项指标的标准差和累积贡献率

	标准差	方差比率	累积贡献率
Comp1	2.5898	23.5436	23.5436
Comp2	1.9391	17.6278	41.1714
Comp3	1.7606	16.0056	57.1770
Comp4	1.6951	15.4100	72.5870
Comp5	1.4937	13.5790	86.1660

四　广东省基础设施区域差异分析

（1）时间差异

广东省基础设施在农业基础设施、水利基础设施（含农田水利设施）、交通基础设施、能源基础设施、城镇市政公用设施、公共教育设施、公共卫生设施、公共体育设施八项指标都存在时间上的较大差异，在2000—2009年十年间，受各方因素影响，除个别年份偶尔波动外，各项指标基本呈增长态势。

（2）空间差异

珠江三角洲区目前的基础设施建设水平最好，粤西沿海区最差，粤东沿海区和粤北山区基础设施建设水平处于中间水平，这与投资力度排名并不一致。道理很显然，基础设施建设不但需要大量资金的投入，而且大量存量资产的沉淀，各地政策法规、政府管理力度的差异，都会影响基础设施建设水平。

第六节　广东省城乡基本公共服务现状及问题

对于基本公共服务的概念，目前国内还没有统一的权威说法。学术界有以下几种主要观点：第一种是从政府职能的角度出发，着重于政府对人民的服务。第二种是从公共产品的性质出发，着重强调产品的不可分割性、消费的非竞争性以及非排他性的特点进行归类。还有一种观点是从居民风险角度出发，强调对居民消费风险的分担。我们在本书中提到的基本公共服务是指为了满足公民基本的需要，政府发挥宏观调控作用所进行的一系列服务行为。包括满足公民基本生存的需要、健康的需要、尊严的需要。满足公民基本生存需要政府的调控行为主要包括提供基本就业保障、基本生活保障、基本养老保障；满足公民健康需要政府的调控行为主要包括提供医疗卫生设施以及医疗保险等；满足公民尊严需要政府的调控行为主要包括提供教育、文化娱乐设施等。政府的这些调控行为主要通过服务设施及救济保险实现。基本公共服务城乡之间的不均衡对整个经济的发展以及社会的稳定都有影响，实现城乡之间基本公共服务均等化是社会进步和稳定的必然要求。

《广东基本公共服务均等化规划 2009—2020 年》把基本公共服务的范围确定为两类八项内容。① 基础服务类。包括公共教育、公共卫生、公共文化体育、公共交通四项。② 基本保障类。包括生活保障（养老保险、最低生活保障、五保）、住房保障、就业保障、医疗保障四项。根据该规划内容，2012—2014 年的工作重点是推动城乡基本公共服务均等化普遍覆盖。将农村居民和农民工纳入城镇基本公共服务体系，实现城乡基本公共服务的制度衔接和统一，建立和完善省直管县财政体制，城乡基本公共服务均等化普遍覆盖广大居民。

本研究通过对广东省基本公共服务中的基本公共服务设施、基础教育、社会保障水平、医疗卫生资源配置四个方面的分析，明确广东省基本公共服务差异的现状，为今后政府政策的制定提供参考。

一　广东省农村公共服务概况

广东省基本公共服务供给的地区差距、城乡差距与我国其他地区相比尤其是长江三角洲发达省市相比更加突出，2002—2007 年各项基本公共服务人均经费支出的区域差距很大，大部分指标差距在两倍以上。除人均卫生事业费外，人均预算内教育经费、人均财政性社会保障经费、人均财政性公共就业培训费用的差距有扩大的趋势。因此，无论是实现基本公共服务均等化的总体目标还是四个阶段性目标，都应当注重安排适当的财力，分阶段地缩小基本公共服务的地区差距。

表 2 - 14　　　2002—2007 年广东各类基本公共服务人均经费支出情况

类别	指标	区　域	2002	2003	2004	2005	2006	2007
教育	人均预算内教育经费	珠三角（元）	313.28	354.77	387.32	444.90	525.71	800.82
		非珠三角（元）	167.60	188.38	203.13	214.59	267.55	365.27
		全省平均（元）	228.86	258.06	279.71	310.00	375.43	547.28
		区域比	1.87	1.88	1.91	2.07	1.96	2.19

续表

类别	指标	区　域	2002	2003	2004	2005	2006	2007
卫生	人均卫生事业费	珠三角（元）	103.05	111.48	113.79	129.62	153.03	199.74
		非珠三角（元）	32.20	37.11	41.98	45.80	61.35	99.56
		全省平均（元）	61.99	68.26	71.84	80.52	99.66	141.43
		区域比	3.20	3.00	2.71	2.83	2.49	2.01
社保	人均财政性社会保障经费	珠三角（元）	62.80	77.72	78.58	102.67	112.59	348.02
		非珠三角（元）	45.88	44.82	63.23	56.75	64.54	176.79
		全省平均（元）	53.00	58.60	69.61	75.77	84.62	248.34
		区域比	1.37	1.73	1.24	1.81	1.74	1.97
就业	人均财政性公共就业培训费用	珠三角（元）	1.42	6.62	8.01	3.95	27.40	33.06
		非珠三角（元）	0.92	7.52	9.30	5.21	9.63	13.93
		全省平均（元）	1.13	7.14	8.76	4.69	17.06	21.92
		区域比	1.54	0.88	0.86	0.76	2.85	2.37

资料来源：广东省财政厅提供。

根据省发改委的数据显示，近年来广东省农村公共事业的建设投入巨大、效果明显。至 2009 年年底，基本完成义务教育学校危房校舍改造任务，乡镇中心卫生院（所）建设取得新进展。

（1）农村中小学办学条件得到改善

2001—2007 年，省政府分别安排省级财政资金约 48 亿元专项资金，完成了对 3548 所老区小学校舍改造；新建、扩建、改建布局调整项目学校 1827 所；拆除中小学 11804 栋危房，面积 415 万平方米；维修 5628 栋危房，面积 299 万平方米；新建校舍 7568 栋，面积 427 万平方米，完成投资共 29.2 亿元，全省基本完成义务教育学校危房校舍改造任务。

（2）农村卫生服务体系不断完善

2006 年，省政府对经济欠发达地区实施了村卫生站医生补贴政策（每个行政村的卫生站每年补助 1 万元）；2007 年把乡镇卫生院定位为财政全额拨款的公益性医疗卫生单位；从 2007 年起每年省级财政安排约 5.7 亿元，对经济欠发达地区按每万户籍人口配置 10 名医务人员，每人每年按 1.2 万元的标准给予补助，推动农村医疗卫生服务体系建设；自 2007 年起至 2010 年省财政每年在农村卫生专项资金 1.5 亿元中安排 1 亿元对经济欠发达地区乡镇卫生院业务用房建设、设备给予补助。

（3）农村公共文化设施建设有新进展

1998—2002 年，省政府实施山区文化建设议案，投入 2.25 亿元，全省各级财政合计投入 10 亿多元，扶持山区建成 960 多个公共文化设施项目。2005—2008 年，广东省又实施了扶持东西两翼文化建设工程，省财政投入 1 亿元，各级配套建成 300 多个公共文化设施项目。到目前为止，全省有乡镇（街道）文化站 1599 个，平均每站公用房屋建筑面积达 1423 平方米。其中，特级文化站 229 个，一级文化站 108 个，二级文化站 244 个，达标文化站 433 个。农村文化设施建设向村一级延伸，全省已建有行政村（社区）文化室 10782 个，文化户达 12534 户。

（4）农村生活水平消费能力快速提高

2009 年农村人均纯收入为 6976 元，增长 9%，高于城市居民纯收入的增长速度。与此同时，农村社会保障覆盖面加速扩大，截至 2009 年 9 月底，全省新型农村合作医疗参合率已达 97.5%，农民参加社会养老保险人数达到 243.8 万人。农村消费大幅度增长，对经济增长的贡献进一步提高。2009 年 1—11 月全省农村社会消费品零售总额累计达 3361.15 亿元，增长 16.8%。

广东省 2009 年完成并开始实施《广东省基本公共服务均等化规划（2009—2020 年）》，标志着广东省正式将基本公共服务城乡均等化作为一项省级重点工程在未来 10 年内全面展开。

二　广东省基本公共服务城乡差异现状分析

我们选取城乡医疗卫生、基本公共服务设施、社会保障水平、教育四个指标为一级指标，在一级指标下有若干二级指标作为具体的衡量数据。医疗卫生的城乡差异主要选用城乡人均医院数、人均床位数以及自来水普及率作为二级指标；基本公共服务设施选用城乡固定资产投资、广播电视综合人口覆盖率、公路通达率、电话拥有率作为二级指标；社会保障水平的城乡差异选用新型农村合作医疗覆盖率和人均低保费用作为二级指标；教育选用教育业固定资产投资和学龄儿童入学率作为二级指标。通过对上述二级指标的分析比较，结合广东省全面小康监测情况分析得到基本公共服务各组成部分之间城乡差异水平的不同。最后通过对城乡经济水平差异以及三次产业的 GDP 贡献率以及固定资产在三次产业之间投资的比例分析，得到城乡基本公共服务差异产生的原因。

表 2 – 15　　　　　　　　　基本公共服务均等化指标体系

一级指标	二级指标
医疗卫生均等化指数（X_1）	人均医院数
	人均床位数
	自来水普及率
基本公共服务设施均等化指数（X_2）	固定资产投资
	广播电视综合人口覆盖率
	公路通达率
	电话拥有率
社会保障水平均等化指数（X_3）	医保覆盖率
	人均低保费用
教育均等化指数（X_4）	教育业固定资产投资
	学龄儿童入学率

我们主要用差异系数来衡量城乡之间以及区域之间的基本公共服务的差异程度。差异系数是反映数据波动大小的衡量指标，变异系数越大则数据的波动越大。差异系数是标准差与均值的比。均等化指数为 1 减去差异系数。最后的均等化指数 X 是各个二级指标的均等化指数的平均值。

（1）城乡医疗卫生差异

通过对广州 2006—2010 年的统计公报的统计分析可以看出城市与农村人均医院数和人均医院床位数（表 2 – 15）。城市每十万人拥有医院数接近 6 所，而农村每十万人医院拥有数不足 1 所。城市每千人拥有床位数由 2006 年的 5 张增加到 2010 年的 6 张，而农村每千人拥有的床位数增加很少，一直不到 1 张。可见城乡之间医疗卫生之间的差异仍然很大。随着经济的发展，城市医疗事业得到进一步的发展，农村却发展不大，导致城乡之间的差距有进一步扩大的趋势。

从表 2 - 16 可以看出医疗卫生城乡之间的差异很大，主要是在医疗方面的差异比较大。人均医院个数城乡之间的均等化指数为 21%，人均床位数城乡之间的均等化指数只有 2%，城乡差异非常大。

表 2 - 16　　　　　　　　　　医疗卫生城乡差异

	人均医院数（个/十万人）	人均床位数（张/千人）	自来水普及率（%）
城市	5.6	6.1	1
农村	0.3	1	0.839
标准差	3.7476	3.6062	0.1138
平均数	2.95	3.55	0.9195
差异系数	0.787170456	0.984415728	0.123762915
均等化指数	21%	2%	88%
X_1	37%		

资料来源：2010 年广东省统计年鉴。

（2）基本公共服务设施差异

以电话拥有量为代表分析城乡基本公共服务设施之间的差距。城市的电话拥有量在 2006 年达到 2936 万台，然后呈逐年下降的趋势。而农村电话拥有量在 2006 年是 703 万台，呈增加的趋势，到 2010 年达到 933 万台。电话拥有量在城市呈下降的趋势而在农村呈上升的趋势，这一现象可以从几方面解释。首先说明城市的电话拥有量已经基本达到饱和的阶段，没有继续上升的空间了。通过查阅广东省的统计公报可以发现，虽然城市电话拥有量呈下降的趋势，但是移动电话拥有量是上升的。这一现象说明，在城市中人们的消费结构向更高一级发展，手机的使用占领了固定电话的市场，从而从统计数量上看城市电话拥有量在下降。而在农村中，一部分农民家庭还没有电话，需要添置电话机，因而电话在农村还有上升的空间。从 2006 年到 2010 年四年的时间增加了 230 万台。城市人均电话拥有量从 2006 年的 0.71 台下降到 2010 年的 0.51 台，而农村人均电话拥有量从 2006 年的

0. 18 台上升到 0. 23 台。城市和乡村在电话拥有量上的差距在减少。通过对电话拥有量的分析可以间接地反映城乡之间在基本公共服务设施之间的差异情况。总的来说,城市对最基本的公共服务设施如邮电、道路交通等的要求已经得到了满足,现在的需求主要在更新换代的需求上。农村在最基本的公共服务设施上还有一定的缺口,但政府对这些最基本的公共服务设施的城乡差异比较重视,再加上随着社会的进步和人们生活水平的提高,农村的基本公共服务设施也在不断完善,城乡在这方面的差距呈缩小的趋势。

表 2 – 17 反映了在基本公共服务设施方面城乡的均等化指数是65%。广播电视综合人口覆盖率和公路通达率的均等化指数达到了99%,说明城乡在这方面的差异很小,几乎可以忽略。最终造成城乡基本公共服务设施的均等化指数只有65%的原因,主要是受固定资产投资的城乡差异的影响。固定资产投资的城乡差异很大,均等化指数只有19%。

表 2 – 17　　　　　　　　　　基本公共服务设施城乡差异

	固定资产投资 (亿元)	广播电视人口 覆盖率 (%)	公路通达率 (%)	电话拥有率 (台/人)
城市	8801. 4	1	1	0. 51
农村	2379. 98	0. 98	0. 99	0. 23
平均数	5590. 69	0. 99	0. 995	0. 37
标准差	4540. 63	0. 0141	0. 007	0. 19799
差异系数	0. 812	0. 014242424	0. 007035176	0. 535108108
均等化指数	19%	99%	99%	46%
X_2	65%			

资料来源:2010 年广东省统计年鉴。

(3) 社会保障水平差异

目前农村实行的是新型农村合作医疗保险,是指由政府组织、引导、支持,农民自愿参加,个人、集体和政府多方筹资,以大病统筹为主的农民医疗互助共济制度。新型农村合作医疗在广东省推广以来取得了显著的成效,2005 年合作医疗的覆盖率为 48.9%,到 2008 年增加到了 95.21%。但是农村合作医疗实行的是大病统筹、小病自理的原则，农民只有生大病才可以得到保障，但是一旦农民家庭中有人生大病，即使有新农合农民的生活仍会受到极大的影响。农村的新型合作医疗与城市的医疗保险之间的差距还是很大。

　　在最低生活保障方面，农村享受最低生活保障的人数一直比城镇的多，2005 年、2006 年农村享受最低生活保障的人数占农业人口的 3%，从 2007 年开始增加到农业人口的 4%，而城镇中，享受最低生活的人数一直占非农业人口的 1%。这说明农村贫困人口的概率比城镇高，这是由城乡之间的经济差距造成的。但是通过计算最低生活保障资金支出与最低生活保障人数的比值可以看出，城市最低生活保障的保障水平比农村最低生活保障的保障水平高得多，2005 年城镇最低生活保障水平是农村的 2.8 倍，到 2009 年虽然下降为 2 倍，但其中的差距仍然很大。

　　从表 2 – 18 可以看出社会保障水平城乡之间的均等化指数是 74%，在这四类一级指标的均等化指数中是最高的，主要是医保覆盖率的均等化指数比较高。但是农村医保和城市医保的具体保障措施还是有很大的差距的。农村实施的是新型合作医疗保险，在保障的范围和保障的力度上与城市的医保还是有很大的差距。所以本指标反映的只是基本保障，考虑的是数量上的差异，质量上的差异由于数据的限制还不能很好地衡量。

表 2 – 18　　　　　　　　　社会保障水平城乡差异

	低保资金支出	低保人数	医保覆盖率	人均低保费用
城市	80061	40.9	1	1957.5
农村	163123	171.2	0.95	952.8
平均值	0.98	1455.1		
标准差	0.03	710.4		
变异系数	3%	49%		
均等化指数	97%	51%		
X_3	74%			

（4）教育差异

从农村平均每百个劳动力文化程度可以看出，在农村劳动力中，初中文化程度的劳动力占了一半多，其次是小学文化程度。总的来说，农村劳动力的文化程度普遍偏低。教育程度低下导致农村人力资源在市场上的竞争力不强，从事的都是一些技术含量低、回报率低的底层工作，使农村的生活水平低下。

表 2-19 反映的是在教育方面的城乡差异。学龄儿童入学率的均等化指标达到了 100%，也就是说，在这方面城乡之间不存在差异。而造成城乡之间的教育差异达到 52% 的主要原因是城乡在教育固定资产投资方面存在巨大差异，均等化指数只有 4%。说明教育投资在城乡之间的不均衡造成了城乡之间教育的差距。

表 2-19　　　　　　　　　　　教育城乡差异

	教育业固定资产投资（亿元）	学龄儿童入学率
城镇	170.4	1
农村	32.63	0.999
平均值	101.515	0.995
标准差	97.41	0.001
差异系数	0.96	0.00
均等化指数	4%	100%
X_4	52%	

三　存在的突出问题及其原因分析

广东省农村基本公共服务的供给普遍缺乏，经济发达的珠三角农村地区在基本公共服务供给方面至今没有大的进步，欠发达的粤北山区、粤东粤西两翼的公共服务产品更加短缺。根据省发改委提供的调查数据显示，广东省农村基本公共服务主要存在如下四方面问题。

（1）政府财政投入不足

从财政支出结构方面看，与北京、上海、江苏、浙江等省（市）相比，广东省在医疗保健、住房、教育文化以及社会保障等民生领域，政府财政投入偏低（图 2-13）。这与广东第一经济大省的地位极不相称，与财政收入全国第一的地位极不相符。在教育投入方面，2006 年，全省地方财政的一般预算支出为 392.62 亿元，占全省地方财政的 15.38%，低于浙江。在文体广播事业投入方面，全省地方财政的一般预算支出为 59.22 亿元，占全省地方财政的 2.72%，低于浙江、江苏。在卫生投入方面，全省地方财政一般预算支出为 103.56 亿元，占全省地方财政的 4.75%，低于北京、浙江、江苏。在社会保障投入方面，2006 年，全省社会保障支出（包括抚恤和社会福利救济费、社会保障补助支出）合计 101.65 亿元，占地方财政一般预算支出的 3.98%，不仅低于北京、上海、浙江、江苏四省市，而且低于全国 9.15% 的平均水平。①

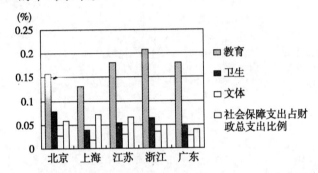

图 2-13　沿海五省地方财政一般教育、卫生、文体、社保预算投入比较

（2）城乡基本公共服务均等化水平不高

农民社会保障的标准普遍较低，地区间财政状况不同导致社会保障水平存在较大差异。农村公共文化体系建设滞后，农民难以享受基本的文化体育服务。

（3）欠发达地区公共基础设施薄弱

欠发达地区农村义务教育、卫生及人居环境等公共基础设施仍然薄弱。如小学义务教育阶段标准教学设施不足，个别地区被迫采取100 个学生的大班制，医疗机构设备及医务人员短缺，镇村普遍缺少垃圾和污水处理设施，尤其是乡村普遍无相关设施及处理机制，农村公共服务资金保障的长效机制有待建立。

---

① 广东省政府发研中心：《提高广东城乡居民收入研究报告》，2006 年。

（4）农村公共服务水平与城镇差距较大

城乡基本公共服务未能真正做到以常住人口为目标人群，普遍惠及外来农民工，尤其是农民工在医疗卫生、子女教育等公共服务方面未能与当地城镇居民同享基本待遇。农民工及其子女未能与城镇居民享有均等的公共基础设施及公共服务。尤其是较发达地区尚未建立统筹城乡、服务均等的建设管理新机制。

第三章

广东省城乡一体化监测评价指标
体系及发育水平的区域差异

第一节 指标体系构建

一 指标体系构建依据

2008 年 10 月 12 日中国共产党第十七届中央委员会第三次全体会议通过的《中共中央关于推进农村改革发展若干重大问题的决定》中关于城乡一体化的论述：建立促进城乡经济社会发展一体化制度。尽快在城乡规划、产业布局、基础设施建设、公共服务一体化等方面取得突破，促进公共资源在城乡之间均衡配置、生产要素在城乡之间自由流动，推动城乡经济社会发展融合。统筹土地利用和城乡规划，合理安排市县域城镇建设、农田保护、产业聚集、村落分布、生态涵养等空间布局。统筹城乡产业发展，优化农村产业结构，发展农村服务业和乡镇企业，引导城市资金、技术、人才、管理等生产要素向农村流动。统筹城乡基础设施建设和公共服务，全面提高财政保障农村公共事业水平，逐步建立城乡统一的公共服务制度。统筹城乡劳动就业，加快建立城乡统一的人力资源市场，引导农民有序外出就业，鼓励农民就近转移就业，扶持农民工返乡创业。加强农民工权益保护，逐步实现农民工劳动报酬、子女就学、公共卫生、住房租购等与城镇居民享有同等待遇，改善农民工劳动条件，保障生产安全，扩大农民工工伤、医疗、养老保险覆盖面，尽快制定和实施农民工养老保险关系转移接续办法。统筹城乡社会管理，推进户籍制度改革，放宽中小城市落户条件，使在城镇稳定就业和居住的农民有序转变为城镇居民。推动流动人口服务和管理体制创新。扩大县域发展自主权，增加对县的一般性转移支付、促进财力与事权相匹配，增强县域经济活力和实力。推进省直接管理县（市）财政体制改革，优先将农业大县纳入改革范围。有条件的地方可依法探索省直接管理县（市）的体制。坚持走中国特色城镇化道路，发挥好大中城市对农村的辐射带动作用，依法赋予经济发展快、人口吸纳能力强的小城镇相应行政管理权限，促进大中小市和小城镇协调发展，形成城镇化和新农村建设互促共进机制。积极推进统筹城乡综合配套改革试验。

依据党的十七届三中全会会议精神，从社会学、地理学、经济学的角度，依据城乡关系演化的历史特征、城乡一体化的内涵和区域空间结构优化等理论①，我们认为，区域社会经济发展阶段是实现城乡一体化的客观基础，城乡社会经济发展差异是实现城乡一体化的关键目标，六个统筹是实现城乡一体化的六条途径和手段。据此，评估城乡一体化有八大指标，分为区域社会经济发展程度评估指标和区域城乡一体化实现（行动）指标两大类。

表 3 - 1　　　　　广东省城乡一体化评价指标体系框架

指标类型	内容
区域社会经济发展程度评估指标	（1）区域社会经济发展程度
	（2）城乡社会经济发展差异
区域城乡一体化实现（行动）指标	（3）统筹土地利用和城乡规划
	（4）统筹城乡生产发展
	（5）统筹城乡基础设施建设和公共服务
	（6）统筹城乡劳动就业
	（7）统筹城乡生态环境与社会管理
	（8）统筹城乡综合配套改革试验

二　指标体系设计

广东省城乡一体化的监测评价指标体系分为城乡一体化发育水平

---

① 陈修颖：《区域空间结构重组：理论与实践》，东南大学出版社 2005 年版。

测评指标体系和城乡一体化推进绩效考评体系两部分。前者客观评价各个地区城乡一体化的实际发育水平，以城乡一体化的推进结果为重点，不考虑行动过程。而绩效考核则是以城乡一体化的发育水平为基础，结合推进过程中的具体工作的落实情况、组织情况、机构运转情况、贯彻力和意志力等行动过程。简单地说，城乡一体化的发育水平测评主要考虑结果，较少考虑行动过程，而城乡一体化绩效考评体系视结果和过程同等重要，因此广东省城乡一体化评价指标体系框架中的八大目标指标，在两大指标体系中是有所侧重的。

（1）广东省城乡一体化发育水平测评指标体系

国内学者在对城乡一体化研究的测度标准和指标体系中，大部分仍以城市化水平、第三产业比重、城乡居民收入差异系数和人口比重等少数几个静态的指标作为判断城乡一体化发育水平的依据 [1]，缺乏从城乡经济联系、产业空间结构演变等动态过程和城乡各方面相对发展水平来考察城乡一体化的进程与结果的研究，只有建立一套完整的衡量城乡一体化发育水平的指标体系，才能对城乡一体化进行科学界定，否则无法指导实际的操作。我们从社会学、地理学、经济学的角度，依据城乡关系演化的历史特征、城乡一体化的内涵和区域空间结构优化等理论，将区域社会经济发展阶段作为客观基础，以缩小城乡社会经济发展差异为实现城乡一体化的关键目标。并以实用性和可操作性为主要原则来设置指标及其评价体系，力求应用价值高，为城乡一体化的测度和评价提供简明而科学的工具。

城乡一体化发展是一个非常复杂而巨大的社会经济动态系统，需要对各个子系统进行综合研究。城乡一体化评价指标体系既要包含社会经济指标，又要包括社会经济发展与自然环境关系指标。据此，针对各个子系统的状态，从经济、社会、政策、环境和地理等多种角度

---

① 随佳佳、张铎：《北部湾经济区城乡一体化现状、问题及对策研究》，《经营管理者》2011 年第 1 期；徐明华、白小虎：《浙江省城乡一体化发展现状的评估结果及其政策含义》，《浙江社会科学》2005 年第 2 期；曾磊、雷军、鲁奇：《我国城乡关联度评价指标体系构建及区域比较分析》，《地理研究》2002 年第 6 期；联合国人居中心：The State of the World's Cities Report 2001 ［C］，2002，UNHABITAT。

考虑，建立城乡一体化发育程度评价指标体系，见表3－2。

表3－2 广东省城乡一体化发育水平评价指标体系

目标层	指标层	单位	指标性质
城乡社会经济发育程度	城市化水平	%	正
	城乡交通网密度	%	正
	人均GDP	万元	正
	城乡居民每万人最低生活保障以下人数比重	%	负
	城乡文盲率	%	负
	城乡居民人均年收入	万元	正
城乡生产与消费一体化	城乡劳动生产率差异系数	%	负
	恩格尔系数差异（城/乡）	倍数	负
	人均收入差异（城/乡）	倍数	负
	每万人拥有电脑差异（城/乡）	倍数	负
	每万人拥有手机差异（城/乡）	倍数	负
	每万人拥有家用小轿车差异（城/乡）	倍数	负
城乡基础设施建设和公共服务一体化	农村有线电视覆盖率	%	正
	农村统一供水比例农村饮用水经过集中净化处理	%	正
	城乡教育投入系数的差异度	%	负
	城乡每万人拥有医生数差异度	%	负
	通村公路比例	%	正
	农村每万人占有公共图书资料（村有图书室、文化站）	%	正
	城乡科技投入差异度	%	负
	城镇医疗保险覆盖率	%	正
	新型农村合作医疗	万人	正
	农村电网改造率	%	正
	城乡公交路线统一运营率	%	正
城乡生态环境一体化	燃煤指数（城/乡）	倍数	负
	污染治理差异（城/乡）	倍数	负
	农村垃圾无害化处理率	倍数	正
统筹城乡劳动就业	转移劳动力比例	%	正
	农村外出务工人员的比例	%	正
	安排来料加工就业人数占农村劳动力比例	%	正
	政府组织省外（含国外）劳务输出占农村劳动力比例	%	正

（2）广东省城乡一体化绩效考评体系

绩效考评的基础是城乡一体化的工作实效，即以结果为主。但是城乡一体化的推进效果是受复杂要素影响的，因此除考虑结果外，还必须结合行动措施和推进的过程管理。

表3－3　　　广东省城乡一体化绩效考核评价指标体系

目标层及权重	指标层（指标）	序号	单位	性质	权重	现状值	不允许值-目标值
城乡社会经济发育程度（0.15）	城市化水平（率）	1	％	＋	0.20		40—60 以上
	市场化率		％	＋	0.20		30—100
	人均GDP		万元	＋	0.20		0.5—2 以上
	人均年末储蓄余额		万元	＋	0.20		1—5 以上
	城乡居民人均年收入		万元	＋	0.20		0.3—1 以上
城乡差异度（0.20）	恩格尔系数差异（城／乡）		倍数	—	0.10		
	人均收入差异（城／乡）		倍数	—	0.10		
	人均消费差异（城／乡）		倍数	—	0.10		
	人均用电量差异（城／乡）		倍数	—	0.10		
	每万人拥有电脑差异（城／乡）		倍数	—	0.10		
	每万人拥有手机差异（城／乡）		倍数	—	0.05		
	每万人拥有家用小轿车差异（城／乡）		倍数	—	0.05		
	用冲淋设备厕所的家庭比例差异（城／乡）		倍数	—	0.10		
	年人均资产性收入差异（城／乡）		倍数	—	0.10		
	人均受教育年限差异（城／乡）		倍数	—	0.10		
	养老参保率差异（城／乡）		倍数	—	0.05		
	医保参保率差异（城／乡）		倍数	—	0.05		
统筹城乡规划（0.20）	县域发展战略规划		有／无	＋	0.15		评审通过
	县域城乡一体化规划		有／无	＋	0.15		评审通过
	县域主体功能区划		有／无	＋	0.15		评审通过
	县域城乡土地利用规划		有／无	＋	0.15		评审通过
	县域村庄布点规划		有／无	＋	0.15		评审通过
	县域新农村建设总体规划		有／无	＋	0.15		评审通过
	村庄整治规划完成率（行政村）		％	＋	0.10		30—100

目标层及权重	指标层（指标）	序号	单位	性质	权重	现状值	不允许值-目标值
统筹城乡基础设施建设和公共服务（0.15）	农村有线电视覆盖率		%	+	0.08		30—100
	农户安全饮用水比例		%	+	0.08		30—100
	农村用电保障率（电压不正常天数）		%	+	0.07		70—100
	村级及以上等级公路密度		km/km²	+	0.07		
	农村每万人占有公共图书资料		册	+	0.07		500—1 万
	每万人邮局个数		个	+	0.07		0.3—2
	农村垃圾无害化处理率		%	+	0.07		30—100
	农村人均人工绿地占建设用地比例		%	+	0.07		10—30
	农家乐接待城市游客数		万人	+	0.07		
	农村电网改造率		%	+	0.07		50—100
	城乡公交线路统一运营率		%	+	0.07		30—100
	农村用电同网同价率		%	+	0.07		30—100
	乡村商业网点连城率（自然村为单位）		%	+	0.07		0—50
	农村群众体育设施装备率（自然村为单位）		%	+	0.07		50—100
统筹城乡生产发展（0.15）	劳动生产率差异（城/乡）		倍数	—	0.25		
	产业耗能差异（城/乡）		倍数	—	0.25		
	污染治理差异（城/乡）		倍数	—	0.25		
	产业边际收益率差异（城/乡）		倍数	—	0.25		
统筹城乡劳动就业（0.15）	转移劳动力比例		%	+	0.20		30—0
	外出务工人员在市域各城镇化就业的比例		%	+	0.30		
	安排来料加工就业人数占农村劳动力比例		%	+	0.30		
	政府组织省外（含国外）劳务输出占农村劳动力比例		%	+	0.20		
统筹城乡社会管理和综合改革试验（0.15）	制度承兑能力（财政收入）		万元	+	0.15		
	管理制度		有/无	+	0.10		
	管理机构（一体化办公室）		有/无	+	0.10		
	财政对三农投入占 GDP 比重		%	+	0.15		
	城乡综合改革试验方案		有/无	+	0.10		
	城乡综合改革试验点选定		有/无	+	0.10		
	城乡综合改革领导机构		有/无	+	0.10		
	政府内城乡综合改革学术研究队伍		有/无	+	0.10		
	领导重视		有/无	+	0.10		

第二节　广东省各地市城乡一体化发育水平测量

　　马克思、恩格斯将城市与乡村的相互关系概括为三个辩证发展的阶段：第一阶段，城市诞生于乡村，乡村是城市的载体，乡村在整个人类社会系统中占据主导地位；第二阶段，从工业革命开始，随着城市化进程的加快，城乡分隔、对立等现象也逐渐显露出来；第三阶段，随着城市化的深入发展，城市与乡村逐步走向融合。据此，城乡一体化是城市化发展高级阶段的形式。由于我国社会经济发展的独特规律性，形成了城乡相对隔离、自我循环的典型"城乡二元结构"①。位于我国东南沿海、处于改革开放前沿的广东省，城市化进程飞速，城乡一体化的实践范围越来越大。但各区域城乡一体化发育水平存在显著差异，珠江三角洲城市化水平相对较高，东、西两翼以及北、东北、西北山区相对落后。为了科学认识和评价广东省各区域城乡一体化，了解区域城乡一体化进程中受哪些因素的影响和制约，及各区域城乡一体化发展的空间差异如何，本书在总结前人成果的基础上，完善区域城乡一体化评价指标体系和评价方法。近几年，国内外各种评价指标模式的发展趋势是由定性向定性定量相结合转变的，设置指标也由理论向理论与实践相结合转变，我们以城乡一体化的评价指标发展趋势为指导，通过构建一系列指标体系，对广东省区域城乡一体化进程评价，有助于广东各省辖市了解自己在本省的排名，了解自己的差距，发现本地区在推进城乡一体化各个环节上的优势和弱势，从而为地方政府制定城乡关系调整策略提供科学依据，同时，对广东省委、省政府制定本省城乡协调发展的政策也具有重要的实际意义。

---

　　①　完世伟：《区域城乡一体化测度与评价研究——以河南省为例》，天津大学，2006年。

一　城乡一体化发育水平综合评价模型

（1）研究的空间单元、数据样本与指标体系

本研究的空间分析尺度为广东省 20 个省辖市（由于深圳城市化水平 100%，因此不列入研究范围）。为衡量广东省城乡一体化发育水平，本研究的数据资料取自《第二次全国农业普查主要数据公报》、《广东省统计年鉴》、各市政府工作报告以及统计局网站。空间数据来源于国家基础地理信息中心数据库。本研究的指标体系采用上文中设计的"广东省城乡一体化发育水平测评指标体系"。

（2）城乡一体化发育水平综合评价步骤

首先进行数据标准化处理。由于指标数据的量纲不同，不具有可比性，所以需要将评价指标原始数据归一化处理。将所有的指标都转化为区间［0，1］的一个数。指标主要是两种类型：指标值越大越好的正指标和指标值越小越好的逆指标。对这两种不同类型的指标采用不同的无量纲化处理。

正指标的无量纲化处理方法：

$$r_j = \begin{cases} 1, & x_j > x_j^{min} \\ \dfrac{x_j - x_j^{min}}{x_j^{max} - x_j^{min}}, & x_j^{max} > x_j > x_j^{min} \\ 0, & x_j < x_j^{max} \end{cases} \tag{1}$$

逆指标的无量纲化处理方法：

$$r_j = \begin{cases} 0, & x_j > x_j^{max} \\ \dfrac{x_j^{max} - x_j}{x_j^{max} - x_j^{min}}, & x_j^{max} > x_j > x_j^{min} \\ 1, & x_j < x_j^{min} \end{cases} \tag{2}$$

式中，x_j 为第 j 个指标的实际值；x_j^{max} 为第 j 个指标规定的上限，x_j^{min} 为第 j 个指标规定的下限。

对数据进行处理后，即可对不同区域的城乡一体化发育水平进行综合评价。由于评价城乡一体化所采用的指标变量较多，而多个变量之间存在共线性，结合具体研究需要，我们利用 SPSS13.0 拟采用主

成分分析法对广东省城乡一体化发育程度进行综合定量评价。①

二　广东省城乡一体化综合评价结果及分析

（1）城乡一体化综合评价结果

在确定指标体系的前提下，基于 SPSS13.0，选择特征值大于 1 作为主成分。前 9 个主成分特征值均大于 1，且累计贡献率已经达到 86.8%，说明 9 个主成分已经能够充分反应 20 个省辖市城乡一体化的发育水平。根据前文所述的方法，对广东省 20 个省辖市城乡一体化发育水平进行综合评价，结果见表 3 - 4。

表 3 - 4　　　广东省区域城乡一体化综合评价值计算结果及排序

省辖市	城乡一体化指数	排名
广　州	0.6012	4
珠　海	0.0842	6
汕　头	- 0.0431	10
佛　山	0.6769	2
韶　关	- 0.4163	18
河　源	- 0.3832	17

---

① 其原理和方法如下：

利用主成分分析法赋予不同指标相应的权重，并计算各省辖市的综合得分，计算公式如下：

$$F_{im} = \sum_{j=1}^{j} \frac{Y_{ij} X_{jm}}{\sqrt{\lambda m}} \qquad (1)$$

式中，F_{im}（$i = 1, 2, \ldots, 31$）为第 i 个市第 m 个主成分的得分，Y_{ij} 为第 i 个市第 j 个因素标准化后的值，X_{jm} 为第 m 个主成分的第 j 个因素的载荷值，λm 是第 m 个主成分的特征值。

以各主成分方差贡献率的比重作为权重，计算综合竞争力得分。综合评价模型如下：

$$E_i = \sum_{m=1}^{m} R_m F_{im} \qquad (2)$$

式中，E_i 为第 i 个省辖市的综合评价值，R_m 为第 m 个主成分得分权重。综合得分为正，则表示该市城乡一体化发育水平高于 20 个市平均水平；为负，则相反。

省辖市	城乡一体化指数	排名
梅 州	− 0.0450	11
惠 州	0.0727	7
汕 尾	− 0.1506	12
东 莞	1.0462	1
中 山	0.6461	3
江 门	− 0.3276	16
阳 江	− 0.2427	14
湛 江	− 0.2593	15
茂 名	− 0.4618	19
肇 庆	− 0.1831	13
清 远	− 0.5736	20
潮 州	0.2868	5
揭 阳	0.0304	9
云 浮	0.0682	8

（2）城乡一体化发育水平的空间差异分析

通过对城乡一体化发育水平的测度，得出城乡一体化指数，评价值在 − 0.628—1.046 范围内，评价值为正，则表示该市城乡一体化水平高于广东省平均水平；为负，则相反。全省 20 个省辖市只有 7 个市城乡一体化水平高于全省平均水平，说明广东省城乡一体化发育水平不高。

广东省城乡一体化发育水平区域分布规律如图 3 − 1 所示，可以看出地域差异显著。这种空间地域特点与广东省区域经济差异规律不尽一致。前四名位于第一梯队的城市全部都位于珠江三角洲，作为我国三大城市群的珠江三角洲，对外开放程度高，经济发达，城市化水平高，农村地区发展快，因此，城乡一体化水平在全省最高。位于第二梯队的 5 个城市，城乡一体化水平较高，虽然云浮、揭阳经济发展较为落后，但城乡协调发展，因此城乡一体化水平相对也较高；相对来说珠海虽然经济发展快，城市化水平位居全省第二，但是农村滞后城市发展，城乡发展差距大，城乡一体化水平仅排名全省第七。处于第三梯队（第10—16位的汕头、梅州、汕尾、肇庆、阳江、湛江、江门）的汕头、江门以及位于最后一个梯队的河源、茂名、韶关和清远存在相似的问题，汕头、茂名的城市化水平处于全省中上水平，但由于农村发展相对滞后于城市发展，所以城乡一体化水平只能处于全省中下水平。位于最后一个梯队的四个城市（河源、韶关、茂名、清远），位于北部和西北部山区，是全省经济发展的谷地，城市化水平低，经济发展缓慢，城乡一体化水平低。

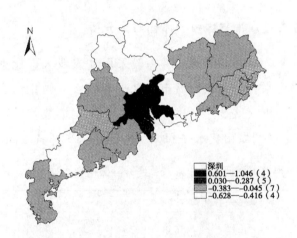

图 3 - 1　广东省城乡一体化水平区域分布

　　通过变异系数的计算和分析，我们可以从整体上了解广东省城乡一体化发育的区域差异程度。[1] 广东省城乡一体化的变异系数为0.733，进一步验证了广东省区域城乡一体化发展非常不平衡。

----

　　① 变异系数是反映理数据的相对变化（波动）程度，在计算变异系数之前，进行数学变换，令最大值为 100，最小值为 0，利用公式（1）。变异系数 $C_V = \dfrac{1}{\bar{x}}$

$\sqrt{\dfrac{1}{n-1}\displaystyle\sum_{i=1}^{n}(x_i - \bar{x})^2}$，公式中，$n$ 为区域个数，x_i 为第 i 区域城乡一体化指数，$\bar{x}$ 为全省城乡一体化指数平均值，C_V 越大，说明区域城乡一体化水平差异越大；反之 C_V 越小，区域城乡一体化水平差异越小。

　　区域城市发展的情况对城乡一体化发育水平的影响较大，但是农村的发展对城乡一体化水平的提高起着关键性的作用。结合上述分析，根据城乡一体化发育水平可以看出，有些省辖市城市化发展水平很高，辐射带动力强，经济发达，农村地区发展也较快，因此，城乡一体化水平在全省位居前茅，如东莞、佛山、中山、广州、潮州；有些城市发展水平高，但农村发展较为滞后，城乡差距大，因此城乡一体化水平排序靠后，如珠海、汕尾、江门；还有些虽然城市化水平并不高，但农村发展比较好，城乡发展比较协调，从而城乡一体化整体水平在全省比较靠前，如云浮、揭阳、梅州、阳江、湛江等。

三　城市化水平与城乡一体化对比分析

　　衡量一个区域的城市化水平一般采用非农业人口比重这一单一指标，我们将广东省各省辖市城市化水平与城乡一体化综合指标排序结果进行对比分析（表3－5），计算城乡一体化指数和城市化水平的秩相关系数①，说明城市化水平和城乡一体化水平两者之间的关系。

表3－5　　广东省区域城市化水平与城乡一体化综合评价值排序

省辖市	城乡一体化指数及其位次		城市化水平及其位次	
	指数	位次 R_1	城市化水平（%）	位次 R_2
广　州	0.6012	4	82.53	3
珠　海	0.0842	7	87.16	1
汕　头	0.2311	6	69.58	4
佛　山	0.6769	2	92.36	5
韶　关	−0.4163	17	47.29	7

---

　　① 秩相关系数，又称等级相关系数，是将两要素的样本值按数据的大小顺序排列位次，以各要素样本值的位次代替实际数据而求得的一种统计量，令 R_1 代表要素 x 的位次，R_2 代表要素 y 的位次，$d_i^2 = (R_{1i} - R_{2i})^2$ 代表要素 x 和 y 的同一组样本位次差的平方，那么要素 x 和 y 之间的秩相关系数被定义为：$r_{xy} = 1 - \dfrac{6 \sum\limits_{i=1}^{n} d_i^2}{n(n^2 - 1)}$。

续表

省辖市	城乡一体化指数及其位次		城市化水平及其位次	
	指数	位次 R_1	城市化水平（％）	位次 R_2
河源	−0.3832	16	40.5	6
梅州	−0.045	10	46.2	2
惠州	−0.6278	20	61.27	10
汕尾	−0.1506	11	57	15
东莞	1.0462	1	86.39	14
中山	0.6461	3	86.34	9
江门	−0.3276	15	50.08	16
阳江	−0.2427	13	46.72	13
湛江	−0.2593	14	38.99	18
茂名	−0.4618	18	37.5	11
肇庆	−0.1831	12	44.89	17
清远	−0.5736	19	34.93	12
潮州	0.2868	5	62.1	19
揭阳	0.0304	9	45.36	20
云浮	0.0682	8	50.2	8

　　计算城市化水平和城乡一体化指数的秩相关系数为 0.762，在显著水平为 0.01 的条件下，0.762 大于 0.534，为显著相关，说明广东省城市化水平与城乡一体化水平有很强的相关性，也可以说城市化水平在一定程度上决定了城乡一体化的空间格局。

　　结合广东省城乡一体化水平区域分布图，分析广东省区域城市化水平与城乡一体化综合评价值排序表，不难看出，可以将广东省按照城乡一体化水平和城市化水平的对比，分成三大类。第一类是城市化水平和城乡一体化水平相协调的地区，分为高水平协调区和低水平协调区，前者是城市化追求的最终状态，也是统筹城乡发展的目标，随着城市化水平的提高，带动了郊区和农村的快速发展，从而达到区域城乡一体化整体水平提高，比如广州、东莞、佛山、惠州等；后者是低水平协调，城市化水平低，经济发展落后，区域还处于城市化的起步阶段，主要位于广东北部和西北部山区，如茂名，清远。第二类是城乡一体化发展水平高于城市化水平的地区，虽然城市化水平并不高，但城镇基础设施逐渐完善，城乡经济要素等各要素流转较快，农村发展比较好，如云浮、揭阳、梅州。第三类城乡一体化发展水平低于城市化水平的地区，如汕尾、江门，这些地区的共同特点是都位于珠江三角洲核心的外围，受珠江三角洲核心区的经济辐射较强，近几年经济飞速发展，但是农村空心化、过疏化现象严重，村镇体系和农村基础设施建设还需要完善，因此城乡一体化水平不高。上述分析，也从另一个侧面验证了区域城乡一体化的发育程度不能用单一的指标测度，需要包罗各个系统。

四　三点主要结论

本研究构建了较为完整的城乡一体化发育水平评价指标体系和城乡一体化绩效评价体系，指标体系从经济、社会、政策、环境等多种角度考虑，反应城乡经济联系、产业空间结构演变等动态过程和城乡各方面的相对发展水平，并以实用性和可操作性为主要原则。采用主成分分析法，是把多个原始指标简化为有代表意义的少数几个指标，以使原始指标能更集中、更典型地表明研究对象特征的一种统计方法。我们利用城乡一体化评价指标体系对广东省区域城乡一体化做了静态评价，得到以下结论：

（1）城乡一体化水平名列前茅的四个省辖市全部都位于珠江三角洲，属于高水平城乡协调发展区域。位于第二梯队的五个城市如云浮、揭阳经济发展和城市化水平虽然较为落后，但城乡协调发展，因此城乡一体化水平相对也较高但属于低水平城乡协调发展区域；珠海、汕尾、江门以及汕头、韶关虽然城市化水平处于全省中上水平，但是由于农村发展相对滞后于城市发展，所以城乡一体化水平只能处于全省中下水平，属于城乡关系欠协调区域。位于最后一个梯队的四个城市全部位于北部和西北部山区，是全省经济发展的谷地，经济发展缓慢，城市化水平低，处于全省最后两名，因此城乡一体化水平低，属于城乡关系亟待协调区域。

（2）农村的发展对城乡一体化水平的提高起着关键性的作用。有些省辖市城市化发展水平很高，辐射带动力强，经济发达，农村地区发展也较快，因此，城乡一体化水平在全省位居前茅，如东莞、佛山、中山、广州、潮州；有些城市发展水平高，但农村发展较为滞后，城乡差距大，因此城乡一体化水平排序靠后，如珠海、惠州、汕尾、江门；还有些虽然城市化水平并不高，但农村发展比较好，城乡发展比较协调，从而城乡一体化整体水平在全省比较靠前，如云浮、揭阳、梅州、阳江、湛江等。

（3）根据城乡一体化水平和城市化水平的对比，可以将广东省分成三大类。第一类是城市化水平和城乡一体化水平相协调的地区，分为高水平协调区和低水平协调区，前者随着城市化水平的提高，带动了郊区和农村的快速发展，从而达到区域城乡一体化整体水平提高，比如广州，东莞，佛山等；后者城市化水平低，经济发展落后，区域还处于城市化的起步阶段，主要位于广东北部和西北部山区，如茂名、清远。第二类是城乡一体化发展水平高于城市化水平的地区，虽然城市化水平并不高，但城镇基础设施逐渐完善，城乡经济要素等各要素流转较快，农村发展比较好，如云浮、揭阳、梅州。第三类是城乡一体化发展水平低于城市化水平的地区，如汕尾、江门，这些地区的共同特点都是位于珠江三角洲核心的外围，受珠江三角洲核心区的经济辐射较强，近几年经济飞速发展，但是城镇体系和城乡基础设施建设还需要完善，因此城乡一体化水平不高。

第四章

广东省城乡一体化的实践及
长三角的经验借鉴

  我国各地在推进城乡一体化过程中，尽管地域差异很大，采取的措施和途径也千差万别，但成效十分明显。从全国各地的统筹城乡综合配套改革试验来看，尤其是从成都市和重庆市这两个国家批准的统筹城乡综合配套改革试验区的经验来看，基本形成了一些广泛的共识，主要有：（1）破除二元结构，推进城乡一体化是扩大内需的有效途径①；（2）推进城乡一体化是构建和谐社会的必然要求②；（3）统筹城乡必须突破五个重大问题：第一是关于农村产权制度改革与农民财产性收入问题，第二是关于城乡建设用地增减挂钩与保证耕地质量问题，第三是关于进城农村人口土地承包权、宅基地退出和补偿机制问题，第四是关于进城稳定就业农村人口的市民化问题，第五是关于城乡基本公共服务制度的衔接和统一问题。

---

  ① 作为这一观点的代表，国家发改委副主任彭森测算：农村人口进城落户，拥有与城镇居民平等的社会保障福利待遇后，会逐步改变消费模式，提高消费支出。"十二五"期间如果每年有1400万新增城镇人口（城镇化率提高约1个百分点），并达到目前城镇居民的平均消费水平，可每年带动消费需求增加1000亿元以上，并至少可带动1.4万亿元固定资产投资。

  ② 城乡二元结构矛盾突出已经成为制约城乡协调发展、消除城乡差别的主要制度障碍，必须加快改革步伐，加大攻坚力度，尽早突破。目前，我国城乡差距仍在扩大，城乡居民人均收入之比已从2000年的2.8∶1上升到2009年的3.3∶1。如果考虑到城乡居民在医疗、教育、社保、住房、社会服务等方面的差异，城乡差距更大。这不仅影响了农民平等享受改革发展成果，而且不利于社会长治久安。

第一节　广东省城乡一体化的实践及经验

广东省在推进城乡一体化过程中，呈现出全省动员、全民参与、各职能部门通力协作的良好局面，城乡一体化推进速度和推进效果处于全国前列。自 2008 年以来，先后推行了城市向农村的地区性转移支付、强村富民、"双转移"、新农村建设等一系列重大举措，取得了显著效果。其中珠江三角洲的广州、深圳、珠海、东莞四市是探索城乡一体化最早、积累成功经验最丰富、推进成效最突出的地区。

一　珠江三角洲城乡一体化居于全国领先水平

随着《珠江三角洲地区改革发展规划纲要》的深入实施，珠三角各市不断加大城乡统筹、以工促农、以城带乡的力度，探索改革城乡二元体制，全区城乡关系和工农关系发生了质的变化。领先于全国的成就主要体现在六个方面。

（1）城乡规划一体化不断加快

珠三角地区 95% 以上的村庄编制了村庄规划，70% 的县域编制了城乡一体的总体规划，珠三角各市全部建立起了市、县（区、市）、镇三级规划管理体制，推进规划和基础设施建设城乡一体。

（2）基础设施建设基本实现了城乡一体化

珠三角基本实现了农村"六通"（即通电、通路、通自来水、通广播电视、通电话、通客运班车），其中行政村、自然村 100% 实现通电、通电话，100% 行政村实现了通硬底化公路、通客运班车、通宽带网，农村居民大部分住户实现了通自来水、通有线电视等，基础设施成为珠三角城乡发展一体化水平最高的领域。

（3）城乡产业发展一体化上新台阶

珠三角各市在加快推进工业化的同时，加大以工促农、以农补工的力度，以工业理念、工业技术装备及管理方式发展现代农业。通过大幅度增加农村基础设施建设投入，建设现代农业园区，以工促农、工农互动发展格局初步形成。

（4）城乡社会事业发展一体化迅速

一是义务教育基本实现一体化；二是建立起一体化的医疗卫生服务体系；三是实现城乡居民就业培训与劳动服务一体化；四是建立起城乡一体化的文化服务体系。

（5）城乡社会保障一体化取得突破性进展

一是实现城乡社会救助一体化；二是城乡医疗保障制度实现并轨；三是城乡一体化的社会养老保障取得重大突破。

（6）城乡经济社会管理一体化改革取得新进展

在城乡户籍管理制度改革方面，各地积极改革城乡分割的户籍管理制度，深圳成为全国首个没有农民的城市。在农村集体经济管理制度改革方面基本实行了对农村股份合作制经济进行改制，建立现代企业制度。在城乡社会管理体制改革方面各市基本实现了城中村的改制，农民改市民，村委会改居委会。

通过考察和调研，我们发现整个珠江三角洲地区的城乡一体化发育水平大致可以分为三个层次。第一层次是深圳，已经实现了全面的城乡融合，在社会保障制度、户籍管理制度、土地管理制度、农村经济社会管理制度等方面已建立起城乡一体化体制机制。第二层次是中山和东莞，在城乡一体化的社会保障制度方面取得了重大突破，户籍制度和土地制度改革也取得了创新性的进展，城乡一体的社会管理制度也在积极探索中，但这些领域的改革离全面城乡一体化的要求还有一定距离。珠三角的其他城市属于第三层次，城乡一体化水平仅停留在城乡一体化的初级阶段。

二　珠江三角洲四城市的城乡一体化实践及其经验

（1）珠江三角洲四城市的城乡一体化历程与成效

珠江三角洲是广东省经济最发达、体制改革最深入的区域，其中广州、深圳、珠海、东莞四市是探索城乡一体化最早、积累成功经验最丰富、推进成效最突出的地区。早在20世纪90年代末，广州、深圳、珠海、东莞四市就开始探索并实践城乡一体化，不仅是广东省最早的，也是全国首批，自 2000 年开始就被当作全国的城乡一体化典型，其经验和模式得到普遍认同和广泛推广。

广州市是华南重要的经济、政治和文化中心，有 7 个带农村的区和 2 个县级市，共 78 个建制镇、1269 个行政村。广州市是广东省率先展开城乡一体化实践的地区。早在 1998 年，广州市就启动了城乡一体化工作，长期的实践为我国经济发达的特大城市推进城乡一体化积累了大量成功经验。为了快速推进城乡一体化，广州市先后制定并有效落实了 13 项政策文件（1 + 12）①，可见力度之大。自 2000 年起，广州市按照"科学规划、合理布局、完善设施、功能多元、环境净美、城乡一体、依法管理"的要求，加快城镇建设步伐，"十五"期间，广州市为确保 2005 年率先基本实现现代化，提出了加快村镇建设，推进城市化进程的主要原则和目标。主要原则：一是以人为本的原则。村镇建设要致力市民居住与生活环境改善，提供绿化、净化、美化和效能化的发展空间。凡重要的规划和建设项目举行听证会，充分听取各方面的意见，提高公众的参与程度和规划、建设意

---

① 广州市推进城乡经济社会发展一体化相关文件（1 + 12）：

核心文件是《中共广州市委广州市人民政府关于加快形成城乡经济社会发展一体化新格局的实施意见》穗字〔2009〕1 号。以此为核心，中共广州市委办公厅广州市人民政府办公厅又颁布了五个配套通知和七个配套文件。五个通知穗办〔2009〕13 号是：

- 关于推进城乡基础设施建设一体化发展的实施意见；
- 关于推进城乡商品市场体系一体化发展的实施意见；
- 关于推进城乡社会保障一体化发展的实施意见；
- 关于推进城乡社会管理及行政管理一体化的实施意见；
- 关于进一步解决农民建房问题的实施意见。

七个配套文件是：

- 关于推进城乡规划一体化的实施意见；
- 关于推进城乡产业布局一体化的实施意见；
- 关于推进城乡公共服务一体化发展的实施意见；
- 关于推进城乡劳动就业一体化发展的实施意见；
- 关于推进城乡户籍制度改革的实施意见；
- 关于统筹城乡一体化发展土地管理工作的实施意见；
- 关于进一步促进中心镇发展的实施意见。

识。二是科学规划和合理布局的原则。科学确定村镇的综合定位、发展目标、人口规模，对村镇的公用基础设施进行合理的安排。三是因地制宜和循序渐进的原则。根据经济发展水平、区位特点和资源优势，合理规划布局，重点发展规模大、基础较好、有区域带动作用的中心镇。四是贯彻可持续发展的原则。大力发展景观生态环境和农业生态环境建设，节约土地，避免资源的过度开发。根据以上原则，广州市确定了"十五"时期城乡一体化发展的主要目标和任务：一是到2005年，全市城市化水平达到80%，建立起大都市城镇体系。全市城镇燃气普及率达到95%以上，自来水普及率达到100%，垃圾处理逐步实现资源化、无害化和减量化，泥砖房全部改造完毕，人均居住面积达25平方米以上，建成区绿化覆盖率达40%以上，人均公共绿化面积超过15平方米，卫星城和中心镇生活污水处理率达50%以上。二是大力度改造"城中村"，逐步将农民转制为城市居民，将村民委员会改为社区居委会，并将已转制的"城中村"集体土地转为国有土地，依法改革"城中村"集体经济的管理模式，组建股份制经济实体取代村委会管理的经济，按照城市管理模式解决城中村问题，促进城乡接合部农村与城市的融合，加速实现城乡一体化。到2005年，中心城区内的城中村改制工作基本完成，城市规划发展区内全面推行农民公寓建设，不以务农为主的农民，全部依建制转为城镇居民。

深圳市的城乡一体化探索和实践为我国提供了经济飞速发展、城市急速扩张背景下的城乡一体化经验。深圳市的城乡一体化始于"十五"初期，主要做法是通过全面城市化途径实现城乡一体化，树立城市一体化发展观念，完善和实施城市规划，使规划覆盖全市每一块土地。按照"十五"期间率先基本实现现代化和建设园林式花园式现代化国际性城市的要求，深圳市确定了"十五"期间城乡一体化发展的方向是实现特区内外、功能组团和城市片区协调发展，构筑"一市多城，众星拱月"的现代化城市体系。整体上形成几个特色突出的城市片区和功能组团，每个组团由若干卫星城组成，每个卫星城辐射一片地区，以发达的交通体系和通信网络为纽带，连接各城市片区、功能组团和卫星城。特区区域内以功能转换为重点，统筹推进城区改造和功能置换，引导产业梯度外移，实现集约型二次开发；特区区域外（宝安、龙岗二区）以强化组团式集中开发为重点，加速城市化进程，按照"工业入园、居住入区"的要求，推进农民住宅、工厂厂房的统一规划和集中建设，提高土地成片开发和集约利用水平，发展各具特色、布局合理、环境优美的新城镇。

珠海市是环境优美的现代花园式海滨城市，曾获联合国人居中心颁发的"国际改善居住环境最佳范例奖"以及国家授予的多项荣誉称号。珠海市委、市政府在 2000 年提出到 2007 年率先基本实现现代化的目标，按此目标，珠海主要从两方面着手推进城乡一体化建设：一是改造城中旧村，建设文明社区。用三年时间，全面完成香洲区 26 个城中旧村改建工作，把落后的城中旧村改建成居住环境优美、市政设施配套齐全的现代化文明社区，提高城中旧村居民生活质量和居住环境质量；二是实施"生产在园区、生活在城镇"的规划。通过功能区的发展，带动农村城镇建设，特别是将市政概念引入城镇建设，抓好市政规划、环境绿化、公共设施建设。

东莞市是近年来珠江三角洲经济发展和城市化进程较快的地区，自 2000 年开始探索并多方位推进城乡一体化进程。东莞市主要是由工业化促进城市化，自 20 世纪 90 年代以后，随着"三来一补"加工业高速发展，流动人口大量涌入，城镇规模迅速膨胀，规划布局和城市建设上的一些缺陷和不足也逐渐暴露，为此，东莞市加大了城乡统筹规划发展的力度，期待通过推进城乡一体化解决流动人口和城市快速扩张等大量城市问题。主要做法是：一是做好大区规划，加大城乡规划的修编，对市中心区、虎门、常平、厚街、长安等重点区进行重新规划；二是启动东莞新城区的建设，他们用五年时间就完成了建设工程。在城乡一体化发展模式上，东莞市提出"工业进园，城市进圈，民宅进村（农民新村）"的思路，组团式进行规划发展，并用现代化的交通将各个发展组团联系起来。在推进城乡一体化过程中，东莞市一直把基础设施建设作为最重要的先导性工程，以超前的意识和巨额的投入，形成了贯通城乡、城乡一体的基础设施网络，是东莞顺利推进城乡一体化的关键。

　　（2）珠三角四市加快城乡一体化进程的主要做法和基本经验

　　广州、深圳、珠海、东莞等地城乡一体化发展的历史、道路不尽相同，但对城乡一体协调发展的认识较早主要做法和基本经验有：

　　地方经济和可支配财力：推进城乡一体化的物质条件。加快城乡一体化建设需要大量资金和物质投入，没有雄厚的经济实力做后盾，推进城乡一体化只能是纸上谈兵。早在 2000 年，广州市实现 GDP 2383 亿元，地方财政收入超过 200 亿元，居全国各大城市之首。2000 年天河区可支配财政收入就达 11 亿元。东莞市的长安镇 2000 年实现工商税收 4.5 亿元，全镇出口额达 23.47 亿美元，为全国出口第一镇。珠海市 2000 年实现 GDP 330.25 亿元，地方财政收入 24.23 亿元。深圳市同年实现 GDP 1665 亿元，预算内财政收入 222 亿元，居全国第二位。四市强大的经济实力，为加速城乡一体化奠定了坚实的物质基础。

　　科学规划和按计划实施：推进城乡一体化的科学前提。规划是建设的先导，只有科学、超前的规划，城乡一体化建设才能有计划、有步骤、科学地向前推进。四市在城乡一体化发展中非常重视规划工作，并特别突出以下几点：一是规划的科学性。一方面，规划要求从实际出发，实事求是，因地制宜；另一方面，又根据变化和发展的实际不断地完善和修编。为确保规划的科学性，深圳、珠海市成立了由多数公众代表、少数政府官员组成的城市规划委员会，所有规划都由城市规划委员会讨论通过。深圳、珠海市城乡建设总体规划从 20 世纪 80 年代以来已修编三次。东莞市长安镇请来国家建设部领导和专家帮助做规划。二是规划的整体性。四市要求下级规划与上级规划相衔接，分区规划与总体规划相一致。城乡建设规划中不仅包含有经济发展规划，而且必须包括人口增长、环境保护等方面的规划。在总体规划的基础上，还分别制订分项、分阶段实施规划，使总体规划与分项分阶段规划相衔接。三是规划的严肃性。规划一经制定，就严格按照要求认真组织实施，不随意更改，以减少规划执行的随意性。如深圳市总体规划经市人代会讨论通过，具有了法定的权威性。四是规划的超前性，如东莞市提出规划必须做到几十年不落后。五是规划的特色性。如深圳突出高科技城市的特色，东莞突出以国际性制造业名城为特色。

　　基础设施建设和行政体制优化：推进城乡一体化进程中"硬件"和"软环境"建设的关键。珠三角四市在加快城乡一体化进程中始终把基础设施建设放在非常突出的位置。广州市自1998年至2001年短短三年的时间里，仅村镇基础设施年投入就超过了30亿元，全部自然村实现通公路，2002年实现村村通水泥路。东莞市自改革开放至2001年，先后投资300多亿元，进行大规模的基础设施建设，全市各镇区公路实现联通联网，其中长安镇主干公路17条，形成了立交、环形交通网。宏远村兴办了自己的水厂和电厂。同时期珠海市累计投资513亿元，兴建了一大批市政配套和信息化设施。深圳市2000—2002年投入20多亿元，加快郊区村镇基础设施建设。城乡一体化是一项系统工程，需要众多职能部门密切配合、齐心协力。四市在加大城乡基础设施等"硬件"建设的同时，敏锐地注意到城乡二元经济结构和管理体制等"软环境"制约了四市城乡一体化进程。为此，四市大胆进行农村行政体制的改革。如广州市天河区自1987年进行农村行政体制改革试点以来，走过了街代村—街管村—撤村改制（社区居委会）的历程。珠海、东莞市不设乡镇，实行市、街道办事处、村（居委会）的管理体制。通过体制改革，实现由村委会向居委会、集体经济组织向股份合作公司、农村村落向城市社区、村民向居民、村集体土地向国有土地的转变，从而大大加速了城市化进程。

　　分类指导与先行试点：推进城乡一体化的行动要点。四市发展道路不同，城乡一体化的模式和方法也不同，共同的是他们都实事求是，因地制宜，创新发展思路，进行分类指导，大胆推进城乡一体化。如在转变集体土地为国有土地问题上，深圳、珠海市在建立经济特区之初就富有远见地一次性将特区规划范围内的集体土地全部转变为国有土地、农民全部转变为社区居民，仅深圳市就一次性解决4.8万人的"农转非"。在"城中村"改造问题上，广州市从实际出发，采用群众自愿、政府积极推动的原则，实行渐进稳妥式推进；东莞市走工业化带动城市化的道路。在"城中村"改造具体模式上，广州市主要有易地改造、原地更新、特色留存三种，而珠海市以易地改造为主。在土地集约利用上，东莞市始终坚持"工业进园，城市进圈，民宅进村"的原则，深圳市采取"工业进园，住宅统建"的办法。其他诸如土地流转、基础设施投入、户籍制度改革、公用事业发展、市场融资、政府职能转变等方面，四市也都探索了一些成功的做法，积累了有益的经验。抓好试点是推进城乡一体化进程中减少失误、降低风险的必要行动。城乡一体化建设是一个不断探索、发展提高、逐步完善的过程，离不开政府的正确引导和积极组织。因此，四市市委、市政府在城乡一体化建设过程中，始终坚持典型引路、以点带面、分类指导的工作方法，边试点，边总结，边推广，不搞"一个模式"，切实加强了对城乡一体化工作的领导。

加强领导与政策重构：推进城乡一体化的根本保证。城乡一体化建设是一项综合而复杂的系统工程，涉及面广，政策性强，需要各个部门协调配合、共同努力，才能取得明显成效。珠三角的四市自20世纪90年代以来一直高度重视城乡一体化。广州市为加快城中村改造工作，成立了由市分管领导挂帅、市直多部门参加的"城中村"改造领导小组，下设改制和改造两个专班，形成了强有力的组织领导、协调指挥和工作落实专班体系。珠海市成立了由分管市长挂帅，市政府副秘书长、公安局局长、香洲区委书记为副组长，市直多部门参加的强有力的香洲改造城中旧村、建设文明社区领导小组，并从市直部门抽调50多名中层干部，组成工作专班，实行集中办公，确保城中旧村改造工作快速推进。四市还出台了一些优惠政策，在土地流转、拆迁安置、资金注入等方面向城乡一体化建设项目倾斜。如广州市出台了《关于加快村镇建设步伐，推进城市化进程的若干意见》，提出了推进城市化进程的奋斗目标和一系列政策措施，并制定了《广州市村镇建设管理规定》等四个地方性规章。珠海市先后制定颁布了《珠海市城市规划条例》等八个地方性法规，制定"城中旧村"改造系列配套文件。

上述五点经验是值得推广的，但是我们也必须甄别这些宝贵经验的时代价值，必须认识到10年前珠三角的特殊社会、经济背景，而这些对于当前广东推进城乡一体化特别需要高度重视。首先，珠三角四市都是经济发达、区域城市化水平很高、农村经济也同样发达的区域，城乡一体化是区域发展的阶段性要求，不是特别的制度安排的结果。其次，10 年前的珠三角是来料加工业急剧扩张、农村工业化的鼎盛时期，因此大量工业园区的兴建、大中城市的扩张以及农村小城镇的快速发展，使当时的城乡一体化途径主要是城市和工业主导的，以城带乡、以工促农是实现城乡一体化的主流形式。在此背景下，农民进城有就业保障，城镇扩张和工业用地也能够以低廉的经济成本和社会成本征用集体土地。有了就业和用地保障，城乡一体化推进变得十分顺利。当下的珠三角经济社会发展背景发生了巨大的变化，在进一步推进城乡一体化时必须转变观念，不能沿袭原有经验，否则将可能承担较大的社会风险。

三　统筹城乡综合改革试点市的实践与初步经验

2008 年，佛山、惠州、中山三市被列为省统筹城乡综合改革试点市。其中，中山市早在 2002 年就已经开始尝试统筹城乡的综合改革，至今已取得的经验具有典型意义。经过多年的探索，中山市率先实现了基本城乡经济社会一体化，2008 年，中山城乡居民收入比为 1.8：1，远低于珠三角其他城市，城市化率为 86.14%。中山市通过农村股份制改革、“村改居”和流动人口“积分制”管理等方式，构建起适用于城乡一体化发展的机制体制，为中山市率先实现城乡一体化提供了重要的体制保障。①

通过农村股份合作制改革建立集体积累机制。于 2002 年颁布《关于加快农村股份合作制改革的意见（中委〔2002〕5 号）》和《关于推进农村股份合作制改革的实施办法（试行）（中府〔2002〕54 号）》，全面展开农村股份制合作改革任务。至 2006 年年底，中山市 24 个镇基本完成农村股份合作制改革，完成比例村（居）级达到

---

① 丁凯：《建立城乡经济社会发展一体化的体制保障》，《城市化与城乡一体化》，中国（海南）改革发展研究院论文集，2009 年 12 月 5 日。

95.4%，村民小组达到 90.5%。农村股份合作制的主要内容是将集体土地和集体经营性资产一起折股量化到农民个人，明确每个股东的股份，经营收益按股分红。改革最大的突破就是"股权固化"，即实行股份不增减、允许在本合作组织内流转。实施股份合作制改革以后，农村经济快速发展，农民人均纯收入年均增长 11.35%，2008 年过万，达到 11068 元。

通过"村改居"实现农民成市民。按照广东省的有关规定，凡是符合以下三项条件之一的，均可实施"村改居"：一是城镇居民户籍人口占村总户籍人口的 50% 以上的；二是人均耕地面积少于所在县（市、区）人均 1/3 的；三是 2/3 以上的村民不从事农业生产、不以农业收入为主要生活来源的。根据上述规定，中山市于 2000 年从改造"城中村"开始，连续不间断地进行"村改居"工作。中山市主要通过实行"三原则"，使"村改居"得以顺利展开。社区居委会拥有的权利、承担的义务不变；农民享受的农村优惠政策、福利待遇不变；原村民户口性质、计生政策至少四年内不变。这三个不变，实际上使农民拥有了双重身份，即既是市民又是农民，农民在城市和农村两头受益。

通过"积分制"有效管理流动人口。2009 年中山市户籍人口 145 万人，而流动人口高达 150 万人，解决流动人口管理问题成为中山市推进城乡一体化过程中的重要任务。具体做法是根据流动人口本人在中山市创造的个人能力业绩、本人综合素质、对中山市的贡献、居住时间、融入中山市的程度等，逐项量化，评估计分，然后根据计分高低分别享受不同的子女就学（已实施）、户口迁移（将实施）等政策。

四　小榄镇推进城乡一体化的做法及启示

小榄镇位于珠江三角洲中南部，全镇总面积 75.4 平方公里，户籍人口 15.9 万人，外来常住人员 16 万人。2008 年，全镇实现地方生产总值 150 亿元，按户籍人口计算，人均生产总值 9.4 万元；一般财政预算收入 6.7 亿元，同比增长 6%。近年来，小榄镇成功摸索出一条实现城乡一体化发展的新路子，初步实现统筹城乡发展的基本要求。

（1）主要做法

优化农村社会经济结构：农民组织化、农业现代化。小榄镇通过大力发展农村经济、优化农村社会结构，大幅度提高农村现代化水平，使其快速缩小与城镇的差距，自下而上地实现城乡一体化。小榄镇主要通过三个措施实现上述目的。

一是全面实施农村股份合作制。2001年9月起，小榄镇在全镇推行农村股份合作制。通过明晰产权关系，把农村集体资产变为农民清晰地享有股权，集体经济发展与农民利益直接挂钩。为了剩余劳力顺利向非农产业转移，小榄镇将集体资产以股份形式固化到人，股东永远享有股权，不因生产、生活的变化而变化，推动农村富余劳动力向第二、第三产业转移。

二是优化管理和资源配置机制，使传统农业向大农业、现代农业转型。2003年9月起，小榄镇推行了村委会一级经济核算，实行统一核算、规划、监管、分配，村民小组一级自然撤销。在这一"全村一盘棋"的管理模式下，能有效地实现资源整合，把分散的土地、资产、资金集中起来，连片发展，规模经营，实施专业化管理，提高资产收益率；也能实现规范管理，加强监控力度，保证集体资产保值增值。

三是全面推行"村改居"。通过全面推进村民委员会改革为社区居民委员会，将农村和城镇实行归一化管理，在体制上彻底消除二元结构。随着城镇化推进，小榄镇农民的就业渠道、生活方式已渐趋城镇化。为适应小榄镇经济社会快速发展的要求，2004年年底，小榄镇全面启动村委会改革为社区居委会工程。具体做法是"四不变"：管辖区域不变；改革后社区居委会拥有的权利、承担的义务不变；原有农民享受的农村优惠政策不变；原农村"两委"班子和议事制度不变，村委会两委班子直接过渡为社区两委班子。同时将原村集体资产产权全部归属社区股份合作公司，而公司产权归全体股民所有，集体股的收益由镇政府监督使用，个人股的收益主要用于股东的分红并受股东监督。

推进基本公共服务均等化：优先统筹城乡社保。小榄镇着力建立和完善社会保障体系，实现城乡社会保障一体化，为进一步促进城乡基本公共服务均等化打下基础。具体做法是将城乡居民就业、医疗保障和养老保险等三大民生问题优先解决。

一是确保人人就业。镇党委、政府致力于推动多层次、多形式的就业工作，解决居民就业问题，确保那些有就业意愿的劳动力充分就业。通过多方扶持，鼓励全民创业；设立创业贷款，为创业者提供启动资金；培育产业集群和专业市场，让群众有更多创业机会；成立就业办公室，成立菊城人才交流中心；提供职业技能培训和岗前指导，提高群众就业和再就业能力；建立学校和企业联动机制，提高新生劳动力就业率。通过上述等多途径实现人人就业的目标，2008 年年底小榄镇共有工商企业 2.5 万多家，全年实现销售收入 572 亿元，其中76% 是小榄镇居民经营的。

二是确保人人共享医保。2004 年开始，小榄农村合作医疗制度在全镇推行，覆盖城区居民，使每一个小榄人都拥有一份医疗保险。2008 年又发动群众参加城乡医疗保险。目前，全镇 92% 以上的居民拥有两份医疗保险，因病住院的医疗费用报销率达 89%，且不封顶。同时，利用慈善捐款，对人均月收入低于 1000 元的 1249 名患重大疾病患者给予每月 400 元的生活补助，对人均月收入低于 2000 元的患重大疾病年负担医疗费超 1 万元的家庭给予补贴。

三是确保每个老人共享社保。为确保群众老有所养，安享晚年，小榄镇全力推进社会养老保险工作，将适龄人口纳入城镇社会养老保险范围。在推进养老保险工作中，小榄坚持政府、股份公司、个人各负其责的原则，分三年四次共缴纳养老保险费 4.99 亿元，其中集体缴费 3.22 亿元，个人缴费 1.77 亿元，全镇 24393 位老人每月享有724 元以上的退休金。

全方位推进新农村建设：消灭城乡发展差距。城乡一体化的根本目的是消灭城乡差别，共享现代文明。为实现这一目标，小榄镇党委、政府重点抓三项工作：

一是加快社区经济发展。推进城乡产业布局一体化，统筹城乡工业、现代服务业、生态旅游业、商业购物中心等规划布局，特别是注重在农村社区培育专业市场，促进物流经济发展；为扶持相对落后社区加快发展，镇政府为八个社区提供贴息贷款 2 亿元，到 2008 年 12 月底共贴息 2700 多万元；组建全省首家村镇银行，为社区企业提供强有力的金融服务，扶持社区和中小企业发展。

二是统筹全镇城乡规划。一是城区规划建设延伸至农村社区。在原来属农村的绩西、绩东一社区规划建设横海新区，建城区面积扩大到 44 平方公里，拓宽现代服务业的发展空间；二是加快社区道路改造和建设。完善城乡交通网络，每平方公里道路密度达 2.7 公里；三是提高城乡居民生活环境质量。统一规划建设全镇自来水管网和生活污水收集管网，生活污水处理率达 90% 以上，并大力改造砖瓦房；四是改善教学环境、提高教学质量。由镇逐步接管原来的村办中学、小学；五是推进城乡公共服务一体化。统一管理农村社区的环境卫生、路灯维护、公交车等公共服务。

三是全力提升居民综合素质。一是高标准普及基础教育，实现"学有所教"目标。投入 7 亿元新建和改造学校，全力推进幼儿园至高中 15 年基础教育，入幼率达 96.4%，小学、初中入学率达 100%，高中入学率达 99% 以上，应届高中毕业生接受高等教育率达 71%；发动未达到高中文化程度的居民参加为期两年的补习文化或技能课程。同时，用积分方法解决外来员工子女入读公办学校问题。二是积极做好成人学历教育工作。成立职业技能提升服务中心，在校大专、本科班学员常年超过 2000 人；举办职业技能提升培训班 509 个，培训项目 130 个，参加人数达 7 万余人次；对外来员工培训达 8 万余人次。

（2）主要经验

政府职能转型：由主导型政府向服务型政府转型。小榄镇党政十分重视领导班子建设，把党委和政府在经济建设和社会发展中的角色定位为"服务员"，及时出台适应改革发展的政策文件，解决发展中的新矛盾、新问题，及时采取有效措施帮助企业和群众解决具体困难，赢得了群众的高度信任，在广大基层群众中树立了党组织的领导权威，一呼百应。事实证明，推进城乡一体化发展，必须加强党的建设，配好班子，真正肩负起率领群众谋发展、促稳定的历史使命。

农村综合改革：构建城乡一体化新型政策体系。深化农村综合改革是推进城乡一体化发展的必由之路。在农村综合改革工作中，小榄镇党委、政府坚持利益向下，将镇一级有限的政策、财力最大限度地支持、扶持农村经济发展。通过农村股份合作制、村改居等一系列改革，把农民从土地上解放出来，转移到第二、第三产业，增强了村集体经济实力和服务功能，加快了农村城市化进程。

壮大农村经济：推进城乡一体化的物质保障。各地在推进城乡一体化进程中应借鉴小榄经验，探索农村资产证券化的有效途径，探索农民以土地、劳力、资金、技术入股的多种方式，可持续增加村民及村集体收入，不断发展壮大集体经济。用政府财力和集体经济收入统筹农村教育、医疗、社保和兴办各种公益事业，促进城乡公共服务均等化进程。

优先完善社保：推进城乡一体化的起点和突破口。通过调整社会分配机制，小榄镇将利益向农村、向低收入阶层倾斜，建立起相当充分的农村社会保障体制和社会救助体系，化解了社会风险，进一步提高了农民工、私营企业、灵活就业人员的参保比例和就业比例，统筹做好城镇、农村贫困人口低保等城乡社会救助工作。

提高农民综合素质：推进可持续城乡一体化的关键。城乡一体化可以通过制度安排和政府主导得以实现，但要获得内生的、可持续的发展动力，必须依赖提高农民的综合素质。小榄镇始终把教育摆在优先发展的战略地位，形成了基础教育、学前教育、职业教育、成人教育和社区教育协同发展的立体式大教育体系，使全镇人民的综合素质大大提高，加快了全镇经济的发展和社会的进步。

五　珠江三角洲的城乡一体化模式

回顾珠江三角洲的城乡一体化历程及主要特征，珠江三角洲的城乡一体化模式可以概括为"自上而下"的城乡一体化发展模式。主要特点是通过政府的强力组织、政策引导，充分发挥珠三角城市化水平较高、城市经济和工业经济发达的优势，实现以城带乡、以工促农，自上而下推进城乡一体化。

珠江三角洲位于广东省沿海，主要包括广佛肇、深莞惠、珠中江三大城市群，是我国城市化水平最高的地区之一，也是我国城乡一体化进程发展最快的地区之一。珠江三角洲在探索城乡一体化的道路中，总结出了实现城乡一体化的十条标准，即农业生产现代化、农业工业经济化、基础设施配套化、交通通信网络化、市场经营商品化、文明卫生标准化、群众生活小康化、服务体系社会化、行政管理法规化、环境净化美化。

珠江三角洲的城乡一体化大致上经历了三个阶段：第一阶段是农业产业化阶段。农业产业化的突出特点是农副产品的高商品率，传统农业的小农经济向现代农业的商品经济转型。商品农业的发展提高了农业劳动效率，促进了农业生产的专业化和规模化，促进了农地流转和农业机械化、农业产业化的快速发展。2009年珠江三角洲的农业商品率达到85%以上，农业劳动生产率过万元。商品农业的发展最终实现了农村的富裕和农村劳动力的转移，为乡镇企业（以第二、第三产业为主）的发展提供了条件。第二阶段是农村城镇化阶段。珠三角的农村城镇化是由农村第二、第三产业的发展推动的，农村工业化促进了农村城镇化。在20世纪90年代，珠江三角洲新生了大量农村中小城镇，这些城镇的兴起，又进一步促进了农村人口和产业的集聚，使珠三角农村区域的基础设施建设、公共服务的普及和就业方式、生活方式等快速向大中城市接近，缩小了城乡差距，推进了城乡一体化。第三阶段是人口和产业的进一步空间极化阶段。随着农村工业不断向大中城市和农村中心镇的集聚，农村人口也大量涌向大中城市，使珠三角的大中城市人口规模不断增加、城市面积快速膨胀，农村地区出现人口过疏化和产业空心化，城乡一体化表现为快速的人口城市化过程。随着近年新农村建设的展开，农村人居环境不断优化，中小城镇和村落的基础设施日益完备，农村活力得到恢复，城乡一体化开始出现城乡并进的新特征。

　　珠江三角洲的城乡一体化发展模式，可以看作是以大城市的发展来带动乡村共同发展。深圳、珠海等大城市具有较强的辐射功能，能够很好带动乡村的发展。而且由于珠江三角洲位于沿海开发区，具有优越的外贸条件，在出口外贸的推动下，珠江三角洲的经济发展得更快，城乡一体化水平也在不断提高。但是，这种模式也有其不足之处，比如"城市病"。大城市要增强自身的辐射功能，就必须不断地扩大规模以增强自身的实力。在城市发展过程中，如果规划不合理，就有可能引起人口激增、公共资源紧张、环境污染严重等所谓的"城市病"。

第二节　浙江城乡关系演变与城乡统筹发展及其基本经验

一　城乡关系演变历程

（1）从城乡互助到城乡分割（改革开放前）

　　1949年新中国成立后，"城乡互助"被作为基本经济纲领列入《共同纲领》之中。当时，浙江整体上还处于传统的农业社会，处在前工业化阶段。1950—1952年三年国民经济恢复时期，有较多的农村人口迁入城市，城镇人口比重由10.64%上升到12.46%。1953—1957年的第一个"五年计划"时期，农村人口向城市迁移，特别是向新兴工业城市和重点建设的地区迁移，寻求就业机会。从1949年到1957年，浙江城乡之间的人口是双向流动的，城乡关系是开放的，这一时期是浙江城乡关系、工农关系较为协调的时期，工业化和城市化同步发展的阶段。

　　在快速推进工业化的过程中，我国采取了单一的公有制和高度集中的计划经济来推行优先快速发展重工业的战略。由此导致了农村经济体制和城乡关系的变迁，逐步建立起农业支持工业、农村支持城市和城乡分割的"二元经济"体制，彻底形成了城乡割裂，各自封闭发展的局面。

（2）从城乡共同发展到城乡差距扩大（1979—20 世纪 90 年代末）

十一届三中全会以后，我国城乡关系进入了一个新的历史时期。1979—1984 年，浙江省农村经济飞速发展。1982—1984 年浙江省农业增加值年均增长 9.3%，同时，长期单一的农业经济结构也得以改变。家庭承包制的实行使农民的收入迅速提高，1979—1984 年浙江省农民人均纯收入年均增长 15.2%，城乡居民收入差距也不断缩小，由 1978 年的 2.01：1 缩小到 1984 年的 1.5：1。1978—1984 年，浙江农业总产值按可比价格计算增长 55.4%，每年平均增长 7.6%，而同期工业总产值增长 9.5%，增加值为 8.8%。工农业增长关系改变了改革开放前城乡关系长期失衡的状况，带来了城乡经济良性循环的新局面。

然而，在城乡分割的二元体制下，由于农业支持工业、乡村支持城市的趋向并没有改变，随着改革重心移向城市，从 1986 年开始，浙江省城乡居民收入差距再度扩大。城乡居民收入差距从 1984 年的 1.50 倍又扩大到 2006 年的 2.51 倍，消费差距从 1985 年的 2.2 倍扩大到 1994 年的 3.6 倍，储蓄差距从 1985 年的 1.9 倍扩大到 1994 年的 3.5 倍。这一时期城乡差距的扩大导致了农村与城市的发展差距不断拉大，"三农"问题日益凸显，社会经济矛盾不断激化。

（3）从城乡分割的二元体制走向城乡一体化（2000 年至今）

从浙江省的经济社会发展水平以及城市化水平来看，2001 年浙江省的城市化水平已达 50.9%，城市人口首次超过农村人口；2004 年浙江省城市化水平达到 54%，比全国水平（41.8%）高 12.2 个百分点。经过 30 多年的改革开放，浙江省实现了资源小省向经济大省、传统农业社会向工业社会、基本温饱向总体小康的跨越，人均生产总值接近 3000 美元，城市化水平超过 50%，主要经济社会发展指标居全国前列，综合实力显著增强，具备了统筹城乡发展、推进城乡一体化良好的基础和条件。根据城市化发展的一般规律，浙江省将步入一个城市化加速推进、城市文明加速普及、城乡发展加速融合、城乡一体化加速实现的新时期。目前,浙江省从城乡分割的二元结构体系向城乡融合的一体化方向发展的基础和条件已日趋成熟,统筹城乡经济社会协调发展、促进城乡一体化是浙江省经济社会发展的必然要求。

二　统筹城乡发展的主要阶段

浙江省城乡一体化推进工作起步较早,总体水平较高,先后经历了三个阶段:自发统筹阶段、自觉统筹阶段和城乡一体化全面实施阶段。

(1) 自发统筹阶段(20 世纪 80 年代中期至 2002 年以前)

自 20 世纪 80 年代中期开始,浙江大批农民开始离开土地,纷纷投入非农产业寻求出路自主创业,从而推动了以乡镇企业为主体的农村工业的发展,同时浙江省城乡市场呈现出相互流通的势头。20 世纪 90 年代中后期以来,浙江在加快推进城镇化和城市化建设的进程中,明确提出了城乡协调发展的目标和要求。1999 年浙江省委、省政府制定《浙江省城市化发展纲要》,明确提出了“充分发挥城市在区域经济和社会发展中的核心作用,实现城乡协调发展”的战略目标。从 2000 年开始,浙江省先后取消了对农村劳动力进城就业的各种限制性政策和行政性收费。2001 年,浙江省率先在全国以法规形式将农民纳入最低生活保障范围,建立起城乡一体化的最低生活保障制度。另外,浙江省的城乡统筹与农民创业相伴而生,相互促进。随着乡镇企业的创办和兴起,农民开始办厂经商或进厂务工,农村经济飞速发展,农民快速致富,为城乡一体化打下了物质基础。

(2) 自觉统筹阶段(2002—2004 年)

党的十六大之后,浙江省的城乡统筹是由政府主导的从经济社会发展的宏观层面在全省范围内的整体推进和全面实施。自 2002 年起,浙江省进一步减轻农民负担,全面推行农村税费改革,逐步取消了大量的农村税赋,减轻农民负担。2004 年 3 月,时任浙江省省委书记的习近平在嘉兴市召开了全省第一个统筹城乡发展、推进一体化工作座谈会,提出了明确的工作目标:到 2010 年,基本消除城乡二元结构,城乡差别明显缩小,形成城乡协调发展的格局。到 2020 年,与提前基本实现现代化同步，基本实现城乡一体化。2005年1月颁布《浙江省统筹城乡发展、推进城乡一体化纲要》（以下简称《纲要》），明确了统筹城乡发展的战略目标和工作任务。《纲要》指出：要以完善城乡规划为先导，以深化城乡配套改革为动力，坚定不移地推进工业化、城市化和市场化，加快农业农村现代化，进一步优化生产力和人口空间布局，努力打破城乡二元体制结构，推动城乡资源要素合理流动，形成以城带乡、以乡促城的发展新格局，努力缩小城乡差别、工农差别和地区差别，力争到2010年，农村发展水平进一步提高，基本形成城乡统筹发展的体制，为进一步消除城乡二元结构，实现城乡一体化打下坚实的基础。这是全国第一个省级层面的城乡一体化纲要，在整个经济社会发展进程中具有划时代的意义。

（3）全面实施阶段（2005年至今）

根据《纲要》精神，全省各地纷纷编制了统筹城乡发展的规划，制订了实施意见，出台了相关政策措施，有组织、有步骤地全面实施统筹城乡发展。在统筹城乡发展不断深化各项改革的过程中，浙江省不断加大对"三农"的投入力度，加快新农村建设的步伐，实施了一系列的重大工程，如"欠发达乡镇奔小康"、"千村示范万村整治"、"山海合作"、"千万农民饮用水工程"等，从农业产业结构的调整、农村社会事业的发展、农村就业和社会保障体系的完善、农村环境的改善等全方位加快推进，努力改善"三农"问题，不断地缩小城乡差距。

通过全面实施城乡统筹发展，浙江省的城乡经济社会发展水平不断提高，城乡居民收入从2006年的2.49∶1缩小到2007年的2.45∶1，2008年城镇居民人均可支配收入22727元，同比增长10.5%，农村居民人均纯收入9258元，同比增长12%，比2007年略有缩小。同时，城市的基础设施建设和基本公共服务开始向农村延伸。《浙江省2007年城乡统筹发展水平综合评价报告》显示：2007年浙江省城乡统筹发展综合评价得分为69.3分，浙江省城乡统筹发展已经处于整体协调发展阶段。

三　已实施的城乡一体化重点工程

浙江省在推进城乡一体化的过程中，不仅制定了比较完善的制度体系，而且实施了"山海协作"等一批促进城乡一体化发展的开发类、项目类或实事类工程，并且对这些工程的实施都有相应的指标考核，这些重点工程的实施使浙江省城乡一体化的推进能够落到实处。

"山海协作工程"是对省内发达地区与欠发达地区之间区域经济协作的形象化概括，"山"主要指以浙西南山区为主的欠发达地区和舟山市，基本上包括了25个欠发达县（市、区），"海"主要指沿海经济发达地区。"山海协作工程"是省委省政府为加快欠发达地区经济社会发展而制定实施的，旨在通过发达地区与欠发达地区的联合与合作，在欠发达地区组建一批富有活力的合作企业，促进省内发达地区与欠发达地区产业结构互为优化升级，推动省内欠发达地区的劳动力向发达地区合理流动，扎实推进城乡和区域的统筹发展，努力实现发达地区与欠发达地区的互赢共进、共同富裕。

"欠发达乡镇奔小康工程"。2002年，省第十一次党代会提出，要"继续抓好扶贫开发，在完成百乡扶贫攻坚任务的基础上，实施欠发达乡镇奔小康工程"，把扶贫工作重点转移到实施欠发达乡镇奔小康工程上来，其中心任务是加快欠发达乡镇奔小康，解决相对贫困问题，实现区域协调发展，力争到2005年，省重点扶持的欠发达乡镇一半以上达到国家小康标准，到2007年，全省欠发达乡镇全面达到国家小康标准。

"千村示范万村整治工程"。为尽快改变农村落后社区面貌，浙江省从2003年起实施"千村示范万村整治"工程，要求以中心村为重点，以布局优化、道路硬化、村庄绿化、路灯亮化、卫生洁化、河道净化、住宅美化、服务强化为主要内容，开展村庄整治建设，用五年时间，对全省1万个村庄进行全面整治，建设好1000个村美、户富、班子强的全面小康示范村。至2005年，全省累计完成建设示范村480个、整治村5060个。

"千万农民饮用水工程"。解决农村饮用水困难，保障农村饮用水安全，是统筹城乡经济社会发展、全面建设小康社会的重要内容。由于农村饮用水设施建设相对滞后，平原污染型缺水、山区工程型缺水和海岛资源型缺水并存，浙江省农民饮用水问题日益突出。因此，

2003 年，省委、省政府就将千万农民饮用水一期工程列入浙江省"五大百亿"工程的实施内容，2004 年省政府又下发了《关于加快实施"千万农民饮用水工程"的通知》，要求到 2007 年，完成"千万农民饮用水一期工程"，解决 50 万农村人口饮水困难，明显改善 400 万农民饮用水条件；农村合格自来水普及率达到 65%。2008—2012 年，实施"千万农民饮用水二期工程"，彻底解决目前 100 多万农村人口饮水困难，全面改善 1000 多万农民饮用水条件；农村合格自来水普及率达到 80%，从政策上鼓励和扶持千万农民饮用水工程建设。

"强龙兴农"工程，提高农业龙头企业的竞争力和带动力，带动整个农业和农村的发展。着力构建"行业协会＋农业龙头企业＋专业合作社＋专业农户"、"四位一体"的现代农业经营机制。农民专业合作经济组织、专业农户迅速发展，农业生产和农业进入市场的组织化程度较大提高，利益联结日益紧密。农业产业化经营的兴起，推动了农业的规模化、专业化生产。目前，全省粮油、桑蚕、果品、蔬菜、茶叶、食用菌、花卉等主导产业已经初步呈现区域化布局、集约化经营、专业化生产的格局，传统产业改造、优势产业开发和特色产业培植取得显著成效。

此外，浙江省还先后实施了城乡公交一体化工程、城乡供水一体化工程、浙江农民信箱工程、下山移民工程、千亿基础网络工程、千亿惠民安康工程、千亿产业提升工程、现代农业综合产业园建设工程等。

浙江省实施的这些工程的共同特点鲜明。一是以强农涉农工程为主；二是以影响面大、与其他工作关联性较强，能起到牵一发动全身的效果；三是基础性、民生型工程为主。

四　统筹城乡发展的浙江特色与推广价值

（1）尊重经济社会发展规律，审时度势推进城乡一体化

自新中国成立至 20 世纪 80 年代中期，由于受高度集中的计划经济及优先发展工业的经济发展战略的影响导致了城乡分割的二元体制，农业农村的经济积累完全用作发展工业和城市，从而导致农业农村发展缺乏后劲。直至 20 世纪 80 年代中期，浙江省城乡差距不断拉

大，农民收入增长缓慢，农业发展滞后。于是，大量农民开始由第一产业向第二产业和第三产业转化，自主创业、开办企业、经商或进城务工。为了更好地促进第二、第三产业发展，促进农民自主创业和非农就业，自 20 世纪 90 年代中后期开始，浙江省委、省政府主动出台统筹城乡发展的政策措施，如 1998 年浙江省委九届十四次会议通过的《浙江省农业和农村现代化建设纲要》，提出了"加快小城镇建设，提高农村城镇化水平"的发展战略，1999 年在浙江省委、省政府制定的《浙江省城市化发展纲要》中又明确提出了实现城乡协调发展的战略目标。

随着浙江省经济社会发展水平以及城市化水平的不断加快，人均生产总值接近 3000 美元，城市化水平超过 50%，主要经济社会发展指标居全国前列，综合实力显著增强，具备了统筹城乡发展、推进城乡一体化良好的基础和条件。2004 年 3 月浙江省第一个统筹城乡发展、推进一体化工作座谈会召开，会议提出了明确的工作目标：到 2010 年，基本消除城乡二元结构，城乡差别明显缩小，形成城乡协调发展的格局。到 2020 年，提前基本实现与现代化同步，基本实现城乡一体化。2005 年 1 月颁布《浙江省统筹城乡发展、推进城乡一体化纲要》，明确了统筹城乡发展的战略目标和工作任务。从 2002 年到 2007 年 5 年间，浙江省领导从城乡统筹的高度，针对"三农"工作的正式讲话就有 60 多次；所制订的政策法规高达 82 项，其中有多个浙江首创、全国第一[1]。

（2）立足"三农"，以实现农民根本利益为核心推进城乡一体化

城乡统筹发展，千头万绪，涉及农业生产、农民素质教育及技能培训、农村社会保障、农村公共服务体系等方面，这就需要在统筹城乡发展的过程中，找准关键点，分清轻重缓急，循序渐进，逐步合理有序地实现目标。浙江省在统筹城乡发展中，从农民反映比较强烈，又容易见效的环节率先开展城乡统筹工作。2004 年 6 月，浙江省委、

---

① 陈修颖、陈颖：《浙江省科技资源配置的区域差异及配置效率研究》，《地理研究》2012 年第 4 期。

省政府决定全面实施"千村示范万村整治工程",计划用五年时间,建设1000个"村美、户富、班子强"的示范村,整治1万个村庄,整治内容包括垃圾清理、污水治理、改水改厕、河道清洁等。由于"千村示范万村整治工程"符合广大农民的切身利益需求,从而得到了农民的高度认同与积极支持,相关政府部门也集中投入大量的精力、财力。在充分整合资源的基础上,原定五年"工期"的"千万工程",仅用四年时间就取得了良好的成绩和效果,极大地改善了农村社区生活环境、生产条件,提高了农村居民的生活质量,促进了城乡统筹发展水平的提高。

(3)改革创新,建立和完善统筹城乡发展的体制与制度

统筹城乡发展,就是要打破传统的城乡二元分割的体制障碍,就是对城乡、工农以及区域利益格局的变革与调整,因此,统筹城乡发展必须要对现有的体制与制度进行改革与创新。浙江省按照落实科学发展观的要求,秉承敢为人先的改革创新精神,围绕社会主义经济建设、政治建设、文化建设、社会建设"四位一体"的总体布局,全面实施"创业富民、创新强省"的总战略,在统筹城乡发展、推进城乡一体化方面进行了积极探索,取得了显著成效。浙江省把深化城乡配套改革作为统筹城乡发展、推进社会主义新农村建设的强大动力,努力突破城乡二元结构,积极探索建立城乡协调的制度和以工促农、以城带乡的建设机制。自20世纪90年代以来,浙江省率先推进以"一取消、两放开、三确保"为主要内容的粮食购销市场化改革,率先实行户籍制度改革。在全面免征农业税、农业特产税的基础上率先全面推行农村税费改革,极大地调动了农民进城就业与创业的积极性,同时还有效地解决了他们的子女上学、社会保障等方面的后顾之忧。2004年出台的《浙江省统筹城乡发展、推进城乡一体化纲要》使统筹城乡发展有了制度保障。通过选择绍兴、嘉善、开化、北仑四个县(区)开展农村综合改革试点,在整合乡镇机构、转变乡镇政府职能、理顺县乡财政管理体制、完善义务教育管理体制、清理乡镇债务等方面探索了经验。

近年来,浙江省一直致力于构建城乡公共服务均等供给的机制,

先后建立了全省统一的就业制度，建立了最低生活保障制度、被征地农民社会保障制度、新型农村合作医疗制度等。在教育方面，浙江省提出农村也要搞 15 年基础教育，全省三年就投入财政资金 32 亿元；在卫生方面，浙江省按照"让农民看得起病、有地方看病、加强预防少生病"的要求，推出了"农民健康工程"。在其他许多省份还在小范围试点时，浙江省已在全省范围内大刀阔斧地推广。在其他许多省份还就某项具体的服务进行探索时，浙江省已构建起了较系统的基本公共服务体系。

2008 年 8 月，浙江省政府发布《基本公共服务均等化行动计划》，推出了就业促进、社会保障、教育公平、全民健康、文体普及、社会福利、社区服务、惠民安居、公用设施、民工关爱等"十大工程"，着力解决人民群众最关心、最直接、最现实的利益问题，着力改善欠发达地区和广大农村的生产生活条件，着力保障社会弱势群体、困难群体的生存和发展，加快构建配置合理、功能完善、便捷高效的基本公共服务供给体系，努力实现基本公共服务覆盖城乡、区域均衡、全民共享，促进社会公平正义和人的全面发展，每项工程都由多个部门负责落实，从而将城乡统筹发展提升到一个新的发展水平。

（4）统筹规划，不断提高统筹城乡发展的水平

城乡统筹涉及经济社会文化等多方面，需要进行长期的全面的科学合理的规划。统筹城乡发展必须要科学决策，要改变传统的城乡二元分割的思维模式，将城市和农村统筹规划、统筹安排，要充分整合各种资源，良性互动，形成合力，最后达到城市带动农村、工业支持农业发展的目的。2004 年浙江省出台的《浙江省统筹城乡发展、推进城乡一体化纲要》明确提出了全省统筹城乡发展工作的总体要求，提出了统筹城乡发展的主要任务，而且围绕统筹城乡一体化的六个方面①制定了在 2010 年之前的各项工作目标，确保了统筹城乡发展工作的系统化和长效化，而且明确了统筹城乡发展的相应的战略措施。浙

---

　① 统筹城乡发展的六个方面是指：统筹城乡产业发展、统筹城乡社会事业发展、统筹城乡基础设施建设、统筹城乡劳动就业和社会保障、统筹城乡生态环境建设、统筹城乡区域经济社会发展。

江省通过开展"千村示范万村整治工程",将原来分散于各政府部门的众多的农村"工程"① 全部有机整合聚集到"千万工程"旗下,按照"示范村建到哪儿,配套资金就跟到哪儿"的要求,跟进配套,从而充分地整合了各种资源,提高了资源的使用效率,促进了统筹城乡发展的水平。

(5)从扩权强县到扩权强镇,搭建统筹城乡发展的平台

浙江发展成功的经验在于:浙江发展快,是因为农村发展快;浙江富,是因为农民率先富;浙江经济活,是因为农村经济搞得活。② 浙江经济社会发展的关键在于农民的创业和农村非农产业的发展,而浙江的扩权强县发展战略为农民创业和非农产业的发展提供了良好的发展平台和广阔的空间。扩权强县,实际上就是解放和发展农村生产力,就是为城乡统筹发展创造良好的制度环境和发展空间。浙江的扩权强县一共有四次,其中影响特别大的有两次:一次是 1992 年,浙江将 4 项经济管理权限下放给 13 个县。另一次是 10 年后的 2002 年,浙江将属于地级市的 313 项经济管理权限直接下放到 20 个县级行政区。扩权强县极大地促进了各地发展县域经济的积极性。在国家统计局的评估中,浙江省有 30 个县市进入了全国百强,数量排在全国第一位,县域经济成为浙江经济最大的亮点。

目前,浙江省已经把中心镇作为改变城乡二元结构的切入点和统筹城乡经济社会发展的重要平台。2005 年年底,浙江开始试行"中心镇培育工程",尝试着将城乡统筹的关节点从县城向前推进到乡镇。在全省 758 个建制镇中选择 141 个条件比较好的,通过放权强镇,壮大特色产业,使中心镇的经济实力和辐射带动能力不断壮大。2007 年5 月,浙江省下发《关于加快推进中心镇培育工程的若干意见》指出:要有重点地选择 200 个左右的中心镇,按照"依法下放、能放就

---

① 如交通部门的乡村康庄工程,水利部门的千万农民饮用水工程、万里清水河道工程,林业部门的万里绿色通道工程、绿化示范村工程,经贸部门的千镇连锁万村放心店工程等。

② 顾益康:《大众市场经济发展模式与民本发展经济学的创立——浙江农村改革发展30 年实践的理论贡献》(内部讲话稿)。

放"的原则，赋予中心镇部分县级经济社会管理权限，涉及财政、规费、资金扶持、土地、社会管理、户籍等 10 个方面，分期分批进行全方位的培育，在全省形成一批布局合理、特色明显、经济发达、功能齐全、环境优美、生活富裕、体制机制活、辐射能力强、带动效应好、集聚集约水平高的小城市。

浙江通过把许多县级政府的经济社会管理权限权能下放给中心镇，给予乡镇更多的权力，激发了乡镇更大的活力，增强了基层政府社会管理和公共服务的能力，促进城乡资源、信息等多方面紧密沟通与交流，使中心镇成为联系县城、农村的关键纽带，从而进一步搭建了统筹城乡发展的平台。

自 2010 年起，为了推进城乡一体化更上一个台阶，仍然以促进农村发展为核心继续大力度推进城乡一体化进程。在"十二五"期间，将重点推进"秀美乡村建设"（2010 年 9 月）、"开展小城市培育试点"（2010 年 12 月）、"浙江省强镇扩权改革"（2010 年 11 月）、"开展现代农业园区建设"（2010 年 6 月）等重点城乡一体化工程。

第三节　长三角地区典型城市城乡一体化经验借鉴

沪、苏、浙三省市社会经济发展水平处于我国前列，社会发育阶段和社会结构也处于我国的最高水平，无疑，也是我国城乡社会经济一体化先行先试的地区。

一　上海城乡一体化发展模式

上海是长江三角洲区域经济发展的龙头，也是我国最具活力的经济区域之一。上海的郊区和全国其他地方相比具有独特的优势，即上海具有较高的经济发展水平和完善的基础设施。上海地区的农业占全市 GDP 的比重只有 2% 左右，上海的城市化水平达 90%，显著高于我国平均城市化水平和广东省的城市化水平。上海农民的实际收入中，非农收入要占到 75% 以上。上海 240 万农民劳动力中大约有 170 万农民纯粹从事第二、第三产业，这在全国任何一个城市中都是无法比拟的。上海郊区的基础设施有重大进展，目前已形成了 9000 公里的公路网以及较完备的农用事业设施。更重要的是，上海郊区正在成为长江三角洲乃至更大区域范围内的制造业中心，"三资"企业总数达11000 多家。随着经济高速增长，上海中心城市的人才流、物流、资金流、信息流、技术流也必然要大规模地向郊区辐射①。

正是因为上海具有这一优势，因此，上海的城乡一体化发展模式选择的是"城乡统筹规划"模式，即城市和乡村的双向发展，来促进城乡一体化。在这一发展过程中，政府采取了许多措施，鼓励城乡合作，融合城乡经济，实现优势互补和共同发展。经过十多年的发展，上海的城乡一体化已经取得了很大的发展，城乡经济的合作和跨区域发展已由工业拓展到商业、旅游、交通、运输、房地产开发、仓储、农业等许多领域，并已达到相当规模。郊区城市化水平以年均两个左右的百分点逐年提高。上海城乡二元结构逐步被打破，不仅市区体现了都市的繁荣，而且郊区也体现了上海的实力和水平。

上海的城乡一体化发展战略就是以上海城乡为整体，以提高城乡综合劳动生产率和社会经济效益为中心，统筹规划城乡建设，合理调整城乡产业结构，优化城乡生产要素配置，促进城乡资源综合开发，加速城乡各项社会事业的共同发展。其中，大力发展郊区经济是一个重点。因为上海郊区本身具有较强的经济实力，通过它的发展，可以带动城乡经济的合作，并最终实现优势互补和共同发展。它在城乡一体化的发展中起着枢纽的作用。但是，这种模式的城乡一体化发展必须具备四个条件：一是市域空间结构必须呈现明显的核心—外围结构。这种空间结构表现出核心和外围虽然存在差距，但是是一个完整的整体，二者相互关系紧密，相互依存度很高，城乡间流动频繁，城市和郊区乡村孤立发展都很困难。二是郊区经济要具有一定的实力。较发达的经济基础是实现城乡一体化的物质保障。三是城市经济同样高度发达，处于产业高级化和不断更新升级并保持与全球价值链的紧

---

① 陈修颖：《长江经济带空间结构演化及重组》，《地理学报》2007 年。

密连接，这样，在城市产业更新升级时城市的原有产业才有可能不断地向周边郊区转移，城市产业的循环更新同样推动了周边郊区产业的演替和更新，使整个市域始终保持高度的活力和创新，使城乡关系越来越紧密、城乡差距不断缩小。四是城市和其郊区是在同一个政体下运转。只有这样，才有可能彻底实现统筹城乡综合改革。广东的情况有所不同，在"市管县"体制下，广东的区域经济单元可以划分出许多城市经济区，每个城市经济区的情况差异很大，而自行制定城乡综合改革政策的权限又很有限，这些个性差异很大的城市经济区都归属于同一个具有改革政策制定权的省政府管辖，不像上海市是一个独立完整的核心—外围结构。省与直辖市的空间结构差异直接影响城乡一体化推进模式和路径。同样的道理，我们会发现珠三角的区域一体化进程远比长三角的区域一体化进程来的顺利，原因很简单，珠三角各个城市经济区都是同一个省级政府治下，而长三角的"14 + 1"个城市经济区却在三个省市政府治下。

二　苏南城乡一体化模式

苏南城乡一体化模式是苏锡常地区通过发展乡镇企业促进非农化，从而推动城乡一体化的方式和路径。苏南是全国经济发展最快、最活跃的地区之一，尤其是苏南的乡镇企业，已成为苏南经济的支柱。乡镇企业的不断发展壮大，使苏南可以采取以工补农、以工建农的措施来协调工农关系，稳定农业生产。苏南地区建立了优质、高效的农业生产基地，推动了农业机械化、良种化、水利化和服务社会化，保证了第一、第二、第三产业的协调发展。农村经济的发展，打破了传统的二元结构，引起了农村经济社会结构的深刻变化。一大批小城镇脱颖而出，成为联结城乡的枢纽，改善了农民的生产、生活条件和质量，加快了农村产业结构的优化和城市化进程，从而推动了苏南地区城乡一体化发展。

苏南模式是以乡镇企业为突破点的城乡产业协调互动、农业农村现代化发展模式。无锡是苏南模式的典型代表，无锡市的城乡一体化实践是从"三农"现代化出发的，农村现代化建设开始于 20 世纪 80

年代初。在 20 世纪 80 年代中前期，无锡市重点围绕"耕作机械化、农艺科学化、经营规模化、服务社会化、农民知识化"进行探索实验，扩大农村现代化建设试点，发展并壮大乡镇工业，建立"以工补农、以工建农"的农业投入制度。20 世纪 80 年代中后期，无锡市加快农村经济发展，坚持产业结构以工业为主、所有制结构以乡镇村集体所有为主、经济运行以商品经济为主的发展格局，加强农工结合、统分结合、产销结合、纵横结合的运行机制，强调有利于协调发展农村第一、第二、第三产业、实现共同富裕、协调社会事业发展、精神文明建设、缩小三大差别。无锡市乡镇企业大发展，农村经济一片繁荣，城乡发展呈现共荣的景象。20 世纪 90 年代，无锡加快推进集体乡镇企业产权制度改革，发展个体私营经济、外向型规模经济，并提出农村现代化建设的"三个集中"① 方针和"农业现代化、工业集约化、农村城市化"发展战略。这样使得无锡农村经济在所有制结构、产业经济结构、分配制度、增长方式和管理制度上都实现了新的突破，取得了新的进展，从而实现了城乡经济的协调和一体化发展。②

三　苏州市城乡一体化特点及经验

（1）成效

2008 年 9 月，江苏省委、省政府批准苏州市为江苏省"城乡一体化发展综合配套改革试点区"，苏州市开始了新一轮、影响更为深远的改革创新。试点的主要内容包括在城镇与农村之间，科学合理地优化配置土地、劳力、资金等各种生产要素，教育、文化、医疗、社保等各种社会资源，促进城乡经济社会协调发展、一体化发展、可持续发展。苏州把综合配套改革的关键点和突破口放在了"改革城乡资源配置方法"上，提出配置城乡资源"要从过去偏向城市，转变为兼顾城乡；从过去单向索取，转变为双向互补；从过去抵偿征用，转变为等价置换"。围绕这一取向，提出了以"三集中"优化土地资源配置、

---

① "三集中"指农田向规模经营集中、工业向园区集中、农民向小城镇集中。
② 安中轩：《城乡一体化典型实践模式的比较分析及启示》，《重庆工商大学学报》（西部论坛）2007 年第 6 期。

以"三置换"更好保障农民权益、以"三大合作"巩固富民强村根基的思路,积极探索具有苏州特色的城乡一体化发展新路径。2009 年 6 月,苏州市被国家发改委列入统筹城乡发展中澳管理项目试点。2010 年 8 月苏州市被国家发改委批准为城乡一体化发展综合配套改革联系点。截至 2009 年年底统计数据,苏州城乡居民收入比是 2:1,在全国经济发达地区最小,而全国的平均比例是 3.33:1,江苏省的平均比例是 2.56:1。2010 年以前,三季度苏州市区居民家庭人均可支配收入达 21923 元,比上年同期增长 10.7%,而农民人均现金收入 13281 元,比上年同期增加 1445 元,增长 12.2%,总量居全省首位,增量比无锡市 1435 元高 10 元,比常州市 1229 元高 216 元。

(2) 主要做法

概括起来,苏州市推进城乡一体化的主要做法是推行"三集中、三置换、三合作和三统筹"。

"三集中"是指:工业企业向规划区集中,因地制宜推进"退二进三",或"退二还一"、异地置换工作;农业用地向规模经营集中,鼓励农户间规范自由流转,推动土地股份合作社建设,发展规模现代农业;农民居住向新型社区集中,换房进城进镇,或就地集中居住。

"三置换"是指:集体资产所有权、分配权置换社区股份合作社股权;土地承包权、经营权通过征地换基本社会保障,或入股换股权;宅基地使用权可参照拆迁或预拆迁办法置换城镇住房,或进行货币化置换,或置换第二、第三产业用房,或置换置业股份合作社股权。

"三合作"是指社区股份合作社、土地股份合作社和农民专业合作社,它是推进苏州城乡一体化的重要方法,也是巩固一体化改革的重要途径。社区股份合作社是盘活原有的村级存量资产,使其进入市场、实现盈利,或者实现更为优质的经营收益,并量化资产、按股分配,以此增加村级收入、促进农民增收的一种新型农村合作经济组织形式。资产变股权、农民做股东,村级资产被激活,从根本上化解了现有的利益分配弊端。土地股份合作社主要是针对农业规模化的,苏州市逐渐规范了土地流转机制、土地承包经营,为现代农业发展创造了条件,同时也让很多农民不用种地也能从土地上获益。而专业合作社是苏州市政策引导扶持的重点，是该市发展现代农业、促进农民增收的重要方法。

"三统筹"是指统筹城乡产业发展规划、统筹城乡社会保障、统筹城乡就业机制。统筹城乡发展规划是以科学规划为先导，强化功能片区规划，打破行政区域限制，调整优化工业与农业、城镇与农村的空间布局，科学确定城镇规划区、工业生产区、农业发展区、农民居住区和生态保护区。统筹城乡社会保障通过制度创新加快城乡社会保障制度接轨步伐，到 2012 年基本实现城乡养老保险并轨，加快农村合作医疗向城镇居民基本医疗保险制度过渡，建立城乡统一的最低生活保障制度，健全自然增长机制。统筹城乡就业机制就是在城乡一体化发展的过程中，以增加农民的就业为支撑、为导向，注重建立城乡就业统筹机制。"三统筹"使苏州的城乡一体化发展呈现出可持续性。

（3）城乡一体化重点行动

城乡就业一体化。建立健全城乡统一的社会就业失业登记制度。将农村就业纳入整个社会就业体系，探索建立健全城乡劳动力资源调查制度和就业、失业的界定标准体系，实行社会登记失业率统计制度。建立完善城乡统一的就业困难人员的就业援助制度。建立完善安置和鼓励农民多渠道、多形式的就业机制。扶持农村居民自主创业。建立城乡一体化创业推动工作机制和协调机制。建立完善城乡统一的职业培训制度。如吴江市从 2010 年起全市实行了城乡低保一体化，月人均达到 420 元，目前苏州 5 市 7 区，有 2 市 7 区实施城乡一体。

城乡养老、医疗一体化。建立完善农村居民和被征地农民纳入城镇社会养老保障的政策体系。加快实施城乡一体的社会养老保险体系，将劳动年龄段的被征地农民和农村劳动力纳入城镇企业职工基本养老保险制度，逐步实现城乡社会养老保障制度的一元化。如苏州相城区用 2010—2012 年三年左右时间，逐步将相城区农村合作医疗保险与相城区居民医疗保险并轨，在全区建立资金来源稳定、管理运行规范、保障效果明显的城乡一体化基本医疗保障制度。

农民集中居住以及宅基地和农村住房置换城镇商品房。为加速推进城乡一体化发展，推进工业向园区集中、人口向城镇集中、居住向社区集中、土地向适度规模经营集中，苏州市建设了一批由政府建设主要用于安置被征地农民的集中居住区。但随着区域工业化、城市化的深入推进，那种以征地拆迁安置为主的建设较大型集中居住区的做法已大为减少，取而代之的是以"宅基地和农村住房置换城镇商品房"为主要特征的城乡一体化建设。二者的动因尽管不同，前者是拆迁、后者是置换，但其结果却是一样的，都将形成大量的农民集中居住区。截至2009年，全市23个城乡一体化改革试点先导区积极发挥示范作用，目前全市 2.1 万个自然村规划调整为 2517 个农村居民点，33% 的农户迁入集中居住点，75% 的农村工业企业进入工业园，56% 的承包耕地实现规模经营，5 万多户、17 万农民通过"三置换"实现了身份转变。

现代农业发展。综合配套改革把发展现代农业作为协调发展、和谐发展的重要基础，把提升农业的生态、生产、生活功能作为苏州的重要特色，形成优质粮油、特色水产、高效园艺、生态林业空间布局，启动实施"百万亩现代农业规模化示范区"建设，并已建立了30 个市级示范区。例如，苏州太仓市经过多年的规划、建设，为现代农业园区已累计完成投资近 8 亿元，在基础设施进一步完善的同时，先后建成了现代农业展示馆、花卉园艺展示馆、生态湿地馆、恩钿月季公园、蝴蝶兰温室、戈林农业科技园、百果园、林果园等 20 多个项目，吸引了大批沪苏游客前往体验参观园区建设，并大力发展农业休闲经济，在第五批江苏省"环境教育基地"评选中，太仓现代农业园区位列其中。

（4）简评

苏州的城乡一体化是建立在政府强势主导和发达集体经济支持这两个基础之上的，即"有权又有钱"。

政府强势主导。以"三置换＋三集中＋三合作＋三统筹"为重要特征的"苏州模式"较好地解决了城乡之间的发展差距问题，较平稳地实现了农村的城镇化改造，确保了农民的发展权和社会保障权。客观地说，城乡一体化发展的"苏州模式"是迄今为止较为成熟和有效的一种发展模式，但也应看到，这种模式是在苏州特定经济发展环境、特定地理区位条件下形成的城乡一体化发展模式，必然有其局限性。"苏州模式"的实施需要有一个强有力的政府在政策引导、经济补贴方面提供支持，还需要有一个雄厚实力的村镇集体经济做支撑，需要有一定现代公民意识的广大农民做基础。

集体经济支撑。据苏州市农委和统计局资料显示，2009 年苏州农村集体总资产 787 亿元（不含资源性资产），村均收入达到 389 万元，98 个村收入超过 1000 万元，13 个村收入超过 3000 万元，全市农民人均纯收入达 12987 元，连续 7 年实现两位数增长，其中财产投资性收入增长 17.6%，占总收入比重提高到 33.2%。"三置换"、"三集中"、"三合作"、"三统筹"正是建立在如此强力的集体经济基础上，这些客观条件与"苏州模式"相辅相成、相互支撑，步入良性发展轨道。因此，"苏州模式"可以说是建立在较发达地区基础之上的城乡一体化发展模式。对于经济欠发达地区来说，不可生搬硬套城乡一体化发展的"苏州模式"。

苏州市城乡一体化进程在取得积极成果的同时，也要看到其存在的诸多问题，如资金"瓶颈"、农村产权确认及流动、农民未来生活保障，等等。以农民集中居住为例，居住区的规划选址、社区规模以及建设标准上都存在许多问题。

总的来说，苏州市的城乡一体化其实是政府强力介入才得以实现的。政府的强力主导、强力推动必然存在过激（操之过急）的行为，干预过度，强迫农民集中而又夹杂了一些利益集团功利目标的城乡一体化注定会导致社会问题。

因此，城乡一体化能不能走政府强力介入的路子，值得反思。我们认为，只能走自上而下和自下而上相结合，走政府主导、农民主体、多元参与的模式。任何带有冒进式城乡一体化、激进式城乡一体化、功利式城乡一体化倾向的推进路径都不符合城乡一体化的科学规律。

四　宁波市城乡一体化特点及经验

（1）基本思路

自宁波市颁布《中共宁波市委关于深入贯彻党的十七届三中全会精神加快推进农村改革发展的实施意见》（以下简称《实施意见》）

以来，城乡一体化推进快速发展。具体思路是：把加快发展现代农业作为基本方向，把率先形成城乡经济社会发展一体化作为根本要求，以构建现代农业产业体系为基础，以统筹城乡基础设施建设和加快城乡公共服务均等化为重点，以继续推进人口劳动力梯度转移加速城镇化进程、深化土地使用制度改革和投融资体制创新为突破，以加强党的领导和基层基础建设为保证，促进农民持续增收，推动农村经济社会又好又快发展。

（2）主要做法

加快推进新一轮农村改革发展，探索实践城乡一体化发展路径，关键是要夯实"一个基础"、突出"两个重点"、实现"三个突破"、落实"四个保证"。

夯实"一个基础"。大力发展优质高效生态农业。《实施意见》提出要建成首个省级现代农业示范市，落实好五个方面的主要举措。一是优化农业产业结构，二是加快培育生产经营主体，三是推进农产品质量安全体系和流通体系建设，四是强化农业科技支撑，五是加强农业基础设施建设。推进重点江河流域治理，抓好小型农田水利建设，提高优质高产农田比重，以粮食功能区、特色农业产业基地和农业科技示范园区为重点，提高设施农业装备水平。

突出"两个重点"。一是统筹城乡基础设施建设；二是加快城乡公共服务均等化。以加快城乡公共基础设施延伸与对接为切入点，积极实施城镇化和新农村建设双轮驱动，是缩小城乡差距，促进城乡协调发展的具体举措。按照推进城乡规划建设和配套改革、构建新型城乡关系的要求，重点做好统筹城乡规划与建设、加强农村基础设施配套建设和村庄整治、推进农村新社区建设和加快农民城镇化转移等思想工作。充分发挥规划的龙头作用，完善城乡规划体系，优化城乡空间布局，强调搞好统筹城乡规划与土地利用规划、总体规划与专项规划的配套衔接，明确农民集中居住区布点，加快农村人口集聚、居住集中、产业集群的形成；加快城乡一体的路网、电网、信息网、供水网和污水处理网的"五网"公共基础设施建设。继续深入实施"百千工程"，大力开展洁化大地、绿化村镇、美化庭园的"三化"活动，加大连线成片推进村庄整治建设力度，强化农村环境污染综合治理，重点开展农村生活污水、农业面源污染、工业污染、村庄河道治理、农村固废垃圾处理和循环利用，加快建立管护长效机制；努力把有条件的村率先建成农村新型社区，整合服务资源配置，发展提升社区各项服务业。继续推进农村住房制度改革，采取多种方式，引导农民集聚居住，降低集居点建设配套成本；着力改变城镇化滞后于工业化状况，促进更多的农民到小城镇定居创业。强化县级政府在统筹城乡、推进新农村建设中的主导作用。加快推进余姚、江北统筹城乡发展和城乡一体化综合配套改革试点，为全市提供经验和示范。在加快城乡公共服务均等化方面，以加强农村社会保障体系建设和农村社会事业为着力点，让广大农民较为充分地享受与当地城镇居民相当的基本公共服务，一定程度上是城乡一体化制度建立健全的重要标志，也是各级政府改善民生、促进社会和谐的应尽职责。按照加快城乡公共服务均等化、促进农村社会全面进步的要求，《实施意见》从三个方面进行了部署。一是完善农村社会保障体系。加快农村各类社会保障扩面覆盖，适应经济社会发展水平适时提高保障标准，探索城乡社会保障制度有效衔接；二是加快发展农村社会事业。加大城乡教育、卫生、文化等公共产品的均衡配置，逐步实现市域和县域的教育、医疗卫生、文化资源等统筹协调，创新农村公共服务供给模式，积极探索市场化供给与政府采购服务、公众评价相结合的方式，提高农村公共服务的运作效率；三是促进欠发达地区加快发展。加大财政转移支付力度，形成政府主导、社会参与的大扶贫格局，完善落实相关政策，继续引导山区等偏远地区移民，对无能力脱贫的农户全面纳入低保范围。

实现"三个突破"。一是推进人口劳动力梯度转移加速城镇化进程。具体做法是培育一批职业农民、造就一批创业农民、转移一批农民、保障更多农民。二是深化土地使用制度改革。具体做法是加快土地承包经营权流转、推进宅基地置换流转、搞活集体建设用地、改革和规范农村土地征收制度。三是创新农村投融资体制。具体做法是加大公共财政主导力度、强化金融资金支撑、引导社会资金参与、夯实村级集体经济基础。

落实"四个保证"。实现全面建设小康社会的宏伟目标，最艰巨最繁重的任务在农村，最广泛最深厚的基础也在农村。农村改革发展的实践表明，党的领导是根本政治保证，推进农村改革发展，关键在党，落实农村改革发展各项措施，重点在基层。要以党的执政能力建设和先进性建设作为主线，以改革创新精神全面推进农村党的建设，进一步增强党组织的创造力、凝聚力和战斗力。在强化党的领导方面，具体做法是落实"四个保证"：一是完善党领导"三农"工作的体制机制；二是加强农村基层组织建设；三是加强农村基层干部和党员队伍建设；四是加强农村民主法制建设。

（3）实施三大城乡一体化基础性工程

宁波市在推进城乡一体化进程中，不仅构建了比较完善的制度体系，而且实施了一批促进城乡一体化发展的开发类、项目类或实事类工程，对这些工程的实施都有相应的指标考核，重点工程的实施使宁波城乡一体化的推进落到了实处。

城乡"三个互动"工程。即人力资源城乡互动、信息城乡互动和文化城乡互动。① 人力资源城乡互动。首先，在调查研究、充分了解社会对人才需求的基础上建立城乡青年人才信息库，为城乡青年的有序流动牵线搭桥；其次，进一步发挥市失业青年教育基地的作用，对失地青年农民和城市失业青年开展针对性、实效性较强的技能培训；最后，继续开展青年志愿者"三下乡"活动、动员大学生进老区社会实践、鼓励农村青年进城创业和组织农技专家上门服务，以高素质青年人才的流动带动城乡青年的互动。② 信息城乡互动。加强对"青年农民科技致富网"的建设，并逐步实施"共青团镇镇上网工程"，推动城乡之间项目信息、技术信息、人才信息和市场信息的交流。组织科技兴农服务团与农村种养殖大户结对帮扶，为农民提供技术、市场信息。③ 文化城乡互动。一是积极推进"新世纪青少年读书计划"，充分发挥城乡两级读书俱乐部的作用，以文化的渗透促进青少年素质的提高。广泛开展"乡村青年文化节"、"青年文化广场"、"校园文化艺术节"和"社区大家乐"等群众性文化活动，丰富农村文化生活。二是通过开展"送文化下乡"等促进城乡文化的交融和互动。

城乡"供水一体化"工程。2005 年，宁波市开始实施"百万农民饮用水工程"，首先解决 5 万农民的饮用水困难问题，并使 30 万农民的饮用水条件得到改善。到 2007 年，宁波要重点解决全市 13.4 万饮用水困难群众、90.4 万用水量达不到定额标准的群众的饮水问题。为此，实施了城乡供水一体化工程。① 该工程以集中连片供水为主、小型水厂（站）为辅，水厂、管网建设与水源建设统筹兼顾等原则。凡是城市供水管网能覆盖到的地区，都要通过管网延伸来解决农民饮用水问题，实现城乡供水一体化，同网同价。在规模较大的丘陵、海岛地区，打破镇、村的行政区域界限，统一调配供水水源，合理布局供水网络，发挥规模效益。在偏远山区及小岛，按"大岛建、小岛迁"的办法，异地解决饮水问题；对部分在短期内无法迁移、居住人口又集中的村落，以解决水源问题为重点，建成一批小型的独立供水站。为实现城乡供水一体化，宁波市加快水厂建设，大幅扩大城市水厂供水能力，先后开工建设了东钱湖水厂和毛家坪水厂。随着城市供水管网的不断延伸，目前鄞州区的云龙、石碶、钟公庙、洞桥、集仕港、高桥、古林和整个鄞州新城区及鄞州投资创业园区都纳入了中心城区供水范围，为实现城乡供水同网、同质、同价的目标跨出了实质性的一大步。

农村"百千工程"。主要内容是突出农村基础设施建设和农村环境整治，着力提高农村供水、供电、垃圾处理、排污等基础设施条件，重点改变脏乱差的状况，改善农村村容村貌。2005 年年初，浙江省推出了"千镇连锁超市、万村放心店"工程，宁波市则开展了"百镇连锁超市、千村放心店"的百千工程，并把它列为为农民办实事和统筹城乡发展的一项重大举措。2006 年，宁波市政府把"百镇连锁超市"工程建设列入各县（市）区政府的考核体系。贸易、工商、财政等部门出台多项政策，引导扶持连锁企业向农村发展，开设连锁超市、连锁便利店，同时，把农村传统的夫妻店、代销店改造为让农民买得更方便、更安全、更实惠的放心店。此外，结合商务部的"万村千乡市场工程"，宁波市自 2008 年起在广大农村发展连锁经营的农家店和农资店。截至

———————

① "城乡供水一体化工程"是浙江省于 2007 年立项开始建设的一项重要城乡一体化单项工程，省财政拨出专项资金实施该项工程。

2010 年，全市 91 个乡镇已创建连锁超市 175 个，每个乡镇至少有一家连锁超市；建立农村放心店 2858 个，符合创建条件的每个行政村都有了放心店；覆盖全市乡村的农村现代流通网络基本建成。宁波市农村的现代流通网络覆盖面已经走在全省、全国的前列。

（4）主要经验

城乡一体化必须遵循科学规律。城乡一体化具有社会发展阶段性，只有当区域社会、经济发展达到一定高度后，城乡一体化的推进才能顺理成章、水到渠成。经过改革开放 30 多年的工业化、城市化，特别是近年来大规模的开发建设，宁波市的城乡经济社会发展格局发生了深刻变化。一是城市化进程加速，大批农村已经或正在完成向城市转化，大农村小城镇的格局逐步改变为大城镇小农村。二是产业结构得到优化。传统工业发展壮大，临港大工业和高新技术产业迅速崛起，初步形成合理的工业体系，工业成为国民经济的主导产业，城镇形成了大量就业岗位，为城乡一体化的就业市场提供了条件。三是就业结构发生深刻变化。大规模开发和经济建设快速发展，加快了农村劳动力自发转移和整体转移进程。总体上看，宁波市经济结构开始由工业化中期向工业化后期迈进，城乡结构开始由城乡分割向城乡融合迈进，城乡统筹发展进入以工促农、以城带乡的新阶段。

推动农村经济发展是推进城乡一体化的关键。完全依赖外力（城市辐射带动力、工业反哺力、政府扶持力）是难以顺利推进城乡一体化的，必须使农村生成持续发展的内生动力，主动赶超城市，缩小与城市的发展差距。发展农村经济的关键是农业转型。农业现代化、农业产业化、农产品商品化是实现农村经济快速增长的根本手段。宁波市的经验是：农业生产以提高效益为根本，突破传统种植结构，以特色、绿色、效益农业为方向积极调整农业产业结构，形成了花卉、水产养殖、绿色蔬菜、林特四大农业主导产业，并建成一批特色化、专业化高效农业生产基地；密切工农产业联系，大力培育和发展农业龙头企业，努力提高农产品转化增值能力；打破土地紧缺的限制，创造性实施农业"走出去"战略；面向市民消费需求，挖掘农业资源，打造精品农业、观光休闲农业，开发建设以山海为特色的旅游业，拓展了农业生产领域，在加强对城市的配套服务中丰富了农业生产内涵。

优先建设农村基础设施和人居环境整治。在经济快速发展和财力迅速增强的有利条件下，宁波投入大量资金对城乡基础设施和农村环境进行了大规模建设整治。先后投资12亿元，用于城乡道路和交通枢纽建设，使95%以上的农村通等级公路和客运班车，基本形成了城乡一体的快速交通体系。投资2.5亿元，用于农村"二次改水"工程，使95%以上的农村人口受益。开展大规模农村环境卫生整治活动，农村清除了露天粪缸，建立了化粪池和村公共厕所，95%以上的村实现了垃圾集中收集和动态保洁制度。全面启动实施"十村示范、百村整治"工程①，村容村貌显著改观，人居环境明显改善。此外，城乡水利、河道、供电、通信等工程建设和生态环境建设也得到不断加强和完善。农村基础设施建设和人居环境的优化，极大地改善了村容村貌和农民生活质量，加快了基础设施城乡一体化进程和城市文明向农村的延伸，为构建城乡特色鲜明、共享现代文明的城乡一体化建设格局奠定了坚实基础。

全面推进农村基本公共服务。伴随开发建设的步伐，宁波市重点加强对农村社会事业发展的投入，将农村各项社会事业发展纳入城乡统一规划，使农村保障、农民生活水平和生活质量有较大提高。实施被征地人员养老保险，覆盖面达93%，切实解决被征地农民的后顾之忧；建立农村社会救助体系，农村五保户集中供养率达85%；完善农村基础教育设施，统筹中小学校布局，优化教育资源配置，按统一标准改善农村办学条件，全市农村义务段入学率达到99.85%；创建农村公共卫生服务体系和医疗保障体系，全市参加新型农村大病合作医疗保险的人数达21万多人，参保率达93%以上；开展农村丰富多彩的体育文化娱乐活动，活跃了农民的业余生活，推动了农村的精神文明建设。

深化改革优化农村发展体制环境。宁波市稳步推进行政管理体制改革，先后实施了撤镇建街、撤村建居、行政村规模调整等各项行政

---

① 是对浙江省委省政府于2003年提出的"千村示范万村整治"工程的响应。以彻底改变浙江农村村庄"脏、乱、差"的人居环境，通过实施这项工程，力争用10年时间，使浙江省的农村面貌达到"美、洁、净"的要求。

管理改革，城乡布局和规模更趋合理，逐步形成了有利于城乡一体发展的管理体制。积极贯彻"多予、少取、放活"政策，率先实行了农业税停征，切实减轻了农民负担；全面落实了农村二轮土地承包政策，全市 99% 的农户签订了承包合同；改进和完善征地补偿政策，适时调整征地补偿标准，完善土地片区综合定价制度，及时支付征地补偿款，保障了被征地农民的合法利益①；积极稳妥地推进农村经济股份制改革，已有 92 个村完成了股份合作制改造，有效保护了农民的合法利益；稳步推进农村基层民主政治建设，完善"一事一议"制度，健全村务、账务公开制度，大力推行村级公务零开支制度，农民的民主权利得到保障。

五　嘉兴市城乡一体化特点及经验

浙江省嘉兴市推进城乡一体化的早期探索始于 1998 年 10 月 6 日，江泽民同志对嘉兴的农业和农村工作考察，在 1999 年和 2000 年短短两年时间内，嘉兴市分别制定了《嘉兴市农业和农村现代化建设规划》和《关于推进"五个一工程"的实施意见》两个政策。2003 年，在"五个一"工程建设取得明显成效的基础上，全面实施以农业产业化、农村工业化、农村城镇化、农民知识化和环境生态化为主要内容的农业和农村现代化"五个行动计划"，把农业和农村现代化建设从典型示范拓展到整体推进，城乡经济社会得到了较快发展。2004 年 3 月，时任浙江省省委书记的习近平同志深入嘉兴基层进行了为期四天的蹲点调研，他认为嘉兴 2003 年人均生产总值已超过 3000 美元，所辖五个县（市）在全国百强县中都居前 50 位，城乡协调发展的基础比较好，完全有条件经过 3—5 年的努力，成为全省乃至全国统筹城乡发展的典范。自此，嘉兴市开始了全面城乡一体化步伐，2004 年在全省率先出台了《嘉兴市城乡一体化发展纲要》，在城乡空间布局、基础设施建设、产业发展、劳动就业与社会保障、社会事业发展、生

---

① 这是宁波市顺利推进城乡一体化的关键之举，此举的推行，融洽了干群关系，之后的各项举措都能得到城乡居民的积极响应和配合，使政府强势主导的城乡一体化转变为"政府有限主导、民众积极响应"的局面。

态环境建设与保护等方面实施"六个一体化"，统筹城乡发展开始全面推进。至 2008 年，嘉兴市开始实施《嘉兴市打造城乡一体化先行地行动纲领（2008 — 2012 年)》及七个推进体系实施方案，省委、省政府将嘉兴列为全省统筹城乡综合配套改革试点区。在浙江省发改委的具体指导下，制定了《嘉兴市统筹城乡综合配套改革试点总体框架方案》和《关于开展统筹城乡综合配套改革试点的实施意见》，嘉兴市的城乡一体化发展迈入了向纵深推进的新阶段。

（1）嘉兴市推进城乡一体化的主要做法

嘉兴市地处浙江东部，自然条件优越，基础设施较完善，位于特大城市上海市和杭州市之间，是浙江省最有潜力推进城乡一体化的城市之一。嘉兴市依据《行动纲领》走出一条"嘉兴模式"的城乡一体化道路。嘉兴市主要从土地制度改革、户籍制度改革、社会养老保障制度改革以及就业制度改革等方面来推进城乡一体化。

统筹土地制度改革。嘉兴市委、市政府通过总结近年基层根据农民需要开展的宅基地置换和农地流转等探索实践经验，对土地使用制度改革提出了"两分两换"（即宅基地与承包地分开、搬迁与土地流转分开，以宅基地置换城镇房产、以土地承包经营权置换社会保障）改革方案，并将其作为统筹城乡综合配套改革的核心和突破口实施。①

---

① "两分两换"的做法为：农户承包地流转，每年每亩收取 600 元以上的租金，流转期限超过 10 年以上的，按照城乡居民养老保险暂行办法中的城镇居民的缴费标准和待遇参加社会养老保险；农户以宅基地（包括住宅）置换城镇房产，一是可领取作价的货币到城镇购置商品房或自建住房，二是可到搬迁安置区置换公寓房，三是可部分或全部置换标准产业用房出租。

对"两分两换"方案的担忧：通过宅基地置换，有人担心农民失去了最重要的生产要素，将来的生活会受影响。其实这种担心是没有必要的。第一，农户以宅基地（包括住宅）置换城镇房产，他拥有了流通性更强的货币，正所谓"货币不是万能的，但没有货币是万万不能的"。第二，农民还可以拥有城镇住房，不仅使农村的住宅地增值，而且城镇住房有产权证，农民可以自由地进行地票交易。第三，可部分或全部置换标准产业用房出租，这样农民就可以拥有租金收入。第四，各地政府也纷纷出台了政策来解决此类担忧，对 60 周岁以上、40—60 周岁以及 40 周岁以下的农民给予不同的待遇。

"两分两换"方案的益处：通过"分"和"换"，农民不但就业不受影响，还拥有了城镇住房。对于政府，"两分两换"方案使得农民及其生产要素聚集在一起，利于政府的管理。

统筹城乡户籍改革。从 2008 年 10 月 1 日起，嘉兴市的户籍改革制度正式启动，取消农业、非农业户口性质划分，实行城乡统一的户口登记制度和迁移制度，只要具有合法固定住所、稳定职业或生活来源的申请人，准予其户口在本地落户。户改的实质是调整城乡识别标识，使有关行政制度的执行与户口相分离，倒逼就业、社保、教育等与户口相关制度的配套改革。统筹城乡户籍改革，允许农民向城市靠拢，减少农民的剩余人口转移，避免生产要素递减规律的发生；农民就业机会增多，改善农民的生活质量，有利于农村的现代化；农民进城，解决了城市的"用工荒"，为企业提供了人力资源，提高了企业的生产效率，一举两得。

城乡社会养老保障一体化。从 2007 年 10 月 1 日起，嘉兴市继普及城乡居民合作医疗保险后，又开始实施《嘉兴市城乡居民社会养老保险暂行办法 》，并由此成为全国第一个社会保障城乡全覆盖的地级市。①

城乡社会养老保障一体化需要政府的高度重视和主导作用才能顺利进行。嘉兴市政府积极进行制度创新和技术创新，出台了《城乡劳动就业与社会保障一体化专题规划 》、《关于进一步完善城乡居民合作医疗保险工作的意见 》等一系列政策，切实地解决农民看病难的问题。城乡社会养老保障是政府的一项转移性支出工程，属公共服务，只能由政府提供。

统筹城乡就业改革。嘉兴市在统筹城乡就业改革上积极探索和实

---

① 嘉兴城乡社会养老保障一体化：（1）参保对象。凡属嘉兴市行政区域内、有嘉兴户籍和非嘉兴户籍但取得暂住证的常住人口，不符合参加城镇职工基本养老保险或现有各类社会养老保障的所有劳动年龄段内及以上的人员（不含在校学生）均被列为城乡居民社会养老保险参保对象。允许外来务工人员参保，进一步扩大了制度的覆盖面，体现了社会保障追求公平的本质要求。（2）受益程度。凡参保人员年满 60 周岁、缴费年限满 15 年的，可按月领取养老金，直至死亡。养老金给付月标准按养老保险个人缴费账户与补贴账户储存额本息之和的 1/156 计发。按此方案，假设参保人以 2005 年嘉兴市农村居民年人均纯收入为基数缴费，每年递增 5%，年利率为 35%，缴满 15 年，到期每月可领取 150 元左右的养老金。另外，对符合条件的 70 周岁以上高龄老人，按不同户籍和年龄段实行每月 50—150 元不等的养老基本生活补助。

践，主要有以下几个措施：① 制定了《关于进一步做好促进城乡平等就业工作的实施意见》；② 在开展充分就业社区的基础上，制定出台了《嘉兴市开展充分就业村工作的实施方案》；③ 市本级率先开展充分就业村试点，到 2009 年为止全市开展创建的村已达 197 个；④ 制定出台了《嘉兴市创业培训服务工作实施意见》，实施创业促就业行动；⑤ 完善了困难群众的就业援助制度，建立了城镇零就业家庭"出现一户解决一户"的动态管理机制。

（2）嘉兴市城乡一体化成效：十个领先

全省首个城乡收入比低于 2∶1 的地级市。农民收入增幅连续五年高于城镇居民。2007 年，农民人均纯收入达 10163 元，农民人均收入增幅连续 5 年超过城镇居民，城乡居民收入比例为 1.98∶1，是首个低于 2∶1 的地级市。

首个制定《城乡一体化发展规划纲要》（以下简称《纲要》）的地级市。2003 年深入研究制定、2004 年年初以市委一号文件发布《纲要》和"六个一体化"专项规划，全面实施城乡一体化。这是全省乃至全国地级市最早做出的城乡一体化总体建设规划。

市域经济差异度最小的地级市。所辖的海宁、桐乡、平湖、嘉善、海盐五个县（市）全都进入全国百强县前 50 名，进而又全都跃入前 32 名。

率先实现"全民社保"。2007 年 10 月 1 日，嘉兴正式实施《城乡居民社会养老保险暂行办法》，成为全国第一个实现社会养老保险全覆盖的地级市。城乡居民参保人员个人按 8% 缴费并建立养老保险个人缴费账户，财政按 5% 补贴并建立相应的补贴账户和统筹基金。

率先设立新居民事务局。2007 年 6 月，嘉兴平湖市率先成立了"新居民事务局"，2007 年 9 月 25 日，嘉兴市新居民事务局正式挂牌，这是全国首个归口管理新居民（外来人口）的机构。其职能一是加强新居民的服务和管理，二是推进居住证改革。

率先启动农村劳动力就业登记。嘉兴市建有完备的农村劳动力就业与失业登记制度，每个村登记所有村民的就业情况并输入专门开发的就业管理信息系统，实行动态跟踪；村村设就业指导站，随时为村民提供就业推荐。劳动部门也根据信息动态，加强失业的监测和预警。

率先实现"县县电气化"。2006年，桐乡市通过了省新农村电气化建设考评验收组的验收，成为全国第一个新农村电气化县（市）。至2011年，嘉善、平湖、桐乡、海宁、海盐五个县（市）已全部通过"新农村电气化县"的验收，在全省率先实现"县县电气化"。

率先推行城乡居民合作医疗保险制度。2003年，嘉兴率先建立新型城乡居民合作医疗保险制度，实现"全民医保"，成为全国第一个推行城乡合作医疗保险制度的地级市。目前，嘉兴城乡居民参保率达96.52%，实行了统一筹资标准、统一参保对象、统一起报线、统一封顶线、统一保障水平、统一统筹年度"六个统一"。

城乡公交一体化全省领先。全市公路密度达181公里/百平方公里，"村村通"、"组组通"和行政村通公交车率达100%。

率先引领全国公共图书馆体系建设改革。2007年以来，嘉兴市委、市政府将图书馆乡镇分馆建设作为文化大市建设的一项重要工作，列入市区民生工程之一，积极探索城乡一体化公共图书馆服务体系模式，以业界关注的"嘉兴模式"，率先引领全国公共图书馆体系建设的改革。到2010年，嘉兴市达到乡镇分馆、村（社区）图书流通站全覆盖。

（3）嘉兴市城乡一体化的主要经验和问题

嘉兴市主要是通过"两分两换"、全民社保、大力发展农家乐等三大举措推进城乡一体化，其在全国先行先试取得的经验非常宝贵。

人口和产业集聚是必须经过的城乡一体化过程。宅基地置换城镇住房和农村新社区建设的有序推进，改变了长期以来农民建房无序、公共服务配套难、宅基地占地多等问题。农民进入城镇和农村新社区居住，配套设施和居住环境大为改善，生活质量不断提高。路、水、电、有线宽带、污水处理等公共设施的配套集中，大大节约了农村公益事业建设投入成本。可以说，嘉兴市通过"两分两换"，把分散居住的农村居民集中到城镇和新社区居住，通过大规模的"拆旧建新"，实现了城乡一元在形式上的"一步到位"。

建设用地节余是地方政府推进城乡一体化各方的动力源泉。通过

"两分两换"节约了大量农村建设用地，"地利"激励成为各方推进出席研讨会的动力之源。如南湖区余新镇和七星镇，在"两分两换"工作中具有典型性。余新镇需搬迁农户4231户，有宅基地面积3977亩，其中公寓房置换2327户，户均0.3亩，需占用建设用地698亩；异地迁建置换1904户，户均0.5亩，需占用建设用地952亩，合计建设用地1650亩，可盘活存量建设用地2327亩。七星镇需搬迁农户4011户，现有宅基地面积4158亩，采取新社区公寓房安置，按户均0.3亩计算，需占用土地1203亩，可盘活存量建设用地2955亩。据测算，按照"两分两换"模式推进宅基地置换，每户可以节省0.4亩以上的农村非农建设用地。

土地规模经营推动农业现代化。在"两分两换"试点的带动下，农村土地承包经营权流转明显加快。自2008年以来，南湖区新增土地流转面积2.25万亩，规模产业基地和示范园区不断增加，土地流转中规模100亩以上的经营面积达到1.74万亩，促进了农业向规模化、集约化经营的现代农业转变，并有效带动了三次产业互动发展。

存在的问题也是值得反思的。首先是政府负担加重。由于"两分两换"工作以政府为主体推进，加上村民宅基地和房产面积较大，直接导致了安置的高成本。其次是置换户劳动力就业形势比较严峻。农民将手上的土地承包权流转后，虽然一部分人可以到承包土地的农业公司工作，一部分人可由政府通过劳动力培训转移就业解决，但40岁、50岁的劳动力就业仍比较困难。最后是土地承包经营权流转与市场经济脱节的问题值得重视。为推进土地承包经营权的流转，嘉兴市很多试点地方都在测算中提出每年每亩600元的流转价格，为了规避土地流转中的乱象，确定一个统一价格是必要的，但也容易造成地方流转价格与土地承包市场脱节现象。实现土地流转的有效管理和依据土地级差价格流转是一个矛盾，如何解决这一矛盾，仍需探索。

六　义乌市的城乡一体化特点及经验

（1）义乌市城乡一体化历程

探索起步阶段（20世纪90年代后期至2001年）。20世纪90年代中期，随着义乌个体私营经济的快速发展，农村居民的收入水平不断提高，要求改善居住条件的呼声日渐高涨，一些农村开始探索实施旧村改造。这一阶段，完全出于群众自发状态，以单个村庄的规划建设、完善基础配套为主。2001 年，义乌市政府出台了《义乌市旧村改造暂行办法》，明确了旧村改造的规划、用地、审批程序等内容，指导和规范村民进行旧村改造。

实施"小五化"阶段（2002—2003 年）。2002 年，市委、市政府制定《关于加快农业农村现代化建设的决定》，提出以"道路硬化、卫生洁化、路灯亮化、家庭美化、环境优化"为重点，根据各村不同的经济条件，分别进行旧村改造、村庄整理、环境整治和引导农民下山脱贫。城中村、园中村、镇中村和经济发达村，实施旧村改造，拆旧房、建新房；经济条件一般的村，实施村庄整理，拆危房、空房，整旧房建新房；经济欠发达村，以环境整治为主，以道路硬化为突破口，以卫生洁化为重点，整治村容村貌；贫困山区村，以下山致富为主，鼓励农户到下山脱贫安居小区建房居住，市财政每年安排 1 亿元、镇和街道配套 3000 万元资金，重点补助"小五化"村庄规划和基础设施建设，根据各村经济条件，分别按规划费用的 70%—100% 和公共建设项目实际投入的 30%—65% 给予补助，并多渠道筹集"小五化"建设资金，允许各村以招投标的方式将规划居住区中区位好的地段进行公开拍卖，收取地段差价用于公共设施建设、维护和管理。

全面实施城乡一体化行动阶段（2003—2005 年）。2003 年 7 月，义乌市针对"小五化"建设村各自为战，建设标准和档次低，基础设施共享程度不高，易造成重复投资等新问题。应该说，这是一个非常清醒的认识，农村建设由于缺少科学规划，重复建设、无序建设普遍存在。许多农民的住宅经过了从草房到瓦房到楼房再到高楼的三个轮次的改建，拆了造，造了拆，浪费巨大。不仅如此，与城市相比，农村居民在人均收入、公共服务和社会保障等方面也存在不小的差距。这些由城乡二元结构造成的问题，单靠"小五化"是解决不了的，必须统一筹划城乡发展，解决制约城乡协调发展的体制性、结构性矛盾，逐步把工作重心从偏重城市的非均衡发展向城乡并重的均衡发展转移，充分发挥城市的集聚、辐射、带动作用，加快实现城乡经济、社会、环境的和谐发展。在广泛调研的基础上，制定并实施《义乌市城乡一体化行动纲要》，提出了"四个区、三步走、二十年、一体化"的总体思路。该纲要还被《人民日报》誉为全国城乡一体化行动的第一纲要。实施城乡一体化行动之后，极大地推动了新农村建设，农村面貌发生了巨大变化。全面兴起新农村热潮阶段（2006 年至今）。2006 年 1 月，义乌市制定出台了《义乌新农村建设二十条》，提出义乌新农村建设突出抓好发展新产业、建设新社区、培育新农民、树立新风尚、建立新体制等五项主要任务，力争到 2020 年，使义乌成为繁荣、富强、文明、民主、和谐、城乡融合、基本一体的社会主义新农村，成为全国新农村建设的先进市、示范区。同时开展统筹城乡综合配套改革试点阶段，在集约节约利用土地资源的前提下，创新城中村的改造安置方式，探索旧村改造中生活用房与生产、经营用户相分离及农村宅基地向城镇换住房的改革试点工作。在苏溪镇月白塘村、稠城街道田畈村分别开展生产生活功能分区和高层住宅的改革试点。同时，在全省率先基本完成整市整治目标。

（2）义乌市城乡一体化的主要做法

以高标准来编制完善城乡一体化规划体现。投入 2000 万元，邀请美国、深圳、香港等国家和地区的国际知名设计单位，对市域进行整体规划，编制城市发展总体规划和城乡一体的卫生、学校、交通、给排水、电力、通信、环保、绿化等专项规划。根据现有村庄的布局、人口规模、交通、产业等条件，编制完成市域社区布局规划，把全市 800 个行政村整合为 290 个社区。把义乌划分为主城区、副城区、城郊区和远郊区。主城区为全市政治、经济、文化中心，重点发展现代商贸、会展、物流、文化、旅游等产业；副城区为国际性小商品制造基地；城郊区重点发展生态高效农业、农业品加工业和旅游观光业，继续鼓励发展千家万户小商品手工加工业；远郊区为自然保护区。

实施城乡垃圾一体化处理、农村饮用水安全、农村生活污水治理等工程。2005 年，按照"户集、村收、镇（街道）运、市集中处理"

的模式，在全市推行城乡垃圾一体化处理，极大地改善了农村卫生环境。每个农户发放一只垃圾桶、每村（居）配备 1—3 名卫生保洁员和若干简易清运车，在每个村或几个村的通村公路边建造一处封闭式的垃圾堆放房；组建镇街垃圾集中收集清运队伍，配置必要的垃圾清运设备，合理规划建设镇街垃圾中转站；市环卫处负责将城乡垃圾全部集中清运至填埋场或焚烧场。目前已建成并投入使用农村垃圾房716 座，垃圾中转站 34 座，购置并发放垃圾桶 16 万只。2006 年，在全市实行城乡供水一体化工程，按照"集中供水为主，分散供水为辅"的方针，一是实行块状供水，主要针对城镇周边农村，把城镇水厂管网向农村延伸；二是实行片状供水，主要针对城镇水厂无法辐射的农村，利用农村当地优质水源建设小型水厂，实行连片集中供水；三是实行点状供水、主要针对城镇水厂、小型水厂无法辐射的农村，利用就近水源，建设简易供水站。

　　加强社会保障体系建设，让农民安心奔小康。这主要是建立城乡居民大病医疗保险及医疗求助体系，最低生活保障制度等。为了构筑城乡一体化的公共卫生医疗保障体系，2003 年以来，义乌市财政总计已经投入资金 7 亿多元，用于疾病预防、妇幼保健、健康教育、用水改造等农村公共卫生事业。单单农民医疗保险一项，义乌市财政每年就要补贴 2000 多万元。2004 年，义乌市制定并实施《义乌市农村居民大病医疗保险制度》，解决农民因病致贫问题，同时提高医疗保险保障力度，对劳动模范和"三八红旗手"参加大额大病保险、被征地村民参加小额大病保险个人缴费部分实行财政全额补助等。目前，全市参保人数超过 46 万人。在 2005 年，市财政为保险支付基金 3100万元。为了完善困难群众医疗求助体系，义乌市 2005 年修订了《困难群众医疗求助办法》和《无助病人医疗救治管理办法》，使义乌本地人以及在义乌工作的外地人等在发生意外伤害时，能够得到政府及时的医疗救助。为此，市财政投入资金 160 万元。

　　加强教育、文化和卫生事业，全面提高公民素质。义乌是一个教育强市，农村义务教育的投入逐年递增。2001—2005 年，义乌市财政一般预算资金拨款从每年 1.8 亿元递增至 4.2 亿元，同时每年还安排预算外资金 2 亿元用于教育事业。义乌的教育设施如校舍、教学器具在省内和国内都达到先进水平。为了普及义务教育，2003 年秋季起，义乌进一步扩大了免交义务教育收费范围，农村学校按在校人数 20% 减免学杂费。2005 年，义乌教育适龄人口入学率达 100%，辍学率为 0，同时还解决了 22640 名外来务工者子女就学问题。义乌的农村公共卫生事业也得到了良好的发展。对农村卫生室的标准化改造 2004 年投入 146 万元专项资金，改造了全市 348 个卫生室，为农民创造了很好的医疗服务条件。同时，义乌市又开展了市、镇、村三级卫生网络的建设，并投入 200 多万元用于全科医生的培训，建立标准化社区卫生服务站（现已建成 40 多个）。这使农民看病不再难，也能看得起病。同时，义乌在着力构建公共卫生体系，加强对疾病的防控，让人们少生病，其理念已开始从"病人为中心"转变为"健康为中心"，卫监、疾控系统等为公众的健康更充分地发挥着作用。义乌农村的文化体育事业发展也很快。全市新开辟了 70 多万平方米的室内外文体活动场地，建成 803 个标准篮球场和 3000 多个室内活动场所，新增图书阅览室 500 余个，新建宣传栏、阅报栏 1900 余块，公众化的农村文化设施网络在逐步形成。

多方筹措城乡一体化建设资金。按照"政府补助、市场运作、信贷扶持、农户自筹"思路，发挥各方力量，创新筹资机制，广开筹资渠道，确保村庄整治建设资金。一是加大政府投入。市政府每年安排 1 亿元资金，各镇、街道每年配套 1 亿元资金，按季拨付，专项用于村庄整治建设。到目前为止，市财政已下发新农村建设补助资金 3.04 亿元。二是推行农户联保贷款。经统一协调，金融机构对部分建房困难的农户联保贷款方式，建房农民三户以上自由组合、联合担保，可向各金融机构申请贷款，解决建房资金问题。三是实行村企结对制度，组织企业与农村结对，发挥企业在发展农村经济帮助农民就业、提供新农村建设资金支持等方面的作用。目前，全市已经有 755 个企业分别与 745 个村结对，并负责完成小区基础设施配套建设；使拆除旧房、迁入新居的下山农户，享有与当地居民同等的待遇，市、镇（街）两级还分别给予人均 1 万元、1.5 万元的补助，对已经搬到

"异地奔小康"安居小区农户的原有住宅实施退宅还耕,对房屋残值进行补偿后将其拆除。到目前为止,市区五个镇(街)全部完成"异地奔小康"安居小区一期工程建设,3000多名山区群众搬入小区居住,131亩建设用地已实行退宅还耕。

完善领导考核体系。一是建立市领导和部门挂联机制。在建立城乡一体化工作领导小组和办公室的基础上,建立市领导、机关部门挂联镇街、村的帮扶工作机制,确定每位市领导、每个机关单位联系1—2个村,为全市的城乡一体化建设做好示范。二是建立政策指导体系。先后出台城乡一体化行动实施意见、加大对"三农"扶持的十条政策意见等系列政策,明确城乡一体化工作的工作思路、任务和措施等。三是建立考核促进体系。制定实施《城乡一体化行动考核办法》,并把城乡一体化工作列入全市各镇街、机关单位的年终考核,根据考核成绩实行重奖严罚。

(3)义乌市推进城乡一体化的主要成效

义乌市的城乡一体化在全国范围来看比较成功,这也是众多学者到义乌深入调查的原因。正因为其在较短时间之内,使城乡之间的发展达到了一个较高的水平,形成了被理论界称为"义乌模式"的发展历程。义乌坚持工商反哺农业和城市支持农村的方针,积极发挥工商业对农业的反哺作用和城市对农村的带动作用,在全国率先实施城乡一体化行动纲要,在全省率先编制完成城乡一体化社区布局规划;利用民间资金丰裕、民营经济发达的优势,大力引导民间资金、民营企业参与新农村建设,推动农村向社区、农民向市民、农业向企业转变,努力促进城乡融合。

"三农"发展环境不断优化。义乌市先后出台了免征农业税、实施农村饮用水工程、康庄工程、农业保险工程等十项扶农政策和措施,进一步加大财政对"三农"的投入,推动"工业反哺农业、城市支持农村"、"工业反哺农业、城市支持农村"的核心是公共财政向"三农"的转移。近年来,义乌商贸业、工业得到了长足发展,积累了雄厚的财政资金,为反哺"三农"奠定了坚实的基础。以商强农,大力实施农业企业化,高效生态农业已成为农民增收的新亮点。

　　城乡之间收入差距不断缩小。2007 年，我国城乡居民收入比扩大到 3.33：1，城乡居民收入差距还在不断扩大。同年义乌市城乡居民收入之比为 2.48：1，城乡居民收入差距指标好于全国平均水平指标。义乌市城乡居民收入差距缩小的根本原因，在于实行了以提高农民收入为目标的城乡统筹发展。

　　城市化实现大发展。每年投入城市基础设施建设资金近百亿元，城市功能日益完善，形成了 100 平方公里的城市框架。据卫星遥感数据测算，目前义乌中心城区建成区面积为 68 平方公里。近年来，义乌先后被命名为"浙江省文明城市"、"国家卫生城市"、"国家环保模范城市"、"中国优秀旅游城市"和"国家园林城市"，通过了国家生态市的考核。

　　新农村建设成效显著。2002 年以来，义乌市财政每年安排专项资金，用于城乡一体化建设，城乡一体化工程受益面达 90% 以上。有 599 个村先后开展旧村改造、环境整治和"异地奔小康"安居小区建设，全面实行城乡垃圾集中处理、城乡污水集中处理，实施城乡公交一体化，行政村通达率达到 97.7%。实现了公共基础设施不断向农村延伸，现代城市文明快速向农村辐射，城乡居民享有的公共服务明显增强。积极开展"市场带百村"活动，大力发展"农家乐"旅游，多渠道促进农民增收，农业从业人员比重下降到了 30.6%。

　　农村生产生活环境明显改善。全市 800 个行政村规划为 290 个社区，已完成近百个社区的详规编制，420 多个村完成村庄测绘；目前，全市共启动 81 个村的旧村改造和 303 个村的环境整治建设，拆除旧房建筑面积 461.8 万平方米，新建房屋面积 306 万平方米。义乌本地农民从事商贸服务业有近 20 万人，是农民创造了义乌市场，同时经过市场的洗礼和熏陶，他们不仅提高了经商本领，也大幅度地增加了收入，农民也成为义乌市场的最直接受益者。可以说，商贸业的持续繁荣，成为义乌农民非农收入快速增长的最有力途径。

　　不过，义乌在城乡一体化的进程当中，依然有些许制约其发展的因素，首先是用地指标严重紧缺制约开发建设。近年来，义乌专业市场快速扩张提升，城市化和城乡一体化快速推进，重点工程多、建设用地量大，三年来中心城区建成区面积新增了 30 平方公里。但受限于县级市的城市规划和用地规模，市场建设、城市化、新农村建设和工业发展用地指标根本无法满足，建设用地短缺极大地制约了义乌经济社会的快速发展。再者是户籍管理等旧体制遗留下来的限制人口流动的制度改革滞后。虽然在小城镇发展过程中，在一定程度上对这些制度进行了改革与创新，但并未从根本上动摇这些制度的基础。

（4）义乌城乡一体化的主要经验

建立城市带动农村，工业反哺农业的城乡统筹机制。城乡统筹发展的关键是农村发展。在城乡融合日益突出的今天，农村发展越来越与城市密不可分，甚至在某种程度上还要取决于城市发展的支持。建立城市带动农村、工业反哺农业机制，如通过小商品市场来支持、带动分散在乡村的中小企业发展；实行城乡工作对接，将城市工作延伸到农村，实现城乡工作统筹；实行"多予、少取"政策，减轻农民负担；建立城乡统筹的公共财政体制，为统筹城乡提供必要的物质保障，是义乌城乡统筹发展取得明显成效的一个重要因素。

因村制宜，分类推进。由于各地农村集体经济、农民收入水平、思想观念等千差万别，义乌在实施城乡一体化建设过程中，根据农村不同基础条件，以旧村改造、村庄整治、异地奔小康三种形式，因村制宜，分类推进。对主城区、副城区和城郊区经济发达村，按照"成熟一批、改造一批"要求，采取高层公寓、水平房、垂直房等多种形式进行改造。对于城郊区经济发展一般的村和主城区、副城区中暂时无法实施旧村改造的村庄，实行村庄整治，促使环境上档次。对远郊区规划范围内的 46 个行政村和 8 个自然村实施异地奔小康工程，规划建设以水平房为主的异地奔小康安居小区。

以科学发展观为指导思想，抓住了城乡统筹问题的实质。发展是第一要务，是一切工作的重中之重。发展的核心是经济发展，只有经济发展了，城乡统筹才有保障。义乌紧紧围绕小商品市场建设和发展民营中小企业来进行城乡统筹，不但领会了城乡统筹的实质，也把握了城乡统筹的关键，而且为解决城乡统筹奠定了经济基础。在经济发展中，义乌又较好地解决了小商品市场建设（城市）与民营中小企业

（农村）发展的关系，真正做到了"兴商建市"、"贸工联动"的城乡统筹发展。

深化对市场经济的认识，转变政府职能。义乌在城乡统筹上取得的成效，在很大程度上得益于政府对市场经济认识的深化，以及政府职能的转变。具体说就是：第一，坚持"兴商建市"战略不动摇，持之以恒进行建设。义乌政府换了一届又一届，但从义乌客观发展实际出发选择的"兴商建市"战略始终没有改变。坚持"兴商建市"，实际上就是坚持了城乡统筹发展。这是城乡统筹能够坚持的根本原因。第二，履行政府职责坚决到位。政府在城乡统筹上较好地履行了自己的职责。城乡统筹的很多建设项目属于公共产品范畴，是政府职能管理范畴。对属于政府职能管辖范围的城乡统筹问题，政府坚决承担建设责任。在职能履行上，政府到位而不缺位。第三，适应市场经济发展的要求，建设服务型政府。

政府执政能力的提高，为城乡统筹提供组织保障。中共义乌市委在义乌经济与社会发展过程中，不断加强执政能力建设，并自觉从解放和发展劳动生产力出发，制定重要的发展战略、文件和政策，指导义乌的发展。这些重大发展战略、文件和政策的出台，对推动义乌经济和社会发展起到了重要作用。正是这些政策和决策，为后来的小商品市场发展，为义乌的发展奠定了基础。

从制度建设入手，解决城乡统筹体制和组织保障问题。义乌能够在经济与社会发展过程中比较好地解决城乡统筹发展问题的经验主要有：第一，解决造成城乡分割的体制和政策问题。通过制定《义乌市城乡一体化行动纲要》，明确了义乌今后经济与社会发展，都要以"纲要"为准绳进行建设。这样一来，也就消除了造成城乡分割的体制和政策障碍。第二，建立健全了城乡统筹的组织保障体系。为贯彻和执行"纲要"，全市建立了市、乡（镇）和街道两级的一体化行动领导组织机构，负责落实城乡一体化行动工作机制，并把其纳入工作考核。这一组织体系的建设，促使政府自觉执行城乡统筹发展。

第五章

未来中长期广东城乡一体化的
目标、路径、手段与内容

第一节　指导思想

以邓小平理论和"三个代表"重要思想为指导，全面贯彻党的十六大和十六届三中、四中全会精神，认真落实以人为本、全面协调可持续的科学发展观，以完善城乡规划为先导，以深化城乡配套改革为动力，以发展农村经济、提高农民收入和建设社会主义新农村为突破口，缩小城乡发展差距，消除城乡发展二元体制，进一步优化城乡生产力和人口空间布局，推动城乡资源要素合理流动，形成以城带乡、以乡促城的发展新格局。认真落实《广东省国民经济和社会发展第十二个五年规划纲要》和《广东省基本公共服务均等化纲要（2009—2020 年）》，力争到 2020 年，在全省实现以基础设施建设和基本公共服务为核心内容的城乡一体化格局，基本形成城乡统筹发展的体制，为进一步消除城乡二元结构，实现全面城乡一体化和城乡融合打下坚实的基础。

第二节　基本思路

广东省城乡一体化的终极目标是实现城乡公平发展与城乡区域可持续发展，形成城乡平等、城乡互动、城乡一体的和谐城乡关系。城乡经济一体化的终极目标是城乡居民收入均等化，城乡社会一体化的终极目标是民生水平和生活质量的城乡均衡化。

通过以县域为基本单元的区域城乡规划一体化，实现城乡基础设施、经济建设、民生工程、社会管理和城乡综合改革等在城乡空间安排上实现城乡一体化，促进城乡交流、推动城乡互动。

通过优化城乡教育资源、医疗卫生资源、文化体育资源及其相应体制机制改革，促进广东省城乡基本公共服务均等化，实现民生领域的城乡一体化。

通过推进以农村城镇化（中心村镇培育与建设）和产业结构优化、农业现代化等三项工程为主要内容的新农村建设，有效解决"三农"问题，尤其是大幅度增加农民收入，缩小城乡差别，实现城乡经济发展一体化。

通过推进交通、物流、市场体系、信息、能源等内容为主的城乡流动空间优化与建设，促进城乡关系由相对独立向高度开放、城乡互通互动相互促进的关系转变。

通过省域内的府际关系优化、行政区划调整、政府职能转变和制度创新，实现城乡社会管理、城乡就业、土地利用、城乡资源配置、工农产品价格形成机制等城乡紧密关联领域的管理和制度一体化。

第三节　总体目标

一　城乡空间一体化目标

到 2020 年，广东省域内基本形成大都市连绵带—区域性中心城市—县城（县级市）—中心镇（镇级市）—一般镇—中心村——般行政村—自然村的八级城—镇—村区域空间结构体系。

上述空间一体化目标实现的顺序是双向的，即自上而下与自下而上相结合，同步推进。自下而上推进城乡一体化，自上而下推进区域一体化。广东省在实施泛珠三角区域一体化、珠三角区域一体化等区域一体化以及全面深化粤港澳紧密合作关系的同时，应当同步地实施以县域为主体的城乡一体化。城乡一体化以县域经济体为组织单元，以镇村一体化为基础。城乡一体化的推进由小尺度向大尺度扩展，由镇域向县域推进。以县域为基本单元的市域空间结构，既表现出城乡一体化的特征又承担区域一体化的职能，多个市域直至多个省域的一体化是区域一体化的主要尺度。

在上述八级空间节点中，对于城乡一体化至关重要的是县城和中心镇两级节点，因此广东省要特别重视小城市和中心镇的培育与建设，高标准、高起点地规划建设小城市和中心城镇，逐步形成一批规划有序、环境优美、各具特色的现代化新城镇。在有序推进城市郊区化发展的同时，要着眼于城乡一体化发展，加速推进农村城市化进程，尤其是要改变过去那种低层次分散式集镇化的传统做法，坚定不移地向高层次的集中城市化推进。与此同时，要以提高城乡空间经济组织化程度为核心，强化城乡空间联系，加快郊区交通网络建设，尽快形成多方式、多层次、多功能的城乡一体的现代综合交通体系。

二　城乡经济一体化目标

（1）城乡收入差距：至 2020 年，城乡居民收入差距控制在 2.5：1[①]，到 2015 年，完全消除农村绝对贫困人口（农村居民人均年收入低于 2500 元的家庭）。

（2）城乡产业关联：至 2020 年，通过持续实施"双转移"工程，基本构建起城乡一体的产业链，城乡经济一体化主要表现为三大产业在城乡之间进行广泛联合，城乡经济相互渗透、相辅相成、共同繁荣的城乡经济局面。实现城乡产业互动，实现城市化、工业化、农业现代化和农村城镇化同步推进[②]。

（3）区域经济重点：至 2020 年，区域经济发展重点向三农倾斜，

---

① 到 2020 年，包括深圳市在内的广东省的城乡收入差距应当控制在目前（2011 年）长三角的平均水平。关于广东省的城乡收入差距实际上是被深圳市放大了，是不真实的，因为深圳市在统计时没有农村，而城市居民人均可支配收入又高达 29245 元。如果不包括深圳，广东省 2009 年的城乡居民收入比只有 2.51：1，低于江苏省略高于浙江省。

② 陈修颖：《市场共同体推动下的城镇化研究》，《地理研究》2008 年第 1 期。

区域统筹单元以县域为基础。力争在今后 5—10 年中，农村经济 GDP 增长保持在 12%—14% 的水平，从而保证农村经济实力上一个大的台阶，奠定城乡一体化发展的基础。

（4）农村产业升级：5—15 年内，在加快农村城镇化与非农化进程中，高度重视与之相适应的产业结构高度化演进的客观要求，重视农村三大产业之间、每一产业内部及产业布局空间等三个方面结构的变化演进。

三　城乡社会一体化目标

基本形成城乡人民生活质量普遍提高，特别是城乡人民享受同等社会福利与保障的城乡一体化的社会发展格局。基本形成城乡一体化的户籍、就业、教育、医疗、社会保障等制度，形成城乡协调互动的机制体制。

城乡一体化终极目标是最大限度地缩小城乡差别，在物质享受上和民生水平上实现城乡空间公平和均等。农村在居住、就业、教育、社会保障、医疗和文化生活等方面与城市享受同等条件。全面完善农村社会保障体系，实现城乡社会保障事业基本同步协调发展。特别是要加大农村人力资源开发力度，把教育工作放到农村工作的重要位置，全面提高农村劳动者的素质，实现传统农民向现代劳动者的转变。加快推进农村劳动力非农化转移，实现由过去的数量扩张型向质量提升型转变，使广大农民加快完成向新型农民和新型市民的角色转换。在城市化水平高及农村城镇化快速发展的地区要按照城市型社区的发展目标来规划、建设城市化转型中的以中心村为基本单元构建的乡村社区，使农村社区建设进一步适应农村加速城市化进程的客观需要。

四　城乡人口与就业一体化目标

经济发达地区的城市区域化过程与欠发达地区的区域城市化过程同步推进，基本形成城市人口郊区化（扩散化）与农村人口城市化相互融合的城乡一体化的人口空间优化配置格局。

区域城乡关系演进具有阶段性特征。在空间极化阶段表现的是区域城市化过程,即大量中小城镇兴起,中心村壮大为小城镇,小城镇升级为中小城市,在这个过程中,人口与就业的主要流向是由乡村向城镇自下而上。当区域空间极化到较高水平后,开始表现为城市区域化过程,即大都市人口开始向中小城市和城镇甚至农村扩散,大都市开始连绵化,最后整个区域演化成为大都市连绵区。区域城市化过程和城市区域化过程都将促进城乡一体化,前者是通过农村地域的发展自下而上推进城乡一体化,后者是通过城市带动农村地域发展自上而下推进城乡一体化。

城市人口郊区化扩散或减少,是大城市地区现代城市化的必然趋势,尽管这种趋势随着时间、社会生产力推移和城市化发展而不断变化。随着 20 世纪 90 年代经济社会的高速发展,珠三角地区已经呈现出明显的特大城市的人口地域分布变动及现代城市化的发展特征,中心城人口郊区扩散步伐明显加快。因而,珠三角区域应高度重视中心城人口和产业(主要是实体经济)有序向郊区扩散的问题,因势利导,优化人口空间分布。与此同时,粤东西北应不失时机地推进农村人口城市化,继续推进人口向城镇集中、耕地向规模经营集中、工业向园区集中的“三集中”战略,加速城乡一体化步伐。广东省在推进产业和人口区域间“双转移”时应当同时推进产业和人口城乡间的“双转移”,二者同步实施。

五　城乡生态一体化目标

基本形成城乡生态环境高度融合互补、经济社会与生态协调发展的城乡一体化的生态发展格局。落实三个重点:重点保育原生态的乡村人居生态系统和农田生态系统、湿地生态系统、森林生态系统、滨海生态系统和岛屿生态系统;重点治理农业面源污染和落后加工业的点状污染;重点预防城市“三高”产业和企业向乡村转移。

广东作为一个经济发达、城市化快速推进的沿海省份,应该把城乡经济、社会与生态作为一个整体的复合系统来考虑,把城乡生态一体化作为区域可持续发展的关键体现在城乡一体化过程中。防止城市

"三高"产业和企业向乡村转移，防止农村工业化、农业产业化过程中的环境污染，防止村庄建设的城市化倾向，防止传统村落和谐人居环境及环境景观的破坏，重点保育村落人居生态系统、农田生态系统、湿地生态系统、森林生态系统、滨海生态系统和岛屿生态系统。要彻底打破城乡环境双重标准的旧格局，全面实行城乡统一的环保标准，彻底改变疏于和忽视农村环境管理和保护的倾向；要按照建设一流生态城镇的要求培育和建设小城市、中心镇和中心村（农村社区）。

六　城乡基础设施一体化目标

至 2020 年，以县（市）为基本地域单元，建立起城乡互通、城乡联网的交通、通信、环卫、供电、供水、防灾应急七大基础设施体系。其中，2015 年完成城乡供水一体化、城乡公交一体化、城乡环卫一体化等三大基础设施城乡网络化任务，2015—2020 年，除继续完善深化上述三大系统外，完成城乡道路和城乡"三网"①的网络化、城乡防灾应急、城乡供电供气一体化等三大任务。广东应力争实现全国第一个省域范围内城乡三网融合的省份。

七　城乡基本公共服务均等化目标

至 2012 年年底，建立起覆盖全省城乡的社保体系；至 2015 年，珠三角城乡全覆盖基本社会事业体系；至 2020 年，全省城乡全覆盖基本公共服务项目，城乡间基本公共服务软硬件差距基本消失，城乡人均受教育年限 11 年以上。

大力推进基本公共服务均等化。实施《广东省基本公共服务均等化规划纲要（2009—2020 年）》。探索建立多元化的基本公共服务供给制度，以点带面推进各项民生事业建设，逐步缩小区域之间、城乡之间、不同社会阶层之间的基本公共服务差距。加快建立与基本公共服务均等化相适应的公共财政体系。完善基本公共服务均等化绩效考评机制。

---

① 指万维网、广电网、通信网等三大网络。未来趋势是实现三网融合，因此广东城乡一体化进程中应适当超前谋划，力争在全国范围内实现第一个省域范围内实现城乡三网融合的省份。

第四节　广东城乡一体化目标下的区域社会
经济要素的实现目标

表 5 - 1　　　基于不同发展目标下的广东省区域社会经济要素发展目标

目标	增长型社会 （GDP 增长）	增长—发展型社会 （人地和谐）	发展型社会 （人地和谐、社会和谐）
主导产业	多而杂，变化快，价值链短	"两型"产业（资源节约型、环境友好型）	产业集群、区际合作、价值链经营
经济增长动力	投资拉动、外贸拉动	投资拉动、外贸拉动	投资、外贸、消费
对外经济战略	出口导向	环境与生态导向	国际、国内两个市场
所有制结构	国有为主、民营有限参与	市场化加速	多元，市场化
企业规模结构	大中型为主	兼并重组，空间集聚	大型企业引领下的中小企业集群、地方性小企业产业集群
环境与生态	掠取环境和生态红利	保护性开发	保护为主、有限开发
基础设施	工业、城市基础设施建设为主	服务型、民生型基础设施优先建设	流动空间类基础设施优先建设。网络化、一体化
城镇化	大中城市发展优先，城市体系与村镇体系两系统。区域城市化加速	生态、耕地保护，生态型城市。因地制宜的区域城市化和城市区域化	大中小城市同步发展，农村城镇化加速，生态低碳城市。城市体系、村镇体系有机衔接，城市区域化趋势
就业特点	城市就业	生态型、服务型产业就业增加	歧视性政策减少，自由就业
人口流动	人口流动以季节性为主，由乡到城、由欠发达到发达区域的城乡间、区域间单向流动	人口流动以永久性迁移为主，山区人口迁移、发达地区人口集聚，季节性"盲流"减少	双向就业，有序流动，自由流动
民生	满足物质需求为核心任务。人际、区际发展差距扩大。满足物欲	追求优质人居环境，服务型公共产品大量供给，强调人际公平。追求舒适	追求空间正义与空间公平，减少社会矛盾和人地矛盾，构建和谐社会，重视精神性公共产品的供给。追求幸福

续表

目标	增长型社会 （GDP 增长）	增长—发展型社会 （人地和谐）	发展型社会 （人地和谐、社会和谐）
政府的作用	强势主导	强势主导	强势主导
区域关系	差异大、行政壁垒多	生态补偿、产业区际间转移（污染转移）	城乡和谐、区际和谐。区域一体化、城乡一体化
城乡关系	二元发展。差异大、政策壁垒多	有限领域的城乡平等	城乡平等。新农村建设、重视三农问题。以工补农、以城促乡。城乡一体化

第五节　广东省城乡一体化的路径与手段

一　推进路径

城乡经济社会一体化发展应是城乡间相互联系、相互依存的良性互动的发展关系，是以乡促城、以城带乡的互动发展格局。作为区域经济发展组织者和区域发展核心的城市应该依据其自身的经济发展优势，更好地发挥城市的极化效应和扩散效应，带动农村腹地的经济发展和居民生活水平的提高，缩小城乡差距。农村也要立足于其自然资源的优势地位，为城市的发展提供更多人力资本含量高的劳动力和质优价廉的农业产品，协助城市取得经济上的快速发展。只有在省域范围内建立起完善有效的城乡互动发展格局，才能实现广东省城乡经济社会的一体化。

二　推进手段

（1）一图四化大流动

一图指：城乡统筹规划，多规合一"一张图"。

四化指：基础设施城乡网络化、公共服务城乡均等化、城镇体系化和农村有序城镇化（乡村城乡有机结构、通过体系化使区域内的大中小城市、农村中小城镇、中心村等城乡聚落构成一个互动的有机整

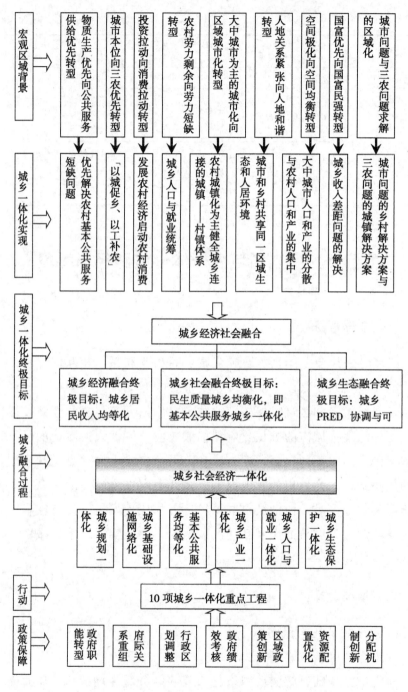

图 5 - 1　广东省城乡一体化实现路径示意图

体，同时实现农村工业集中、农村人口集中，实现城乡就业一体化，城乡产业一体化）、农业农村现代化（农村宅基地集中、农村经营性土地集中）。

大流动指：城乡人口有序流动、土地有序流转、城乡商品自由流通。在城—城、乡—乡、城—乡之间实现有效率的流动、实现双向的流动。

推进城乡一体化的理念需要转型。由被动、强制的城乡一体化向主动、自觉的城乡一体化转型，坚持自上而下的城乡一体化和自下而上的城乡一体化相结合，强势政府主导和无序自由演进都是不可取的，必须坚持"政府引导、全民参与、市场推进"的原则。从发生学角度看，城乡一体化需要完成一个转型过程，这是一个漫长的过程，需要顺势而为、需要引导，不能急功近利、一蹴而就。想在三五年内取得显著效果是不现实的，只能按照先易后难、先设施后服务、后社会治理进行，最后达到经济、文化、生活和生态的城乡高度融合状态。

（2）稳妥推进

为了减少失误，获得城乡一体化推进的经验，广东省在推进城乡一体化过程中需要采取两个策略。一是必须进行先行试点。建议最好采取单项内容的试点，如城乡一体化的基础设施建设试点、医疗一体化试点、基础教育一体化试点、社会保障一体化试点、人口与就业城乡一体化试点等。通过试点，将各项专项试点经验集成，向全省铺开。二是量力而行。对于经济发达的珠三角区域，应当追求城乡一体化的广度和深度同步展开，为粤东西北提供成功经验和阶段性标准，而对于粤东、粤西和粤北山区等经济欠发达地区，在推进城乡一体化时采取"先有后优"的原则，首先将一些最关键的基础设施和民生工程作为城乡一体化推进重点，然后再考虑较高生活水平下才有强烈需求的项目，做到量力而行、因地制宜。

（3）重点推进

城乡一体化涉及面广、内容丰富，是一项复杂而长期的系统工程，推进中必须重点突出、统筹兼顾，先易后难。调研显示，任何领域的城乡一体化内容都是有轻重缓急之分的。[①] 在城乡规划一体化、城乡基础设施一体化、城乡基本公共服务均等化、城乡经济一体化、城乡人口与就业一体化、城乡综合改革一体化以及城乡生态一体化等方面，分别按照"先易后难、先民生后体制、先物质后精神"的顺序，选择一些事关全局、具有普遍意义的重点项目优先展开，在任何时候和任何地方都选择重点内容和项目优先推进。

（4）时序推进

统一思想，提高认识，认清城乡一体化工作的阶段性、系统性特点，既不能消极等待城乡一体化自我演化、自我实现，更不能好大喜功、大干快进，应该结合城乡经济特点和水平，科学、合理划分城乡一体化的阶段性、层次性目标。

以时间为轴线，制定短期目标、中期目标和远期目标，逐步、分阶段实现城乡一体化的总体目标。短期目标应着力于制度体制创新，消除城乡对立的体制壁垒，促进城乡产业、劳动力、技术、收入分配等方面的融合；中期目标应在短期目标的基础上，进一步发挥城市的辐射作用和带动作用，逐渐消除城乡经济和社会水平的差距；远期目标应在中期目标实现的基础上，真正实现城乡经济、社会、文化和生态的完全融合，并形成一体化的网络型系统。

（5）分类推进

在充分认识广东省区域发展差距的基础上，以区域分异为基础，对不同的区域采取因地制宜的不同策略，实行分类推进。根据我们的研究[②]，依据广东省的区域差异，可以明显地划分出六大地域单元：珠江三角洲区（广州、佛山、江门、深圳、珠海、中山、东莞市全

---

① 据中国（海南）改革发展研究院"农村基本公共服务现状与问题"入户调查显示：当前农民最关心、最需要解决的基本公共服务问题依次是：看病难、看病贵问题；就学难、就学贵问题；养老问题；最低生活保障问题。认同度分别达到 70.8%、70%、46.7%、42.6% 和 21.7%。可见，基本公共服务内容是有轻重缓急之分的。调查显示，其他的城乡一体化内容同样如此。

② 参见本项目研究成果之《广东省区域差异与城乡差异调研报告》第一章"近 10 年来广东省区域经济差异时空演变分析"。

部；惠州市的市区、惠东、博罗县；肇庆市的市区包括端州和鼎湖、四会、高要市）；粤东沿海区（汕头、潮州、揭阳、汕尾市全部）；粤西沿海区（湛江市全部、茂名市的市区、化州市、电白县；阳江市的市区、阳东、阳西县）；粤东北山区（梅州、河源市全部；惠州市的龙门县、韶关市的新丰县）；粤北山区（清远市全部、韶关市除新丰县）；粤西北山区（肇庆市的怀集、广宁、封开、德庆县；云浮市全部；茂名市的高州、信宜市；阳江市的阳春市）。

六大地带区位商表明，经济最发达的珠江三角洲领先的经济地位不断巩固，并远远高于其他五个区域；区位商和地带间的 Theil 指数，同时表明地带间差异经历了先上升后下降的过程。在进入 21 世纪的第一个十年期间，广东省的六大经济地带差异的基本态势是，在进入 21 世纪开始的 6 年时间里，经济最发达的珠江三角洲和其他五个经济区的差异急剧扩大，珠江三角洲的经济越来越发达；在后 4 年里，其他五个经济区的经济发展逐渐赶上珠江三角洲，特别是粤北山区，两者之间的差距有缩小趋势。从 Theil 系数的分解结果可以看出，各地带内部差异远远低于地带之间差异，说明地带间差异是造成广东省区域差异的主要因素。珠江三角洲内部的经济差异最大，其次是粤东、粤西沿海，粤东北、粤北和粤西北最小。

如果将区域差异的区分度放大，广东省的区域分异就成了珠江三角洲、粤东粤西和粤北山区三类。我们建议在采取城乡一体化的分类措施时，按照这三类区域分类指导，简洁明了、易于操作，同时也有自然环境的同质性基础和历史文化传统，易于推进。

（6）协同推进

自党的十六大以来，尤其是党的十六届三中全会以来，为构建和谐社会，各级政府纷纷出台各种政策和措施，在各自的职能范围内出台了众多的举措，也投入了大量资金，设计了大量的项目，目的是一致的，就是加快城乡一体化建设。为了使这些多头投入的资金形成合力，也为了避免盲目投资和盲目建设、重复建设，有必要协调各级政府、各级职能部门协同作战，做到"以同一个声音说话、用同一个步调走路"，充分体现出协同效应。例如，应当将珠三角的城乡一体化建设纳入珠三角区域一体化进程中，将广东省的基本公共服务建设纳入城乡一体化建设中，将广东省的新农村建设纳入城乡一体化建设中，将产业与人口双转移工作纳入城乡一体化工作中，将广东省的农田水利等农村生产性基础设施建设纳入城乡一体化的基础设施建设中，等等。

（7）双向推进

从本质上讲，城乡一体化是一种城市与乡村双向演进的互动发展过程。无论是从空间形态上讲，还是从经济社会发展方面讲，都是强调对城乡之间存在的二元结构的现代化改造。只有注重双向演进、城乡互动，以城带乡、以乡促城、城乡结合、优势互补，才能真正实现一体化发展。因而，城乡一体化决不单单是解决乡村的问题，也不单单是城市推动乡村发展的问题，而是两者互动的发展过程。要站在农村之外解决"三农"问题，站在城市之外解决城市问题。广东作为一个城市化高度发达的经济发达省份，一方面要继续大力推进农村城镇化、大力发展现代农业，实现农村城镇化、工业化和农业产业化，实现城乡差距缩小进而推进城乡一体化；同时也要充分发挥现代化的大中城市的辐射带动作用，依托特大型、大中型中心城市，推进农村区域的城镇化、工业化和农业现代化，实现城乡双向复合演进，从而真正使城市与乡村两者相得益彰，互补协调发展。

第六节　广东省城乡一体化核心内容

主要有六大内容。

一　城乡规划一体化

首先，开展城乡规划一体化规划，以此规划统领区域内全部次区域和各专业领域的城乡一体化规划。城乡规划一体化规划应当以经济区为基本单元展开。在广东省域内，依据区域差异可以分别进行珠江三角洲、粤东（梅揭二汕）、粤西（湛茂阳云）和粤北（韶梅河清）

四个社会经济差异类型区的城乡规划一体化规划。珠江三角洲的城乡规划一体化规划已经完成，为两翼及北部山区的一体化规划做出了示范。

其次，各级区域应当编制城乡一体化总体规划和重要的专项规划。在城乡规划一体化规划的指导下，重点编制区域城乡一体化总规、城乡一体化基础设施规划、基本公共服务城乡一体化规划、人口与就业城乡一体化规划、产业布局城乡一体化规划、土地利用城乡一体化规划、生态保护城乡一体化规划七种规划。

二　城乡基础设施网络化

2011 年，中央财政投入三农的资金高达 9884.5 亿元，比 2010 年增加 1304.8 亿元。如此巨大的投入，主要用于农村基础设施网络化建设，实现城乡基础设施的网络化联通。可见，基础设施建设对推进城乡一体化具有重大意义。[①]

基础设施网络化的主要任务是：

城乡基础设施有机连接。需要做到城市基础设施向农村延伸，不仅是硬件上，政策和制度也必须相应改革，彻底解决同网不同价、城乡道路分管等二元体制下的管理制度。城乡电网一体化、城乡给水一体化、城乡交通一体化、城乡物流一体化等是亟须推进的城乡一体化基础设施项目。

大力发展完善农村基础设施。农村基础设施落后是导致农村生产条件差、农民生活质量差的根本原因。农田水利基础设施、现代农业基础设施、通村道路建设，以及村落内的水电路气、电信、消防等基础设施都是农村基础设施建设的重点。

---

① 国家发展改革委副秘书长李朴民 2011 年 3 月 8 日在全国人大会议新闻发布会上表示，2011 年中央财政拟安排用于"三农"的投入 9884.5 亿元，比 2010 年增加 1304.8 亿元。主要包括以下几个方面：
- 加快改善农村生产生活条件；
- 加强以水利为重点的农业和农村基础设施建设；
- 实施新一轮农村电网改造，加快无电地区电力建设，等等。

三 基本公共服务城乡均等化

基本公共服务均等化是实现空间公平与正义的关键，基本公共服务内容体现的既是民生最重要的组成部分，也是体现社会发展和社会事业的组成内容，实现了城乡基本公共服务一体化也就实现了城乡民生关切的一视同仁，也体现了城乡社会事业和社会发展的一体化。[①] 大幅提高农民、农业与农村的基本公共服务水平，在大幅度提高民生质量的同时，也为农业和农村发展降低了成本，是提高农业效益的重要途径。大量研究表明，农业比较效益低下，很大程度是农业生产成本高和农民生活质量差的主要原因。如果农村水利设施完善、农业保障的社会保险和金融服务到位、农业科技服务体系健全、农业生产的社会化支持体系健全，农业生产的成本将大幅度降低、农业抗御自然风险的能力将大幅度提高。

基本公共服务均等化的主要内容包括两大类八大项：① 基础服务

---

① 目前学术界对"基本公共服务"和"社会事业"等概念的界定是模糊的，但从所涵盖的项目看，两个概念基本上是一致的。浙江省的《统筹城乡发展推进城乡一体化纲要（浙委发〔2004〕93 号）》中提出的城乡一体化的六大任务里就没有"基本公共服务一体化"的内容，提出的是"统筹城乡社会事业发展"任务。内容是"按照经济社会协调发展的要求，大力发展教育、科技、文化、卫生、体育等社会事业，加快推进社会事业向农村延伸，使城乡居民共享现代文明。进一步提高学前到高中阶段 15 年教育的普及水平，继续大力发展高等教育、职业教育、成人教育和城乡社区教育，重点加大农村基础教育投入，合理调整农村学校布局，改善农村办学条件，提高农村教师待遇，使城乡居民享有平等的教育机会。加快建立完善覆盖城乡的疾病预防控制体系、医疗救治体系、突发公共卫生事件预警和应急体系，重点加强农村社区公共卫生服务网络建设。建立健全卫生监督、动植物检疫等执法体系，加强食品药品安全监管网络建设和食品药品质量检测工作，不断提高城乡居民健康水平。加强人口发展战略研究，继续有效控制人口增长，进一步完善农村计划生育管理服务体系，着力提高人口素质。加快城乡文化体育基础设施建设，大力开展文明城市、文明社区和文明家庭创建活动，全面推进全民健身计划，丰富和活跃城乡居民文化生活，积极倡导文明健康的生活方式。到 2010 年，全面普及 15 年教育，高等教育毛入学率达到 35％以上，基本形成覆盖城乡的终生教育体系、基层文化网络体系和公共卫生服务体系"。如果将这些内容与广东省的《广东基本公共服务均等化规划 2009—2020 年》中将基本公共服务的范围确定为两类八项内容对照，二者基本上是一致的。我们也认为基本公共服务均等化内容与城乡社会事业统筹内容基本是一致的。

类。包括公共教育、公共卫生、公共文化体育、公共交通四项。② 基本保障类。包括生活保障（养老保险、最低生活保障、五保）、住房保障、就业保障、医疗保障四项。优先重点是推动城乡基本公共服务均等化普遍覆盖。将农村居民和农民工纳入城镇基本公共服务体系，实现城乡基本公共服务的制度衔接和统一，建立和完善省直管县财政体制，城乡基本公共服务均等化普遍覆盖广大居民。

四　城乡产业一体化

城乡产业一体化需要重点实施四项工程：城乡产业布局一体化工程、城乡产业转移工程、农村第二、第三产业集群培育与建设工程、城乡产业对接工程等三大内容。

城乡产业一体化要实现的目标是通过优化城乡产业一体化布局，积极推进高效生态农业的专业化生产、集约化经营和区域化布局，大力推进农村工业向城镇集聚，加快推进农村服务业网络化，着力形成城乡分工合理、区域特色鲜明、生产要素和自然资源禀赋优势得到充分发挥的产业空间布局。进一步强化城乡产业内在联系，以工业化的理念推进农业产业化，以现代农业的发展促进第二、第三产业升级，以现代服务业的发展推动城乡产业融合，实现城乡产业的联动发展。进一步优化城乡产业结构，遵循产业结构演进规律，积极扶持现代农业发展，提高农业的组织化、规模化、标准化水平，推动农业劳动生产率和农业综合效益的提高。

五　城乡人口与就业一体化

户籍制度改革要深化。当前广东的户籍制度改革走在全国前列，但是这种户籍转换的含金量和吸引力日益衰减，显然形式上的户籍转换必须向实质转换深化。必须通过一系列的社会经济改革，初步赋予农民和市民平等的国民待遇，同等的社会保障权利和利益分享机会，改变的不仅仅是身份差别，更重要的是附着在身份之上的福利差别。仅取消形式上的户籍歧视而只在户籍登记上体现城乡统一，农民终究会意识到那只是自欺欺人。必须取消依附在户籍上的一系列差别待遇，将依附在户籍制度上的不合理的就学、就业、就医、居住等制度差异完全取消，是实现城乡人口与就业一体化的关键。

六　城乡生态环境建设一体化

重点是实施流域生态保护与建设工程，农村农业面源污染整治工程，农村重点工业污染区域治理工程，城乡生态公益林建设工程，区域生态功能区建设工程，城乡生活垃圾集、收、运储、处理的城乡一体化工程，等等。

全面开展城乡环境保护和污染治理，加强对重点流域、重点区域和重点工业企业以及农业面源污染的整治，加强固体废弃物的综合治理和再生利用。建立、完善和落实生态补偿机制。加大生态公益林建设和自然保护区、风景名胜区、湿地资源保护力度，加快区域生态廊道建设，建设高标准平原绿化，形成一批重要生态功能保护区，确保区域生态安全。落实自然村集—中心村收——一般镇运—中心镇一般处理—县城特殊处理的城乡垃圾处理一体化网络。

第六章

广东省城乡一体化的
区域特征及地域性策略

第一节　区域社会经济差异及其发展阶段判断

达到全面小康社会水平的珠三角地区，工业化进入了中后期阶段，依据刘易斯的二元结构理论，这一区域完全有条件实施工业和城市全面反哺农业和农村，也就是进入了刘易斯"转折点"①。

第二节　城乡一体化发育水平区域差异

根据广东省自然地理条件、社会经济发展基础和城乡关系现状，同时考虑到与《广东省东西北振兴计划（2006—2010 年）》（简称《振兴计划》）和《珠江三角洲城乡规划一体化规划（2009—2020）》相衔接，我们将广东省分为四个城乡一体化区域差异单元：粤东地区（东翼地区）、粤西地区（西翼地区）、粤北山区（山区）和珠三角经济区（珠三角地区）。具体低于范围分别为：东翼地区包括汕头、揭阳、潮州、汕尾四市；西翼地区包括湛江、茂名、阳江三市；北部山区包括韶关、河源、梅州、清远、云浮五市以及惠

---

① 刘易斯（1989 年）认为二元结构现代化的途径，首先是农业部门的剩余劳动力流向工业部门，当农业部门剩余劳力流出过多，农业剩余减少，农产品价格上涨，工业部门积累能力下降，无力吸收剩余劳力时，就进入了工业全面支持农业推动农业技术进步的"转折点"。

州市龙门、肇庆市广宁、德庆、封开、怀集五个山区县。其中，东翼地区 1.57 万平方公里，西翼地区 3.17 万平方公里，北部山区 9.06 万平方公里，约各占全省的 8.7%、17.6% 和 50.4%。粤东、粤西和粤北山区共有土地面积 13.8 万平方公里，占全省的 76.8%。2010 年年底，除珠三角以外的外围区域共有常住人口 4879.68 万人，占全省的 53.1%，其中东翼地区 1586.02 万人、西翼地区 1485.13 万人、北部山区 1808.53 万人，约各占全省的 17.3%、16.2% 和 19.7%。2010 年广东省社会经济发展的区域差异仍然十分突出，这既是广东省统筹区域发展的艰巨任务，同时也是广东省推进城乡一体化的紧迫任务（表 6-1）。

表 6-1   广东省经济社会发育水平的区域差异状况（2010 年）

区域	GDP（亿元）	GDP 增长（%）	第三产业增加值增长（%）	第三产业增加值占 GDP 比重（%）	地方财政一般预算收入（亿元）	地方财政一般预算收入增长（%）
珠三角	37388.21	12.0	9.8	48.7	3138.56	24.4
东翼	3241.43	14.9	11.5	35.8	160.78	28.3
西翼	3534.85	14.2	16.6	39.4	144.95	26.6
山区	3279.46	14.6	9.9	34.5	208.19	29.7

资料来源：依据广东省统计局、国家统计局广东调查总队 2011 年 2 月 25 日发布的《2010 年广东国民经济和社会发展统计公报》相关数据整理。

第三节   广东城乡一体化推进的地域性策略

一   城乡一体化梯次推进策略

城乡一体化是通过两条主线实现的：一是城乡空间融合；二是区域内城镇和乡村发展条件和要素的有机整合。

城乡空间融合即城镇空间和乡村空间实现有机的融合。空间融合不是城市空间和乡村空间简单的连接，而是在功能上互补、景观上各具特色、流动频繁有序、互动机制共同成长而不是此消彼长的区域空间有机体。实现城乡空间的整体融合需要从城镇和乡村两个区域单元共同相向行动，即城镇体系的下延和村庄体系的上升，最终实现城乡空间的有机融合。城镇体系下延的途径是加快农村城镇化进程，自上而下使乡村空间发生质变。简单来说，通过农村城镇化道路，促进城市向乡村延伸。另一个方向是促进传统乡村现代化、特色化，实现传统乡村空间的提质和升级，这就是自下而上提升落后空间的质量，实现其与城镇空间的对接。实现这个目标的途径是加快新农村建设步伐。因此，实现城乡空间融合需要采取农村城镇化和新农村建设两条途径同步推进的策略。需要指出的是，对于一个特定区域，由于其社会经济发育程度的制约，在选择策略时究竟以哪条途径为重，要因地制宜。社会经济条件越好，城镇化的物质基础和社会基础越好，推进越容易。反之，由于社会经济发展水平较低，农村很落后，城镇化既缺乏物质基础也没有社会基础，选择优先发展农村村庄更符合实际。我们可以将区域按照发育水平的高低分为三类：一是社会经济发达地区；二是社会经济一般地区；三是社会经济欠发达地区。这样，不同地区该采取什么策略就容易判断了。发达区域应当主要通过农村城镇化道路实现城乡空间融合，一般地区采取农村城镇化和新农村建设同步推进，欠发达地区要以加快新农村建设步伐达到提升传统农村空间质量的途径逐步推进城乡一体化。

区域内城镇和乡村发展条件和要素的有机整合是一项复杂的系统工程。首先需要对所有这些条件和要素进行层次分类，然后依据区域社会经济发育程度，量力而行地提出推进城乡一体化的具体行动内容。可以分为基本城乡一体化项目、初步城乡一体化项目和全面城乡一体化项目。依据区域发展水平因地制宜地选择，城乡一体化是不可能全省同步走的工程，必须是一部分地区先走，一部分地区紧跟。

人的需要是推动区域社会、经济发展的根本动力，区域社会经济发展的根本目的也是满足人们日益增长的物质和精神需要。因此，特定发展阶段内人的需要层次决定了区域内社会经济建设的主要内容，超越特定发展阶段社会经济能力的社会经济建设内容只是该区域下阶段的目标。广东省在城乡一体化推进过程中需要特别注意的是，不同发展阶段的区域建设内容各不相同，这是由人的需要的满足应当和区域发展阶段所决定的能力相适应这一基本原理决定的，人的需要是有层次的，社会经济发展阶段也是有层次的，二者应当耦合。

美国行为科学家、心理学家和社会学家 Abraham H. Maslow 在 1943 年提出，人有一系列复杂的需要，按其优先顺序可以排成梯式的层次，这就是人类发展的需求层次理论（Maslow's hierarchy of needs①），其理论发表在论文《人类激励理论》中。因这一理论是基于人类共性的行为心理学理论，具有普适意义，因此社会科学中不同领域的学者将这一理论运用于不同的研究领域中，以建立需要解决的梯级问题序列，以此设计出解决问题的行动路径和时序安排。依据这一理论原理，我们可以根据在不同社会发展阶段人的追求目标确定区域民生管理措施和社会经济建设的基本目标（表 6 - 2）。

---

① Maslow's hierarchy of needs 有四个要点：（1）关于需要的层次理论认为需要分为：第一层次，生理需要；第二层次，安全需要；第三层次，友爱需要；第四层次，尊重需要；第五层次，自我实现的需要。这五个层次的需要是由低级需要向高级需要发展的。人们首先追求较低层次的需要，只有在得到高效满足之后，较高层次的需要才会突出地表现出来。五种需要像阶梯一样从低到高，按层次逐级递升，但这样次序不是完全固定的，可以变化，也有种种例外情况。（2）一般来说，某一层次的需要相对满足了，就会向高一层次发展，追求更高一层次的需要就成为驱使行为的动力。相应的，获得基本满足的需要就不再是一股激励力量。（3）五种需要可以分为两级，其中生理上的需要、安全上的需要和感情上的需要都属于低一级的需要，这些需要通过外部条件就可以满足；而尊重的需要和自我实现的需要是高级需要，他们是通过内部因素才能满足的，而且一个人对尊重和自我实现的需要是无止境的。同一时期，一个人可能有几种需要，但每一时期总有一种需要占支配地位，对行为起决定作用。任何一种需要都不会因为更高层次需要的发展而消失。各层次的需要相互依赖和重叠，高层次的需要发展后，低层次的需要仍然存在，只是对行为影响的程度大大减小。（4）Maslow 和其他的行为心理学家都认为，一个国家多数人的需要层次结构，是同这个国家的经济发展水平、科技发展水平、文化和人民受教育的程度直接相关的。在不发达国家，生理需要和安全需要占主导的人数比例较大，而高级需要占主导的人数比例较小；在发达国家，则刚好相反。

表 6 - 2   **不同阶段区域民生管理和社会经济建设目标**

社会发展阶段	温饱阶段	小康阶段		富裕阶段	
人的需求层次	生存型需求	发展—享受型需求		享受型需求	
	物质性需求	物质—精神性需求		精神性需求	
	生理需要	安全需要	归属需要	自尊与人尊	自我实现
人的追求目标	满足基本的吃住行和健康需要	消除不安全感	社会人	有尊严的人	对社会有价值的人
民生管理措施	良好的生产、生活条件，健康、收入与福利	就业保障，良好治安，居住出行饮水的安全、舒适与便利	共同体成员、社会交际、社会经济组织	荣誉、形象、晋升等	社会参与，决策参与，话语权等
社会经济建设目标	实施民生工程。包括基本公共服务均等化，住房建设与村庄整治	生产生活基础设施建设，尤其是水电路气和居住环境治理等要优先解决，然后是生产性基础设施的建设，如农田水利工程、生态环境保护工程等	各类社会、经济组织的建设与管理	新型共同体（如新型社区）培育与建设，参与式管理的制度建设，农民综合素质培训	高度区域社会、经济自治，自我发展。新型农民教育

说明：全面小康社会界定标准：十六大报告从经济、政治、文化、可持续发展的四个方面界定了全面建设小康社会的具体内容。特别将可持续发展能力的要求包含其中。具体就是六个"更加"："经济更加发展、民主更加健全、科教更加进步、文化更加繁荣、社会更加和谐、人民生活更加殷实"。据此，全面建设小康社会的基本标准包括了 10 个方面：

1. 人均国内生产总值超过 3000 美元。这是建成全面小康社会的根本标志。

2. 城镇居民人均可支配收入 1.8 万元。

3. 农村居民家庭人均纯收入 8000 元。

4. 恩格尔系数低于 40%。

5. 城镇人均住房建筑面积 30 平方米。

6. 城镇化率达到 50%。

7. 居民家庭计算机普及率 20%。

8. 大学入学率 20%。

9. 每千人医生数 2.8 人。

10. 城镇居民最低生活保障率 95% 以上。

2000 年世界银行对国家发展阶段的划分标准为：人均 GDP 达到 3000 美元大体上位于中下收入和中上收入国家之间。

二　城乡一体化推进的阶段性目标

广东省区域发展差距很大，分别处于不同的发展阶段，因此，不同的区域应当有不同的城乡一体化推进内容和不同的路径，虽然终极目标是一致的，但是起点不一样、路径不一样、模式也不一样。为处于不同发展阶段的区域依据因地制宜的原则设计出不同的城乡一体化内容和推进目标进行分类引导，十分必要①。

区域发展的不同阶段必须匹配不同需求的城乡一体化内容，不同阶段的内容按照时序形成一个"图谱"，一个推进城乡一体化演进的项目序列。依据需求度层次结构和区域财政基础，我们认为这个序列是：初级城乡一体化—基本城乡一体化—全面城乡一体化—城乡融合。

初级城乡一体化核心内容：城乡一体化规划、就业与社会保障城乡一体化、基本公共服务设施建设与公共服务产品供给的城乡均等化、基础设施建设城乡网络化等四方面。

基本城乡一体化核心内容：除完全实现初级城乡一体化的四大内容以外，还要基本实现城乡经济一体化。

全面城乡一体化内容：除完全实现初级城乡一体化的四大内容和基本实现城乡产业一体化外，还要实现城乡要素流动（以人口、土地、资金等三大要素为主）、社会和文化、生态环境等三方面的一体化。共八大城乡一体化内容。

城乡融合内容：除景观、人地关系、产业内容、生产生活方式等城乡各具特色外，在生活质量、收入水平、就业、要素流动、劳动收益率、环境质量等方面城乡无差异化。城乡之间过渡边界日益模糊，城市的去工业化和农村的非农化同时展开，农村城镇化和城市的逆城市化同步推进。呈现典型的大都市连绵区（Metropolitan areas）景观。

三　城乡一体化推进的分区域引导目标

根据在不同的社会发展阶段里人的追求目标确定区域民生管理措

---

① 陈修颖、汤放华：《城乡一体化的空间分异及地域推进策略——广东省案例》，《经济地理》2013 年第 12 期。

施和社会经济建设的基本目标，我们依据这一社会经济建设目标，可以科学地设计广东省处于不同社会经济发展阶段的区域城乡一体化推进内容和推进时序（表6-3、表6-4）。

表6-3　　　　　　　　"十二五"期末及未来中长期
广东省城乡一体化推进的等级标准及区域演进时序

	粤北山区	粤东、粤西沿海地区	珠江三角洲区域
初级城乡一体化	城乡一体化规划、就业与社会保障城乡一体化、基本公共服务设施建设与公共服务产品供给的城乡均等化、基础设施建设城乡网络化等四方面	深化、巩固、提高初级城乡一体化内容	已经实现
基本城乡一体化	"十三五"任务（2015—2020）	除完全实现初级城乡一体化的四大内容以外，还要基本实现城乡经济一体化	深化、巩固、提高基本城乡一体化内容
全面城乡一体化	"十四五"任务（2021—2025）	"十三五"任务（2015—2020）	除完全实现初级城乡一体化的四大内容和基本实现城乡产业一体化外，还要实现城乡要素流动（以人口、土地、资金等三大要素为主）、社会和文化、生态环境等三方面的一体化。共八大城乡一体化内容
城乡融合	20—25年以后	15—20年以后	经过10—15年的建设，除景观、人地关系、产业内容、生产生活方式等城乡各具特色外，在生活质量、收入水平、就业、要素流动、劳动收益率、环境质量等方面城乡无差异化。城乡之间过渡边界日益模糊，城市的去工业化和农村的非农化同时展开，农村城镇化和城市的逆城市化同步推进。呈现典型的大都市连绵区（Metropolitan areas）景观

表 6-4　　广东省城乡一体化地域性策略：推进层次及建设内容

区域范围、社会发展阶段 城乡一体化内容		粤北山区 农业经济为主，工业化初期向中期过渡。大中城市快速扩张。生存型需求为主	粤东、粤西沿海地区 工业化中期向工业化末期过渡，工业经济为主。农村城市化加速。发展型需求为主	珠江三角洲社会经济一体化区域 工业化末期向后工业化时期转型，服务业高速发展，都市连绵区现成。自我实现型需求为主
城乡一体化规划		♥	♥	♥
就业与社会保障①城乡一体化	1	新"农保"	♥	♥	♥
	2	新"农合"	♥	♥	♥
	3	下山移民工程	♥	♥	♥
	4	住房困难户扶助工程	♥	♥	♥
	5	来料加工等促进农村就业工程	♥	♥	♥
	6	农村社会救助工程（"五保"）	♥	♥	♥
	7	城乡平等就业	●	●	●
基本公共服务设施建设与公共服务产品供给的城乡均等化	8	农村基层组织办公场所建设	*	♥	♥
	9	中心村一站式综合服务大厅	●	*	♥
	10	农村社区警务室	●	*	♥
	11	农村老年活动中心	●	♥	♥
	12	农村文体活动中心	●	*	♥

---

①　我国的社会保障制度总体来讲可以分为社会保险和社会救济两大类。社会保险主要包括养老保险制度、失业保险制度、医疗保险制度、工伤保险制度和生育保险制度五类。社会救济主要包括城市居民最低生活保障制度和农村"五保"供养（指在吃、住、穿、医、葬五方面给予生活照顾和物质帮助）制度。

此外，军人优抚安置制度、残疾人和未成年人的保障制度以及工资工时制度、城镇住房制度等也属于广义的社会保障制度的范畴。

我国的社会保障制度总体来讲主要在城市覆盖，最主要的是"五险一金"（养老保险、失业保险、医疗保险、工伤保险、生育保险和住房公积金），而这些都没有覆盖于农村地区，目前覆盖在农村的主要是农村"五保"供养。经济发达地区开始在农村实行新农保、新农合等制度。但是离城乡均等的社会保障制度还相差甚远。

续表

区域范围、社会发展阶段 城乡一体化内容			粤北山区 农业经济为主，工业化初期向中期过渡。大中城市快速扩张。生存型需求为主	粤东、粤西沿海地区 工业化中期向工业化末期过渡，工业经济为主。农村城市化加速。发展型需求为主	珠江三角洲社会经济一体化区域 工业化末期向后工业化时期转型，服务业高速发展，都市连绵区现成。自我实现型需求为主
基本公共服务设施建设与公共服务产品供给的城乡均等化	13	中心村或农村社区养老院	•	*	♥
	14	教育（行政村村村幼儿园、中心村小学、中心镇初中、县城高中）	•	*	♥
	15	医（中心村或者农村社区医疗卫生所）	•	*	♥
基础设施建设城乡网络化	16	路（乡村道路）	♥	♥	♥
	17	水（给排水）	•	♥	♥
	18	电（农电改造）	•	♥	♥
	19	卫（环卫）	•	♥	♥
	20	房（村庄整治）	♥	♥	♥
	21	广电通信网	•	♥	♥
	22	城乡路网障碍清理（非法收费、非法路障）	♥	♥	♥
城乡经济一体化	23	城市产业向农村转移	•	*	♥
	24	城乡产业价值链培育	•	*	♥
	25	农村产业集群培育与建设	•	*	♥
	26	农业产业化、现代化	♥	♥	♥
	27	城乡物流一体化	•	*	♥
	28	农超对接、家电下乡	♥	♥	♥

说明：♥表示 2011—2012 年任务，*表示 2012—2015 年任务，•表示 2015—2020 年任务。

城乡一体化作为一种制度安排，作为一种普惠制度，无论发达地区还是欠发达地区，应体现空间公平与正义。因此，公共财政应当在城乡一体化规划、就业与社会保障城乡一体化、基本公共服务设施建设与公共服务产品供给的城乡均等化、基础设施建设城乡网络化等四方面发挥主导作用，这四方面的城乡一体化也是推进城乡一体化最基本的四大内容。其中，城乡一体化规划和就业与社会保障城乡一体化等两项的内容是简单明确的，不会因为区域等级尺度不同而导致建设标准不同的问题，容易形成全省的统一行动。但基本公共服务设施建设与公共服务产品供给的城乡均等化、基础设施建设城乡网络化等两项内容是复杂而庞大的，因为区域等级不同建设标准也完全不同，因此操作起来十分困难。为此，需要根据广东的区域差异实际，制定出基本公共服务均等化和基础设施的城乡一体化的等级标准。实际上，要实现这两大领域的城乡一体化，就是要在不同等级的乡村节点建设和提供不同等级标准的基础设施网络和基本公共服务。乡村节点主要分中心镇、一般镇中心村（社区）和基层行政村共三个等级，显然，由于不同节点的服务范围和人口不同，为了满足基本的服务门槛，不同等级的节点的设施建设标准和项目组合也完全不同（表 6 - 5a、表 6 - 5b）。

表6-5a　"十二五"期间广东省农村关键节点基础设施和基本公共服务城乡一体化项目建设标准和内容（中心村、基层村、边远弱小村）

设施名称	服务职能	中心村			基层村			边远弱小村	
		标准	最大建筑面积（m²/村）	设备配置	标准	最大建筑面积（m²/村）	设备配置	无法撤并搬迁的村	规划撤并、搬迁村
▲交通、通信、电力、农田水利设施	日常生产生活服务	依据村庄整治相关标准执行							土地审批、公建等公益管理
▲村"两委"办公室	村支部 村民委员会	20m²/村	30m²/村	电话传真一体机、电脑、办公桌椅、文件柜、接待室饮水机等办公必需设备	20m²/村	20m²/村	电话传真一体机、办公桌椅、文件柜等办公必需设备	20m²/村，综合村务活动于一处	不配置，发放村两委干部当办公经费补贴，标准由所在乡镇制定
▲村庄多功能综合活动厅	村民议事大厅 农民学校 党员活动中心 图书阅览室	与村接待室合并 配备图书杂志、宽带网络			接待室、多功能室三合一	村两委办公室、多功能室三合一			不配置。一事一议，临时找场地
▲村庄"一站式"综合服务大厅	村庄保障服务 计生服务 科技服务	40m²/村	40m²/村	办公设备	20m²/村	20m²/村	办公设备		不配置，现场办公
▲村庄信息服务中心	村庄广播室 村庄信息中心	20m²/村	20m²/村	广播设施 计算机	20m²/村	与"一站式"综合服务大厅合用	广播设施 计算机		广播由临近的中心村接入 村庄信息用公告栏公告

续表

设施名称	服务职能	中心村			基层村			边远弱小村	
		标准	最大建筑面积（m²/村）	设备配置	标准	最大建筑面积（m²/村）	设备配置	无法撤并搬迁正的村	规划撤并、撤迁村
▲村庄老年人活动中心	老年人协会活动室 老年人活动室	40m²/村	40m²/村	办公设备 棋牌	30m²/村	30m²/村	棋牌	20m²/村，综合活动、文体活动、治安、医疗点、小卖部等一处	除一处百货日用百货（农资、非药方、其他设施等）其他部分全部不予配置
▲村庄文体活动室	文艺活动室 体育活动室	40m²/村	40m²/村	文体器材	与老年活动中心合用				
▲村庄警务室	村庄治安	10m²/村	10m²/村	办公设备					
▲村庄环卫室	村庄保洁 村庄垃圾清运	30m²/村	40m²/村	机动三轮车 清扫设备	10m²/村	20m²/村	清扫设备	移动式垃圾桶，主干道每50人安排1个	
村庄医疗卫生所	村庄医疗服务 村庄公共卫生	20m²/村	30m²/村	急救包 常用器械	10m²/村	20m²/村	急救包 常用器械	非处方药	
村民便民超市	农资供应 日用品销售 农产品收购 福利超市	市场行为，但村规中规划有场地			市场行为，村规中没有规划专门场地				
▲村庄文体小广场	健身广场 村民大会场所 休闲活动场所	500m²/村	800m²/村	全面健身器材 多功能球场、多媒体设备	300m²/村	500m²/村	全面建设器材		
村庄幼儿园	幼儿园 托儿所	一园一所			一般不设			一般不设	不设
村庄养老院	老年人公寓 老年人大学	50m²/村	100m²/村	棋牌麻将 机电视等					

说明：表中带"▲"设施为建设的重点设施，也是必需设施；"·"为建议建设设施，视资金条件、土地条件和利用率而定。

表 6－5b
"十二五"期间广东省农村关键节点
基础设施和基本公共服务城乡一体化项目建设标准和内容（建制镇）

设施名称	服务职能	中心镇			一般镇		
		标准	最大建筑面积（m²/村）	设备配置	标准	最大建筑面积（m²/村）	设备配置
▲交通、通信、电力等设施	日常生产、生活服务	依据国家小城镇建设标准执行					
▲镇所在村庄"两委"办公室	村支部 村民委员会	40m²/村	60m²/村	电脑、打印复印一体机、电话传真一体机、文件柜、接待室、饮水机、沙发、投影仪、大屏幕电视、空调电视等必需的办公设备	30m²/村	40m²/村	电脑、打印复印一体机、电话传真一体机、办公桌椅、文件柜、饮水机等必需办公设备
▲镇所在村庄多功能综合厅	村民议事大厅 农民学校 党员活动中心 图书阅览室	0.4m²/户	80m²/村	图书资料 办公设备 电视音响	—	60m²/村	图书资料 办公设备 电视音响
▲镇政府"一站式"综合服务大厅	村庄保障服务 计生服务 科技服务	60m²/村	80m²/村	办公设备	60m²/村	60m²/村	办公设备
▲信息服务中心	村庄广播室 村庄信息中心	20m²/村	20m²/村	广播设施 计算机	20m²/村	20m²/村	广播设施 计算机

续表

设施名称	服务职能	中心镇			一般镇		
		标准	最大建筑面积（m²/村）	设备配置	标准	最大建筑面积（m²/村）	设备配置
▲老年人活动中心	老年人协会老年人活动室	80m²/村	80m²/村	办公设备棋牌	60m²/村	60m²/村	办公设备棋牌
文体活动室	文艺活动室体育活动室	60m²/村	60m²/村	办公设备文体器材	40m²/村	40m²/村	大众通用文体器材
派出所	村庄治安	20—30m²/村	30	警用车辆、基本警用设备	20m²	20m²	基本警用治安设备
▲垃圾处理站	镇所在村及周边村庄的垃圾清运及处理	100m²/村，垃圾清运车、垃圾填埋场	生态填埋场一个500m²	专业垃圾车2辆	50—80m²/村	100m²/村	保洁设备 非专业垃圾清运设备
▲医疗卫生	镇域内所有农村的较高级医疗中心	0.1m²/人	120	医疗卫生设备、保健设备、急救设备、流行病隔离场所	0.05—0.08 m²/人	100	基本医疗保健计生设备
便民超市	农资供应日用品销售农产品收购福利超市	200—400m²/村	400	县域统一链连锁超市	100—200m²/村	200	县域统一供应链连锁超市
▲农贸市场	蔬菜肉食家禽水产副食水果	200—400m²	400m²	配备专职市场管理员，室内市场	200—300m²	300m²	配备专职市场管理员，室内市场
▲金融网点	金融服务	100—200m²	200m²	县域内金融机构统一标准配置	100m²	100m²	县域内金融机构统一标准配置

续表

设施名称	服务职能	中心镇			一般镇		
		标准	最大建筑面积（m²/村）	设备配置	标准	最大建筑面积（m²/村）	设备配置
▲村庄文体小广场	健身广场村民大会场场所休闲活动场所	2m²/人	2000	健身器材体育器材	2m²	1000m²	全民健身运动基本体育器材
村庄幼儿园	幼儿园托儿所	200—400m²/村（含100—200平米的运动场地）	400	基本儿童娱乐、运动、教小儿设备、活动场地	150—300m²/村（含80—150平米的运动场地）	300	基本儿童娱乐、运动、活动场地、教小儿设备
村庄养老院	老年人公寓老年人大学	200m²/村	200	娱乐室、电视室	150m²/村	150m²/村	棋牌娱乐电视

第七章

广东省城乡一体化重点行动：
十大工程

为了有效地通过六大途径落实城乡一体化的若干具体内容，使各级政府、社会力量和广大民众尤其是农村居民广泛参与，以便在城乡一体化推进过程中"用同一个声音说话、用同一个步调走路"，举全省上下之力，集中优势资源突破一些城乡一体化的关键问题，推动全局，需要进行有效的社会组织和社会动员。科学地设置一些能牵动全局、能解决关键问题的重点工程是最有效的。广东省发改委对此也有了科学的认识①，这是全省上下形成统一认识、统一行动的开始。

我们认为，要取得城乡一体化的有效突破，需要实施十大相互关联、相互促进的推进城乡一体化重点工程。依据重要性和作用，十项工程可以概括为"两项综合工程、三项重要工程、五项核心工程"。其中涉农的五项工程为核心工程，是广东省推进城乡一体化的重中之重。

（1）两项基础工程。是推进城乡一体化过程中需要率先行动的工程，为全面推进城乡一体化提供依据、思路和经验。主要包括两项：

- 城乡规划一体化工程；
- 先行先试工程。

（2）三项综合工程。是指随着城乡一体化核心工程的推进需要紧密跟进的建设内容，也是城乡一体化不断深化的需要。主要包括：

- 基本公共服务均等化工程；

---

① 广东省发改委于 2009 年 12 月在《以城乡经济社会发展一体化为主线加快推进广东农村》的报告中提出广东农村改革发展要"坚持突破重点难点，统筹分步实施"，这个思路是符合科学发展观的。

- 城乡产业结构优化工程；
- 城乡流动空间培育与建设工程。

（3）五项"三农"工程。推进城乡一体化，主要矛盾和矛盾的主要方面在于农村。农村基础设施和公共社会事业建设是推进城乡一体化的难点和重点。根据广东省城乡基础设施差异现状和"先民生、后生产"的顺序，广东的当务之急是提高农村基础设施的水平。

- 中心村镇与农村社区培育建设工程；
- 生产性服务体系建设工程；
- 农业现代化工程；
- 农民工程；
- 农村人居环境综合建设工程。

第一节　城乡规划一体化工程

突出抓好几项工作：一是把城乡一体化作为战略指导原则，纳入各级政府制定的"十二五"时期国民经济和社会发展中长期规划和区域规划，以及年度财政预算和投资计划。二是交通、能源、水利、通信、教育、卫生、社会保障以及生态环境保护等专项规划要做到城市与农村相对接，突出体现政府的规划、管理和财政支出向农业农村延伸的取向。三是着手编制覆盖全省所有行政村的村庄发展总体规划，合理调整村庄布局，先行地区开展村庄控制性详细规划编制试点工作。

第二节　先行先试安排

先行试点，随后整体推进。试点可以城乡一体化整体推进试点，也可以是个别内容的专项内容的试点。全国城乡一体化推进较顺利、已经取得明显成效的省市在大规模铺开之前，都进行了综合性的或者专项内容的试点工作（表 7 - 1）。

表 7 - 1　　全国城乡一体化先行先试地区城乡一体化的试点情况

省市区	试点范围	试点领域	试点内容	时间
浙江省	全省覆盖	民政工作城乡一体化	省部合作试点。根据合作协议，部省双方以党的十七届五中全会精神为指引，进一步加强协调配合，着眼现代民政建设，按照城乡一体化和基本公共服务均等化的发展要求，民政部将加大对浙江省民政工作的指导和支持力度，双方共同强化推动普惠型社会福利体系建设，提高社会救助规范化、科学化水平，构建高效、务实、协调、完善的综合救灾体系，加强社会组织能力建设，加快推进专业社会工作人才队伍建设，完善优抚安置保障体系，加强专项社会事务管理服务，完善民政工作城乡一体化建设保障措施等九个方面的合作	2010 年
	嘉兴	统筹城乡发展综合配套改革试点	开展以优化土地使用制度为核心，包括就业、社会保障、户籍制度、新居民管理、涉农体制、村镇建设、金融体系、公共服务、规划统筹等改革的"十改联动"，并找准"两分两换"优化土地使用制度改革	2008 年
	义乌	统筹城乡发展综合配套改革试点	按照先行先试、率先突破的要求，以"两转一保"（即转变生产方式、转变生活方式，推进社会保障一体化）为着力点，以农村集体土地产权制度改革为突破口，大力推进农村集体建设用地流转、城中村改造方式、扩权强镇等一系列专项改革，促进农业生产规模化、家庭工业集聚化、农村住宅小区化、农村服务社区化、农民生活市民化、社会保障一体化。全面推动城市、农村、社会和行政管理等四大领域的20项改革，率先形成以城带乡等四大机制	2008 年
	杭州	综合配套改革试点	以要素保障改革为重点，率先建立充满活力的创业创新体制；以民生保障改革为重点，率先建立改善民生的社会管理体制；率先建立科学高效的行政管理体制等三个方面	2008 年
	温州	民营经济创新发展综合配套改革试点	率先探索建立要素市场化配置新机制，破解民营经济发展要素瓶颈；率先探索建立民营企业创新驱动的新机制，增强民营企业活力；率先探索建立公平市场准入的新机制，拓宽民营经济发展领域；率先探索建立促进和谐创业的新机制，提升民营企业素质；率先探索建立服务经济发展的新机制，优化民营经济发展环境等五个方面	2008 年
	台州	民营经济创新发展综合配套改革试点	重点围绕破解发展中的体制机制障碍，实现民营经济创新发展。推进企业制度创新和发展模式转型、放宽市场准入和优化发展环境，形成公平竞争的市场准入机制、自主创新的政策体系、规范完善的要素市场体系和现代产权制度	2008 年

续表

省市区	试点范围	试点领域	试点内容	时间
江苏省	苏州市	城乡一体化综合配套改革试点	通过综合配套改革，苏州将着力在建立城乡统一的土地市场、社会保障体系、公共服务体系、现代金融体系和行政管理体制上求得新的突破	2008 年
广东省	佛山	统筹城乡发展综合改革试点	在完善城乡一体化规划方面先行先试；在深化农村土地管理制度改革方面先行先试；在深化农村管理体制改革方面先行先试；在建立城乡一体化养老保险制度方面先行先试；在建立城乡一体化失业登记和保障制度方面先行先试；在加强农村社区建设方面先行先试；在完善农村金融体系方面先行先试；在加强农村基础设施建设方面先行先试等八个方面	2009 年
	惠州	统筹城乡发展综合改革试点	坚持统筹城乡发展，加大以工促农、以城带乡力度，破除城乡二元结构，用建设城市的力度建设农村，用管理城市的理念管理农村，以实施《珠江三角洲地区改革发展规划纲要（2008—2020年)》实现"四年大发展"为总体目标，以建设全国统筹城乡发展综合改革试验基地十项重点工程为抓手，以先行先试、改革创新为动力，着力推进城乡发展规划、产业布局、基础设施、公共服务、劳动就业、社会管理一体化，在统筹城乡发展的重要领域和关键环节取得突破，基本建成统筹城乡发展的工作体制、制度体系和长效机制，进一步缩小城乡差距	2009 年
	中山	统筹城乡发展综合改革试点	推进城乡规划建设一体化；推进城乡产业布局一体化；推进城乡公共服务一体化；推进城乡社会保障一体化；推进城乡服务管理一体化；加大城乡改革创新力度；完善城乡改革保障制度等七个方面	2009 年
福建省	福州市	城乡绿化一体化试点	城区内，实施"显山露水"工程进行城市园林绿化建设；城乡接合部，坚持高起点设计、高起点建设，狠抓"四大城门"和江滨大道的绿化美化	2000 年
山东省	莱芜市	统筹城乡发展一体化试点	推进国土资源规划管理工作；创新土地利用计划管理；探索耕地保护和征地补偿机制，提高农民保护耕地的积极性；推进城乡建设用地增减挂钩工作；探索农村集体建设用地流转制度；推进节约集约用地，探索可持续发展的新模式；规范矿产资源勘查开发秩序，保护矿山生态环境；探索建立国土资源执法监管新机制等八个方面。实现城乡规划布局、产业发展、基础设施建设、公共服务、就业和社会保障、社会管理等"六个一体化"	2008 年
四川省	成都市	统筹城乡综合配套改革试验区	统筹城乡规划、建立城乡统一的行政管理体制、建立覆盖城乡的基础设施建设及其管理体制、建立城乡均等化的公共服务保障体制、建立覆盖城乡居民的社会保障体系、建立城乡统一的户籍制度、健全基层自治组织、统筹城乡产业发展等重点领域和关键环节率先突破，通过改革探索，加快经济社会快速健康协调发展	2007 年

续表

省市区	试点范围	试点领域	试点内容	时间
重庆市		统筹城乡综合配套改革试验区	第一，着眼于统筹城乡劳动力就业，大力推动农村富余劳动力转移。第二，着眼于统筹进城务工经商农民向城镇居民转化，大力加强农民工就业安居扶持工作。第三，着眼于统筹城乡基本公共服务，逐步提高农民社会保障水平。第四，着眼于统筹国民收入分配，大力加强对"三农"发展的支持。第五，着眼于统筹城乡发展规划，大力推进生产力合理布局和区域协调发展。第六，着眼于统筹新农村建设，大力促进现代农业发展和农村基础设施改善。第七，着眼于统筹城镇体系建设，大力打造城镇群。重庆市还将在全市范围内有计划、分步骤、有重点地推进户籍制度、土地管理和使用制度、社会保障制度、公共财政制度、农村金融制度、行政体制等改革	2007 年
湖北省	仙桃市	"两型"社会综合配套改革试验区	建立起城乡一体的经济社会发展管理体制和运行机制；逐步建立起城乡教育、医疗、文化等合理布局、均衡配置的公共服务体系；建立起城乡有效衔接、功能日臻完善的基础设施体系；建立起城乡统一的新型户籍管理制度、就业制度、社会保障制度和土地管理制度	2010 年
	鄂州市	城乡一体化综合配套改革试点	全域的理念编制城乡规划，以统筹的思路推进城镇化，以创新的模式建设农村新社区；统筹推进城乡产业融合发展；统筹建设城乡基础设施"六网"工程。建设城乡一体的交通网，建设城乡一体的供水网，建设城乡一体的供电网，建设城乡一体的信息网，建设城乡一体的供气网，建设城乡一体的市场网；统筹推动城乡基本公共服务均衡发展；统筹推进城乡一体化体制机制创新。创新工作推进机制，创新建设投入机制，创新农村新社区管理机制，创新基层党建联动机制等五个方面	
	武汉汉南区	"两型"社会综合配套改革试验区	一是大力发展循环农业，探索"两型"农业发展新路子；二是推进农村土地流转和规模经营，探索农业发展、农民增收新路子；三是加大迁村并集社区工作力度，探索新型城镇化发展新路子；四是大力发展以农机为主的第二产业，探索新型工业化发展新路子；五是建立适应城乡一体化的机构设置体系，探索行政管理体制改革新路子	
河南省	鹤壁市	统筹城乡发展一体化试点	按照构建新型产业基础和新型城市骨架的要求，大力推进工业园区建设，引导农民向城镇集中，积极推进土地规模经营，统筹城乡规划和产业发展，并逐步完善基础设施，促进城乡一体化建设的顺利开展	2006 年
	舞钢市	统筹城乡发展一体化试点	突出小城镇建设，统筹城乡基础设施一体化；突出全民医保，统筹城乡社会保障一体化；突出新农村建设，统筹城乡社会事业一体化；突出工业强市战略，统筹城乡产业发展一体化	2006 年

续表

省市区	试点范围	试点领域	试点内容	时间
河南省	济源市	统筹城乡发展一体化试点	按照"城乡一体化"的战略思想，坚持把建设社会主义新农村作为城乡一体化的工作重点，以推进"三个集中"、实现"三个延伸"为途径，以体制机制创新为动力，着力建立以工促农、以城带乡的长效机制，形成了市镇村三级联动、工农城乡互动的工作格局。按照"关键抓发展、重点抓农村、核心抓统筹"的工作思路，加大以工哺农、以城带乡的力度，加快推进城乡一体化进程，着力突破制约城乡协调发展的户籍制度、教育文化、社会保障等方面的体制障碍，积极构建城乡一体化发展的新格局	2006 年
	巩义	统筹城乡发展一体化试点	以"三个代表"重要思想和党的十六届三中全会、五中全会精神为指导，全面贯彻科学发展观，按照"以城带乡、以工促农、城乡联动、协调发展"的工作思路，以人为本，创新机制，统筹城乡发展，缩小城乡差别，根本解决"三农问题"，实现城乡经济、社会、文化、生态的相互融合、相互促进和可持续发展。推进城乡空间布局一体化；城乡基础设施一体化；城乡产业发展一体化；城乡劳动与社会保障一体化；城乡社会事业一体化；城乡生态建设和保护一体化等六个方面	2006 年
	义马	统筹城乡发展一体化试点	统筹规划，推进空间布局一体化；统筹发展，推进产业布局一体化；统筹建设，推进基础设施一体化；统筹政策，推进社会保障一体化；统筹服务，推进管理服务一体化等五个方面	2006 年
	偃师	统筹城乡发展一体化试点	城乡产业布局一体化；城乡产业布局一体化；推进城乡就业和社会保障一体化；城乡基础设施一体化；城乡社会发展一体化等五个方面	2006 年
	新郑	统筹城乡发展一体化试点	推进城乡空间布局一体化；城乡产业发展一体化；城乡基础设施一体化；城乡劳动与社会保障一体化；城乡社会发展一体化；城乡生态建设和保护一体化六个方面	2006 年
青海省	无		出席党的十一届全国人大四次会议的青海代表团建议，将青海省列为全国城乡一体化试点地区	2011 年
甘肃省	兰州	统筹城乡发展综合配套改革试点	以城乡规划为先导，构筑促进统筹城乡发展的大格局；以城乡基础建设为切入点，夯实以城带乡的发展基础；以产业发展为支撑，培育城乡经济快速发展的增长极；以卫星城和小城镇建设为重点，加快农村城市化进程；以实现城乡公共服务均衡为目标，大力发展农村社会事业；以体制机制创新为保障，增强城乡一体化发展的活力；以深化改革发展为动力，改善统筹城乡发展环境等七个方面	2010 年

省市区	试点范围	试点领域	试点内容	时间
甘肃省	金昌	统筹城乡发展综合配套改革试点	推进城乡一体化的户籍制度改革；推进城乡一体化的劳动就业和社会保障制度改革；推进城乡一体化发展的土地制度改革；推进城乡一体化的行政管理体制改革；推进城乡一体化的公共财政体制改革；推进城乡一体化的规划管理体制改革等六个方面	2010 年
	嘉峪关	统筹城乡发展综合配套改革试点	以城乡规划为先导，构筑促进统筹城乡发展的大格局；以城乡基础建设为切入点，夯实以城带乡的发展基础；以产业发展为支撑，培育城乡经济快速发展的增长极；以卫星城和小城镇建设为重点，加快农村城市化进程；以实现城乡公共服务均衡为目标，大力发展农村社会事业；以体制机制创新为保障，增强城乡一体化发展的活力；以深化改革发展为动力，改善统筹城乡发展环境等七个方面	2010 年
山西省	阳泉	综合配套改革试验区	打破城乡规划分割格局，推进城乡规划建设一体化；推进产业互动，实现城乡经济发展一体化；促进城乡社会事业均衡发展，实现城乡基本公共服务一体化；加快路水气暖网络建设，实现城乡基础设施一体化；加快改善民生步伐，推进城乡就业和社会保障一体化；加强生态环境保护，促进城乡生态文明建设一体化；改革城乡管理体制，形成城乡管理制度一体化	2010 年
安徽省	马鞍山	城乡一体化综合配套改革试验区	全力推进城乡规划布局、产业发展、基础设施建设、公共服务、就业和社会保障、生态环境建设、基层组织建设等七个方面一体化综合配套改革，推进"三个集中"（农村人口向城镇集中、农村土地向规模经营集中、农村工业向园区集中）。全面缩小城乡差距，基本建立起乡经济社会发展一体化格局	2008 年
	芜湖	城乡一体化综合配套改革试验区	推进工业向省级以上开发区集中、农民向城镇集中、土地向规模经营者集中；加快基础设施和公共服务向农村延伸和覆盖。实施"城乡规划管理、城乡产业发展、城乡基础设施建设、城乡公共服务、城乡劳动就业和社会保障、城乡社会管理"六个一体化工程。在产业培育上，注重统筹城乡战略与工业强市、三产兴市战略的共同推进，提出以开发区为主要载体，充分发挥比较优势，着力打造1—2个新型战略性产业，实行错位竞争，形成产业集聚。加快推进和深化土地管理和使用制度改革、农村金融制度改革、农村医药卫生体制改革、公共财政制度改革和农村综合改革，为统筹城乡发展提供有力保障，建立统筹城乡、科学发展的体制机制	2008 年

续表

省市区	试点范围	试点领域	试点内容	时间
安徽省	合肥市	城乡统筹综合配套改革试验区	优化合肥城乡互动发展空间布局，立足"全域合肥"，统筹城乡空间布局，着力规划构建"1419"新型城镇体系，逐步形成以中心城区为核心，新城为增长极，新市镇、中心村为基础，级次分明、结构合理的现代化城镇体系；以工补农、以城带乡，深入实施工业立市、县域突破和创新推动战略，统筹推进"三个集中"（即工业向集中发展区集中、农民向城镇集中、土地向规模经营集中），逐步缩小城乡居民收入差距；大力发展县域新型工业，整体推进新农村建设，统筹城乡公共服务设施建设，加速农村富余劳动力向产业工人转化；"生态合肥"建设等四个方面	2008 年
海南省	全国第一个省域范围的城乡一体化规划		城乡规划提出了实现海南城乡经济社会发展一体化的国家角色、产业体系、综合交通、公共服务、绿色格局、城乡体系、人才体系等方面的七大实施路径，旨在逐步消除海南城乡二元结构，缩小城乡差别，实现产业统一规划与布局、资源统一利用、生态环境统一保护、基本公共服务均等化和基础设施一体化建设	2011 年

在城乡一体化先行先试过程中，应当争取在各个领域进行省部合作，争取部委支持和部委资源。如浙江省与民政部合作推进浙江省城乡民政工作城乡一体化。同样可以力争与住建部、农业部、水利部、环保部、科技部等进行省部合作、省部共建等。

总结全国试点较成功的点的经验，选择试点单元应当遵循的三个原则：

- 典型性原则。具有普遍代表性，而不是具有某些特殊性。
- 多样性原则。省域内不同的综合地理单元都要有相应的试点单元。
- 基层组织战斗力。所选试点区域的基层组织缺乏号召力和战斗力，将很难配合试点，也不太可能获得有益的经验。

第三节　城乡产业结构优化工程

一　城乡一体化导向下的主导产业选择及企业布局特点

依据：城乡产业一体化、农民就近就业、就业成本最小。

主导产业群：农业产业化项目中的农副产品加工工业产业群；核心企业的价值链延伸产业群等；城镇鲜活农产品需求的产业群（如农超对接形成的城乡直接关联产业）；区域休闲产业群（周末游景点建设、农家乐餐饮业、农事体验休闲业）等。

空间布局特点：依据价值链所需技术、经营环境、人才等条件的不同，不同位置的企业在城乡间分散布局，依托于发达的物流业和信息业，共同构建一个区域产业链网络。

二　城乡产业一体化的约束条件

节能减排，实现两型社会建设目标。通过节能减排，实现结构优化和产业升级。大力加强农业基础地位，推动大城市去工业化，工业向中小城市、农村城镇转移，中小城市和农村城镇的生产性服务业外包，加快大城市的服务业化，价值链连接城乡两大地域单元、联通工业、农业、服务业三大产业。

三　主要内容和措施

城乡产业结构优化工程主要包括产业转移工程、农村第二、第三产业集群培育与建设工程、城乡产业对接工程等三大内容。

（1）城乡产业转移工程。

（2）农村产业集群培育与建设工程。

（3）城乡产业对接工程。价值链连接城乡两大地域单元、联通工业、农业、服务业三大产业。

第四节　中心村镇与农村社区培育与建设工程

一　在区域空间结构中起关键作用的主要有四大节点

区域节点的等级序列为：大都是群（都市连绵区）—巨型城市（世界城市）—特点城市（国家城市）—大中城市（区域城市）—县城、县级市（城之尾乡之首）—中心镇——般镇—中心村—基层村—偏远弱小村—自然村。该序列由 11 级构成，最基层的人居单元为自然村，最高级的人居单元为大都市群。该序列里存在四个关键核心节点，对于不同尺度的区域空间的可持续发展具有战略价值。一是大都市群，代表国家综合实力，代表国家参与全球产业分工，成为全球城镇体系的一个关键节点；二是区域中心城市，代表区域综合竞争力；三是县城或县级市，是一个国家或者区域由城市向乡村过渡的关键节点，或者反之，是城之尾、乡之首，是城乡节点，是城乡关系的纽带和桥梁，也是我国城市规划和村镇规划的节点，也是区域发展政策、行政组织架构等的关键转折点；四是中心镇、中心村，代表乡村中心。

（1）大都市连绵区及世界城市

连接全球与国家的关键节点。在我国主要有长江三角洲、珠江三角洲和大北京地区等三大大都市连绵区，其中有三大世界城市上海、广州和北京。体现国家战略价值，是一个国家综合实力的体现，是决定一个国家在全球城镇体系中所处地位的关键节点。是国家参与全球经济分工、全球价值链构建、产业与技术转移、全球战略资源的控制与掌握等方面的代言人。

（2）区域中心城市

连接国家与地方的关键节点。在我国主要是省级中心城市，也可能是双核心或者三核心，即政治文化中心与经济中心的复合体，如南京—苏州、广州—深圳、长沙—株洲—湘潭等。通常都是 100 万人口以上的特大城市，是国家城镇体系的核心，是区域经济的组织者和区域政策的供给者，是将国家意志向地方贯彻的执行者。同时也是区域经济差异和区域特色形成的关键节点。

（3）城乡纽带城市

连接城市与乡村的关键节点。在我国主要是县城或县级市，是城市之尾、乡村之首，是县域经济的组织者和实施者，也是城市基础设施、城市公共服务向农村延伸的起点，其关键功能是承上启下、过渡衔接，因此这一关键节点既具有城市的职能又肩负农村职责，是破解我国二元经济、实现城乡一体化的最重要的核心节点。

（4）中心镇与中心村。

二　基于城乡一体化的城市发展方针及关键节点对城乡一体化的作用

（1）基于城乡一体化的城市发展方针

我国城市发展方针经历了多次调整。1949 年，毛泽东在中共七届二中全会上明确指出："从 1927 年到现在，我们的工作重点是在乡村，在乡村积聚力量，用乡村包围城市，然后取得城市。采取这样一种工作方式的时期现在已经结束。从现在期，开始了乡村到城市并由城市领导乡村的时期。党的工作中心由乡村移到了城市。""我们必须用极大的努力去学会管理城市和建设城市。"这是我国区域发展的重大战略转型，从此开始了以城市为主导地位的区域发展时代，城市本位思想从此开始滋生、蔓延并延伸到经济、社会、文化等每一个领域的每一个角落。但在至今 60 余年的城市优先发展战略目标下，城市化方针却摇摆不定。一方面是因为对城市发展的基本规律一直处于不断探索中；另一方面也说明如何处理特大城市、大城市、中小城市和农村城镇的相互关系是一个复杂的问题。自实施城市优先发展观下的国家发展战略以来，大致实施过大城市优先发展、控制大城市积极发展小城镇、控制大城市积极发展中等城市适当发展小城镇、大中小城市均衡发展等城市发展方针。为推进城乡一体化，应当实行的城市化发展方针是：重点发展县城等小城市和中心镇（村）两类区域节点，充分发挥县城等小城市的城乡连接作用和中心镇（村）的农村区域组合和经济带动作用，完善村镇体系，加快村镇体系化，加强村镇体系和城镇体系的衔接，实现城乡一体化（表7-2）。

表7-2　　　　　　　　不同城市发展方针比较

	年份	内容	目的	成效
分类发展方针	1954年8月11日《人民日报》"贯彻重点建设城市的方针"	将全国的城市分为四类，实行分类建设。一是有主要工业项目的新工业城市；二是扩建城市，有部分工业项目布局在这些城市；三是局部改扩建城市，只在新建厂区所在的局部进行扩建。四是一般中心城市，城市建设基本上只做维护工作	为了发展城市，需要大量建设城市的物质基础，因此首先要发展工业，有重要工业布局的城市优先得到发展和建设	直接导致：（1）大城市的重化工业化，大城市纷纷演变为资源性城市、重工业城市；（2）中小城市发展停滞，农村小城镇衰落；（3）工业化超前于城市化
冒进式城市化	1958年开始的"大跃进"	扩大城市规模，大量新建城市	用城市建设的大跃进来适应工业建设的大跃进	城市规模盲目扩张，城市人口过度膨胀，城市数量过快增长
控制大城市，积极发展小城镇	1978年3月国务院第三次全国城市会议，1980年10月国务院（国发〔1980〕299号文件）。	控制大城市规模，多搞小城镇。主要是控制市区用地、控制市区人口。每个城市都要设置用地和人口控制指标。要把易燃易爆、污染严重和直接为农业服务的企业、事业单位，有计划的迁出市区和近郊。在远郊建设新项目、小城镇，应严格防止与市区及近郊连成一片。50万人以上的城市要严格控制人口，中等城市要避免发展成为大城市	（1）治理城市病（2）发展小城镇的四个"有利于"：依托小城镇发展经济，有利于生产力的合理布局、有利于就地吸纳农村劳动力、有利于支援农业和促进当地经济文化的发展、有利于控制大城市的规模	（1）严格限制了大城市的发展。（2）极大地推动了大中城市周边的小城镇发展，建设了一大批卫星城
新分类发展方针	1985年9月"中共中央关于七五计划的建议"	控制大城市规模，合理发展中等城市，积极发展小城市	城市的组合效应没有体现，不同等级城镇的功能没有充分发挥。组建城市群和区域城镇形成体系，是充分发挥城市带动区域经济发展的重要前提	（1）构建区域性城市网络。"中小城市不应分散发展，要以大城市为中心和交通要道为依托，形成规模不等、分布合理、各有特色的城市网络"。（2）中小城市和农村小城镇快速发展

续表

	年份	内容	目的	成效
协调发展方针	2001 年 3 月 "十五计划纲要"; 2006 年 3 月 "十一五"计划纲要; 2007 年 10 月 15 日胡锦涛的十七大报告; 2007 年 12 月中央经济工作会议	推进城镇化要遵循客观规律,与经济发展水平和市场发育程度相适应,循序渐进,走符合我国国情、大中小城市和小城镇协调发展的多样化城镇化道路,逐步形成合理的城镇体系,有重点的发展小城镇,完善区域性中心城市功能,发挥大城市的辐射带动作用,引导城镇密集区有序发展	实践科学发展观,遵循城市化的一般规律,充分发挥不同等级规模城市的功能	(1) 强调了各级城镇的功能与作用。 (2) 特别提出通过大中小城市和小城镇协调发展,逐步改变城乡二元结构。 (3) 首次提出有重点的发展小城镇。 (4) 提出了区域空间结构的四大节点:大都市区、大城市、小城市、中心镇村

（2）关键节点的培育与建设对推进城乡一体化的作用

党的十七届三中全会提出坚持走大中小城市与小城镇协调发展的中国特色城市化道路。近年来大中城市得到了快速发展,而广大乡村区域的中小城镇的发展明显不足。加快中小城镇的发展速度,对促进城乡关键节点协调发展和一体化具有重要意义。

自 2010 年发布中央 1 号文件《关于加大统筹城乡力度进一步夯实农业农村发展基础的若干意见》以来,全国各地加大探索城乡一体化的各种途径,提出了从统筹土地利用和城乡规划、统筹城乡生产发展、统筹城乡基础设施建设和公共服务、统筹城乡劳动就业、统筹城乡社会管理、统筹城乡综合配套改革试验等六大措施入手实现城乡一体化的目标。但是,就各地的实践看,由于乡村区域范围广大,六大措施的落地在哪里,对此缺乏目标。为此,需要找到一个投资和建设的重点,通过这个突破口实现城乡一体化。加大中小城镇建设就是这样一个最佳的突破口。本项研究的价值就在于通过系统地分析中小城镇发展与城乡一体化的关系,确认通过中小城镇的建设是实现城乡一体化的最有效途径。

三　中心镇、中心村在推进城乡一体化中的节点价值

（1）关于中心镇对推进城乡一体化作用的五个基本观点

● 中小城镇是区域空间结构的关键节点之一,具有节点体系的整

体性特征和其自身发展演化的特殊规律，应当尊重科学规律，不能为了推进带有制度安排特征的城乡一体化而盲目冒进地发展中小城镇。

● 处于不同发展水平的中小城镇具有完全不同的功能特征，处于不同区域环境中的中小城镇也表现出完全不同的区域特征的烙印。因此，探索研究中小城镇与城乡一体化关系时要强调时、空差异性。

● 中小城镇的发展与城乡一体化的关系是相互的。实现城乡一体化有两条路径。一是首先推进农村基础设施建设和基本公共服务均等化，以此引导中小城镇快速发展，最终通过中小城镇功能的发挥推进城乡一体化的深入。二是直接加大投入，培育和建设农村中小城镇，完善其各项设施，以此实现"三集中"和"以工促农、以城带乡"，并倒逼制度创新和政府转型。选择什么道路，要因地制宜，深入研究。

● 通过建设中小城镇推进城乡一体化，要坚持政府主导、农民参与，通过自上而下和自下而上的结合才能有效。政府主导体现在加大投入、制度建设、体制改革和政府转型等方面，农民参与体现在"三集中"的主角是农民、农村发展的主角是农民。农民的热情和积极性决定了城乡一体化的成败。

● 城乡一体化既是一种制度安排，更重要的是社会、经济发展的阶段性特征。欠发达区域、一般区域和发达区域的城乡一体化的广度和深度是迥异的，因此，中小城镇的建设应当和区域经济社会发展的整体水平相适应。"落后的农村发达的中小城镇"或者"发达的农村落后的中小城镇"两种镇—村关系状态都会产生新的"农村病"。

（2）中心村对推进城乡一体化作用

通过对广东省村镇体系结构的分析，我们认为确定广东省中心村要有四大依据：一是规模依据。中心村是县域范围内人口数量多、区域范围大的行政村。由于广东省的人地关系区域差异大，各地确定中心村的规模标准应当因地制宜。珠三角区域的中心村规模至少在2500人以上。结合山区县的实际，至"十二五"期末，一般为1000—1500人，300—400户。对于地形崎岖的中、高山区，人口规模可以适当降低，但至"十二五"期末不得低于800人或250户。二是功能依据。基础设施条件较好、基本公共服务设施较全、社会事业较发达，辐射带动能力较强，村两委班子学历和能力较高。三是区位依据。中心村首先要位于地方区域的中心区位，交通发达，备用土地较多，用水安全有保障，不易发生地质灾害和其他自然灾害。四是空间形态依据。中心村最好是一个独立的行政村，但结合山区村落特点，中心村可以是相邻不超过 2 公里、社会经济联系紧密、有一个核心村且其人口在 500 人以上的多个自然村或者行政村组成，但集居点不得超过三个。空间形态为"一拖二"或者"一带一"，即一大两小或一大一小，可以是团状、线状（沿路、沿河、沿山麓）、环状（环山、环水）。

中心村对推进城乡一体化的节点价值主要体现在以下 10 个方面：

- 是镇村节点、镇之尾村之首，是农村区域发展的关键节点；
- 是农村人口集聚的重要场所；
- 是村域经济的组织者；
- 是农村社会结构形成、分化和演化的基本单元；
- 是农村基础设施和基本公共服务的主要提供者；
- 是推进城乡一体化的主要载体；
- 是农业现代化的核心组织者；
- 是农村土地流转的核心单元；
- 是农房改造的主要对象；
- 是社会主义新农村建设的核心对象。

四　广东城乡一体化：城市化推动途径

顺应快速城市化潮流，借此推进城乡一体化进程，实现工业化、大中城市扩散推动的城市区域化、中小城镇发展推动的农村城镇化和城乡一体化等"四化"同步推进，是广东省在推动城乡一体化过程中要采取的重大策略。我们认为，广东省应当把握"两个趋势"，紧抓"两大重点"。

未来 5—10 年内，广东省的城市—区域关系将呈现两大趋势：城市区域化和区域城市化，要顺应这两大趋势，抓住其中机遇，顺势推进城乡一体化。

趋势一：城市区域化。重点一：需要大力发展中小城镇，快速推进农村城市化，以此作为人口集聚、产业集中、土地集约的乡村区域的核心节点，也是培育和壮大推进农村地区经济发展的增长极的需要。

趋势二：区域城市化。重点二：需要举区域之力大力发展世界城市，以此为核心形成城市群。一方面在全球城市体系中成为一个主要节点，带动本区域参与全球产业分工并成为全球价值链的一环，同时也推动更大农村区域的发展，增强以工补农、以城带乡的能力，缺乏这个能力不可能实现城乡一体化。

第五节　城乡流动空间培育与建设工程

流动空间的培育与建设对推进城乡一体化的作用在于加强城乡空间关联，提高城乡互动的效率。因此，城乡流动空间的培育与建设工程是在推进城乡一体化进程中最能在短期内产生直观成效的一项关键工程。

一　流动空间优化的物质支持体系

在日益强大的全球化经济带动下，流动空间将逐渐弱化城乡区域的内部行政边界、社会关系及政治制度的限制作用。在人流、物流、资金流、信息流等各种"流"的作用下，功能化和等级化的网络节点将生产、分配和管理功能定位在最有利的区位，并通过电信网络将所有活动联系起来。[①]

"流动空间"的形成有赖于三个层次的物质支撑。第一层次是由信息和交通通道等基础设施构成的互动网络，把各种具有支配性功能

---

① Castells, M., The Informational City: Information Technology Economic Restructuring and the Urban—Regional process. Oxford. 1989.

的空间结合在一起，是促成空间要素流动的基本组成部分。第二层次是节点和枢纽，是管理要素流动情况、处理信息交换的中枢，并提供各种专业化的服务功能。在节点和枢纽里，各种活动的集聚产生大量的服务性产业，并通过集中式的分散原则，培育各种"流"的增长①。第三层次是具有区域支配地位的功能性空间。功能性的空间是城乡区域的主要创新与生产地区，通过功能互补与均衡发展的原则，保证城乡区域的国际知识门户地位。"流动空间"使城乡区域成为一个不可分割的、高效运转的空间单元，促进了一体化城乡区域的形成。有学者从区域规划的角度，认为流动空间由"六网六区"组成。②"六网"指区域绿网、区域蓝网、区域信息网、区域公交网、区域物流网以及公共安全网等；"六区"指区域性功能区，是由围绕各种提供专业化服务功能的网络节点形成，对未来城乡区域一体化发展起到重要作用的地区，包括区域绿道、人文风情区、区域创新中心、区域 CBD、现代产业核心区与生命线工程等。

二　广东省流动空间优化的核心内容

我们认为，在推进广东省城乡一体化进程中，为了发挥流动空间的城乡连接功能，培育和优化流动空间需要建设的核心内容是"四网四节点"。"四网"包括城乡一体的交通与公交网络、城乡互联的信息网络、城乡同价的能源网络、城乡一体的物流和市场体系网络等四大内容。网络组织建设的重点除通道外，节点同样重要，因此，在构建城乡一体的流动空间时，节点建设也是推进广东城乡一体化的重要内容，主要包括物流园区——专业市场复合体、公交站点系统、变电站系统、"三网"控制站系统等四类节点。

我们建议的流动空间培育与建设工程是以基础设施建设为核心、以"四网四节点"建设为主要内容的一项基础性、公益性工程。

---

① 陈修颖：《信息社会下中国区域经济空间结构模式的创新》，《中国软科学》2009年第 3 期。

② 罗小虹、黄剑：《"流动空间"与一体化规划》，广东省城乡规划设计研究院专业论文集。

总结起来看，这项工程的行动内容主要包括：

● "村村通、村村播"工程。以构建城乡一体化的交通道路网络、有线无线广播和电视信号村村覆盖为目标。

● 农村客运公交化、城市公交村村通工程。区域统管城市公交系统和农村道路客运系统，二者融合，不分城市和乡村，城市通达每个小区、乡村通达每个行政村。

● 缩小城乡数字鸿沟，加快城乡信息一体化的"城乡信息一体化工程"。

● 城乡一体的物流配送、快递系统建设。

● 城乡一体的市场体系建设。加快商品零售业网络建设，加快城市商业企业向乡村连锁经营，加快农超对接的制度化、规范化建设，建设农村专业批发市场网络。

三　城乡流动空间培育与建设工程（一）：交通与公交网

城乡一体的交通与公交网络建设工程，包括城乡一体的道路系统和城乡一体的公交系统建设两大部分。国家"十二五"规划提出了"统筹城乡公共交通一体化发展"战略安排，这是广东省"十二五"及未来中长期城乡交通建设的重要目标，尽管珠三角地区基本率先完成了这一战略任务，但对于粤东、粤西和粤北山区，这是个艰巨任务。城乡交通与公交网系统建设的主要内容包括：

（1）制定县域城乡综合交通规划。结合行政区划调整、产业空间布局调整。目的是规划出现代城乡一体的综合交通运输体系。

（2）城乡一体的综合交通运输体系的特征是等级化网络化，村村通、户户连。

（3）建设目标是"三级网络两大系统"：市域交通骨干网络、县域城乡快速交通网络、农村村道网络。运输枢纽站场系统、运输服务保障系统。山区县域构建2小时交通圈、镇域1小时交通圈、中心村域30分钟交通圈。平原县域构建1小时交通圈、40分钟镇域交通圈、20分钟中心村域交通圈。

（4）应当建设的重点工程。卡脖子路段的整治；农村桥涵隧道的拓宽加固；撤渡架桥；场站建设，包括物流园建设（四级站场：县市交通枢纽站、中心镇客运站、中心村中转站、沿路停靠点）。

（5）镇村公路网建设。拓宽通村公路至 5 米以上，加强联网贯通。

（6）公路、航道的安保设施、标志标线、路标航标系统。

（7）畅通工程。拆除所有省县道收费站、检查站，降低城乡交通运输成本，促进城乡流动。

四　城乡流动空间培育与建设工程（二）：信息网

缩小我国城乡数字化差距是推进城乡信息一体化的根本目的。广东省城乡之间的"数字差距"主要体现在三个方面：一是信息基础设施建设水平。虽然目前广东农村地区的信息基础设施较以往已经有较大的改善和提高，但是与大中城市相比，还是有一定的差距，比如固定电话普及率、移动电话普及率、有线电视普及率、互联网网民普及率普遍低于大中城市。二是信息化应用环境。面向农村居民的信息服务内容还不够丰富，针对农村居民开发的信息化应用还比较少。三是信息素养。由于地理位置、文化程度、认识水平等方面的差异，以及农村信息基础设施相对落后，信息化应用环境不完善，造成农村居民接触信息化的机会相对较少，信息化意识和应用能力也较弱。

广义的信息网包括互联网、广电网、电信网络（三网）建设及相关控制节点建设。国家"十二五"规划中提出要构建下一代信息基础设施，尤其要"加快农村地区宽带网络建设，全面提高宽带普及率和接入带宽。以广电和电信业务双向进入为重点，建立健全法律法规和标准，实现电信网、广电网、互联网三网融合，促进网络互联互通和业务融合"。城乡信息网的建设目的是实现城乡信息一体化，就是要把互联网与农民、农村经济合作组织、专业协会、企业、市场、商品、经纪人结合起来，以互联网为辅助，建立一个全程的信息平台。

广东省"十二五"期间推进城乡信息一体化的目标是：城乡信息

一体化的工作重点是加快农村信息基础设施建设。加强各部门协调，使管线、机房、基站共建共享，以节约资金、土地、人力等资源；推动3G网络在农村地区广泛覆盖；区、镇、村三级政务外网网络和覆盖各村委会的宽带互联网络，确保各类涉农信息化应用能够流畅运行；行政村电话、有线电视实现村村通。

广东省"十二五"期间推进城乡信息一体化的主要工作任务是：① 按照工业和信息化部《农村综合信息服务站建设和服务基本规范（试行）》的要求，统筹推进农村综合信息服务站建设；推进有线电视"村村通"；深化和完善广东行政村"一村一网"网站。② 继续推进信息技术在农业农村各领域的应用。③ 加强农民信息化意识教育、普及信息化知识、培训农村信息化专职技术人员。

为了推进城乡一体化工作，我国成立了中国城乡信息一体化工作委员会。广东省的城乡信息一体化工作应当依托这一工作机构而展开。湛江市的城乡信息一体化工作为在全省展开城乡信息一体化提供了重要经验。湛江市农村信息化建设起步较早，早在1999年就率先成立了廉江市信息中心，近年来发展更加迅速。湛江市把"网络到村、信息到户、运用到人"的农村信息化工作当作推进新农村建设、统筹城乡经济发展、转变农业和农村经济发展方式的"一把手"工程来抓，成效显著。目前，湛江市已建成1个市级信息化培训中心、4个市级就业信息服务站、7个农村旅游信息化服务站、11个县级信息化培训中心、11个农家信息化服务站、99个镇（街）信息化服务中心、157个农村信息化示范村、1503个行政村信息化体验站。建成了电子监察系统、手机信访系统、阳光村务e路通、渔船GPS系统、农产品网上交易台、远程劳务招聘平台、"湛江农业信息港"、"农信通"短信息服务平台、"掌上乡情"信息平台、农村"易读书"平台等10项服务平台。廉江市、遂溪县、麻章区成为湛江市农村信息化建设示范县，各地涌现出一大批农村信息化建设示范镇和示范村。①

---

① 数据和资料来源于湛江市农业局、湛江农业信息港。

案例：浙江省的"浙江100万农民信箱工程"

随着农业结构调整的不断深入，农民对信息服务方式等需求发生了新的变化，特别是种养大户、购销大户、农民专业合作组织、农业龙头企业等农村经济主体，亟须通过网络来快速及时地获取有效的信息，提高生产经营效益。为加强信息服务、帮助农民提高信息利用水平、适应信息时代社会生产力发展的需要，浙江省从2005年10月起在全省全面开始实施"百万农民信箱工程"。

根据"数字浙江"建设的总体规划和"以用促建"的原则，浙江省将通过"农民信箱"工程的实施，借助现有的农技服务体系和运营商的网络设备，以低廉的成本构建农民网上交互的信息平台，使全省农民能够借助电脑或手机短信进行网上交流，快速、便捷、免费地获得各种技术、市场、农产品买卖信息和系统提供的其他服务。同时，"浙江农民信箱"还开辟了网上推销、网上采购、网上联系、网上信息获取、网上信息发布、网上咨询等多种功能，能够较好地解决长期以来存在的信息不对称、供求双方难以对接等问题。"浙江农民信箱"具备系统规模大，注册用户100万，采用分级授权管理，凭身份证实行实名制开户注册，由权威部门发布公共信息，发布的信息可信度高，可以根据权限和需要进行分类群发短信或信件等功能强大、信息真实的特点。

由于浙江"农民信箱"具备了诸多功能和特点，开通以后，收到了良好的效果，得到广大农民的普遍欢迎。农民信箱工程的建设，一直受到浙江省各级政府和有关部门的高度重视，"浙江农民信箱工程"实施以来进展较快。到2005年年底止，各县（市、区）都已建立了"农民信箱"系统，并于12月20日前全部顺利通过验收。到2008年，全省农民信箱的用户达到100万户以上，目前全省所有乡镇都建成用于上下联络的"农民信箱"子系统。

该省各县市下一步工作目标是，在积极发展用户的同时，将进一步加强对农民信箱用户的培训，让更多的农民能够通过信箱获得市场信息，发展生产。

五　城乡流动空间培育与建设工程（三）：能源网

主要包括城乡一体化的输变电网络、天然气网络、农村小水电并网、农村小型太阳能风能并网等。

目前我国农村能源建设存在"城乡不同网、同网不同价"的城乡能源双轨制问题。除电网外，农村尚未形成与城市同等的生活能源基础设施体系。目前，我国近 7 亿乡村人口年人均生活用电量仅 316 千瓦时，近 500 万无电人口用电问题还没有得到解决。约 50% 的农户还依赖直接燃烧秸秆和薪柴解决炊事、取暖用能①，广东省的情况也大致与全国类似。

"十二五"期间，广东省城乡能源一体化推进的重点是农村能源基础设施建设和城乡能源基础设施互通互联，同时改革城乡能源价格形成机制，实现能源生产、消费和管理一体化。具体任务有四个：① 全面启动绿色能源②建设。到 2015 年，要建成若干个绿色能源示范县。③ 在绿色能源示范县建设中，要尽量选择大型能源企业具体运作，扩大项目规模，增加项目对农村生活用能供应之外的产出，并使这部分收入成为主要的运营收入来源，弥补为农村生活用能供应的亏损，从而实现项目的市场化运行。② 实施新一轮农网改造升级工程，实现城乡用电同网同价目标。通过扩大电网覆盖面与使用小型分散可再生能源开发利用，到 2015 年全部解决全省无电人口的用电问题。③ 大力发展农村可再生能源。依据广东实际，确定到 2015 年生物质发电装机容量目标、农村集中供气用户数目标、成型燃料年利用量目标、生物燃料乙醇年利用量目标、生物柴油年利用量目标等。④ 根据

---

① 《中国能源报》2011 年 7 月 9 日。

② 所谓绿色能源，是指生物质能、太阳能、风能、地热能和水能等可再生能源。

③ 根据国家能源局的建议，绿色能源县建设需符合几个基本条件：具有丰富的可再生能源资源；具有较好的可再生能源开发利用基础；农村能源管理和服务体系较好。

实际，各县建成若干个太阳能示范村。

六　城乡流动空间培育与建设工程（四）：物流与市场体系

物流与市场体系建设是相互紧密关联的一个整体，通常整合为同一业态进行建设与经营。物流业发展依赖于市场体系建设，市场体系运行以物流业为基础，因此二者联系紧密，互为条件和发展动力。通过物流和市场体系的城乡一体化建设推进城乡一体化的整体进程，理论上有依据、实践中可操作。

（1）物流与市场体系建设对推进城乡一体化的意义

市场体系对推进城乡一体化的意义主要体现在三方面。一是生产要素和商品的流动打破了城乡市场分治和要素分割、人口流动打破了城乡就业分化。二是城乡一体化的物流和市场体系建设倒逼城乡产业关联和经济衔接。三是城乡一体化的物流和是市场体系促进城乡消费观、价值观、生活方式、社会信息、城乡文化等在城乡间传递，最后实现城乡空间的有机全面融合。四是构建城乡一体化的市场体系是有效缩小城乡收入差距最直接的途径。从现实情况看，农产品流通的市场化程度是制约农民增收的主要原因之一，如果农产品的市场化率每提高 1 个百分点，全国农民人均收入水平将平均提高 25.28 元，沿海发达地区农民人均收入水平将提高 44.51 元，且市场化程度越高，农产品流通度农民收入的影响越大。① 五是农副产品物流和专业市场体系建设是农业产业化、农村现代化的重要支撑。农业产业化是实现农业现代化的主要途径，而农业产业化的重要特征是专业化生产、规模化经营和市场化运作，产品的高商品率需要专业市场实现，农业生产资料、农业技术支持和农业社会化服务体系的建设全部依赖于专业市场体系。

（2）构建广东省城乡一体化的物流与市场网

通过城乡物流和市场体系一体化建设推进城乡一体化的整体进程，具有广阔空间。首先，由于城市物流和商业利润率高，而农村商品流通

---

① 马龙龙：《论城乡一体化进程中市场体系建设》，《新华文摘》2011 年第 6 期。

率低导致物流业发育比健全农村商业利润率也低，结果导致城市商业经营者的市场网络仅覆盖城市，而农村商业为了适应农村消费能力和消费习惯，导致农村商品流通网络化、规模化水平低，商业经营成本高。其次，在传统商业经营模式下，城乡流通渠道无法衔接。农村市场商业零售业网点分散、运输成本高，服务半径大而服务人口少，导致盈利门槛高，这将导致城市工业品下乡、农村农副产品进城的双向商品流通成本高，形成经营性障碍。最后，是城乡物流业和商业零售批发业缺乏城乡一体的统一规划，农村商业和物流规划大多缺失。

根据广东省经贸委流通服务处的调研①，广东省商贸流通业发展的区域差异巨大，发展不平衡问题十分突出。珠三角地区流通业发达，山区及东西两翼地区流通业比较落后。珠三角地区的流通业增加值占全省流通业增加值的 78.68%，广州和深圳两市的流通业增加值占全省流通业增加值的 49.8%。而占广东 73% 土地和 70% 人口的其他非珠三角地区的流通业增加值仅占 22.3%。可见，广东流通业空间布局高度集聚，各区域流通业发展呈梯状结构，呈不均衡状态，在推进城乡一体化进程中，广东省的工作重心应当是加快建设珠三角的外围区域——两翼和山区的现代商贸流通业的发展，而外围区域的发展重点又是农村。因此，只有将广大农村市场纳入广东的现代商贸流通体系，广东省的商贸流通网络才能实现城乡一体化目标。

实际上，城市新型商业业态和市场网络一旦向农村延伸，随着城乡物流一体化，经营成本将大幅降低，农村物流和市场体系的利润率将大幅提高。另外，由于城乡基本公共服务的城乡均等化和农村基础设施的建设，农民收入的提高，农村商业和物流经营成本将大幅度降低，构建城乡一体化的物流和市场体系建设条件日益成熟。更重要的是，一旦构建起这种市场和物流城乡统一体，将极大地推进城乡一体化的整体进程。关键是在初始时期，需要政府的引导和扶持。

（3）构建城乡一体化的物流与市场网络的措施与行动

建设城乡一体化的物流与市场网络，具体行动应当围绕农产品流

---

① 广东省经贸委流通服务处：《广东建设现代流通大商圈的调研报告》，2010 年 4 月。

通网络体系建设、形成城乡一体化的流通网络这一核心任务而展开。着力建设农产品流通网络，加快建立城乡一体化流通体系，形成城乡双向流通格局，健全农产品流通的服务网络，在"十二五"的五年内，广东采取五项措施、实施五项行动是当务之急。

五项措施是：

• 加快城乡一体化的物流和市场体系建设规划。

• 提升改造农村专业合作社的功能，拓展业务，培育现代化经营能力，推进业态多样化。主要是发展各类协会、合作社等农民合作经济组织，培育农产品代理商、批发商等农业经纪人组织积极培育现代农村流通主体。

• 要加强规范和发展流通领域的各类行业协会，充分发挥行业协会的服务和自律作用，扩大行业协会在制订行业发展规划、建立行业信用体系、建立信息数据库、维护企业合法权益、开展人才培训和咨询服务、多种形式举办促进本行业相关报告会和经验交流会、定期或不定期举行业博览会和订货会等方面的功能和作用。

• 延伸农业产业价值链，重点培育产加销一体的综合性农业龙头企业。通过大力发展产供销一体化经营和公司加农户模式，以现代流通促进农产品的集约经营，逐步改善农产品"进城难"现象，推进农产品直接进入现代流通渠道。

• 增加城市支持农村资金向面向城乡一体化经营的城乡商业、物流企业，鼓励其建立健全覆盖城乡的营销网络。

五大行动是：

• 城乡统一的物流配送系统、快递系统以及城乡一体化的物流园、物流基地建设。

• "农超"对接、工业品下乡的规范化、制度化建设。

• 农村专业市场体系（包括农副产品市场、工业品市场和日用小商品市场等三大类）建设。

• 城市大型商业零售业企业在城乡区域内的连锁经营网建设等。通过"万村千乡工程"，加快农村流通组织的建设和改造，使农村流通业适应消费变化。力争五年内，在全省范围内建成有辐射功能的县级配送中心 100 个，乡镇级农家店 625 个，村级农家店 15000 个，覆盖率分别达到 80%、50% 和 80% 以上，形成以配送中心为龙头、以乡镇级农家店为骨干、村级农家店为基础的农村消费经营网络。

● 加强农产品流通基础设施建设和管理。加快重点农产品批发市场的标准化改造和建设，扶持流通企业和社会投资改善农产品的加工储藏运输环节。特别要积极运用财政贴息及直接补贴等政策措施，加大对农产品批发市场等重要商贸流通业配送中心、仓储等基础设施建设以及农产品冷链系统建设的投入力度，全面实施农贸市场改造升级工作。

第六节　城乡基本公共服务均等化工程

中共中央关于"十二五"规划的建议中提出，"逐步完善符合国情、比较完整、覆盖城乡、可持续的基本公共服务体系，提高政府保障能力，推进基本公共服务均等化"。积极推进基本公共服务均等化，是保障人民群众根本利益的需要，是扩大内需、加快经济发展方式转变的需要，是社会主义市场经济条件下转变和履行政府职能的需要，意义重大，任务艰巨。2011 年，中央经济工作会议提出完善基本公共服务、创新社会管理机制等六项任务。"十二五"时期，广东必须以推进基本公共服务为突破口，进一步统筹城乡发展，加快全省现代化进程。

一　基本公共服务均等化的内涵

基本公共服务均等化，是指在基本公共服务领域尽可能使公民享有同样的权利，享受的基本公共服务水平大致相当，其特点是基本权益性、公共负担性、政府负责性、公平性、公益性和普惠性。[①] 基本权益性是指基本公共服务应覆盖公民的生存权、健康权、居住权、受

---

① 郑贤操：《推进基本公共服务均等化要实现三大突破》，省政府机关内部文稿。

教育权和工作权等基本权利；公共负担性和政府负责性是指基本公共服务应由公共财政承担，主要由政府负责提供；公平性、公益性和普惠性是指基本公共服务应由全社会普遍分享，惠及全体人民群众。推进基本公共服务均等化，就是要逐步使人民群众在基本公共服务方面的权利得到基本实现和维护，特别是使困难群众和困难地区尽快享有社会平均水平的基本公共服务，其实质是政府为全社会提供基本而又有保障的公共产品和公共服务，将广大人民群众要求最迫切、与基本生存权和发展权关系最密切的公共服务在城乡、区域和不同社会群体之间均等配置，把差距控制在社会可承受的范围之内。

《广东基本公共服务均等化规划 2009—2020 年》把基本公共服务的范围确定为两类八项内容。基础服务类，包括公共教育、公共卫生、公共文化体育、公共交通四项；基本保障类，包括生活保障（养老保险、最低生活保障、五保）、住房保障、就业保障、医疗保障四项。

二　基本公共服务均等化的保障

核心是坚持政府财政保障，健全基本公共服务体系。具体应做到：

（1）完善农村义务教育经费保障机制，提高农村教育师资水平，促进城乡义务教育均衡发展。

（2）加强农村医疗卫生基础设施建设，提高新型农村合作医疗的补助标准和农民缴费标准，逐步实现新型农村合作医疗制度与城镇居民及城镇职工医疗保险制度相衔接并逐步并轨，实现城乡居民（包括农民工）一体化的公民医疗保险制度。

（3）积极开展农村养老保险试点，健全农村养老保险制度，逐步实现城镇职工、城镇居民和农村居民养老保险补助标准的对接。

（4）统筹城乡就业，加大农民尤其是被征地农民就业能力的培训，加快建立城乡一体化的人力资源市场和公平竞争的就业制度。

第七节　生产性服务体系建设工程

生产性服务体系建设工程主要是面向农村的农业科技支持与社会化服务体系建设两大工程。

一　农业科技支持现状问题与对策

（1）两大问题

一是科技服务水平低。现有的科技服务方式主要为：① 政府农业部门，乡镇农业技术服务中心通过技术推广形式、农业科技知识宣传普及等形式进行；② 各类农业技术学校通过科技下乡，科技推广及产品销售附带的技术服务；③ 民间科技推广主要为民间师徒培训及经验丰富的民间技术员指导、短期的技术培训等；④ 企业行为主要分为农业科技企业的产品销售技术服务、单纯技术销售和农业生产企业通过和农户签订合同，指定性推广技术进行商品化生产。

二是科技资源短缺。广东省随着现代农业的发展，农业发展多元化，农业生产进入现代农业综合生产、特色农业精品生产阶段，农业发展对科技资源的需求日趋多样化。在目前的科技信息交流和生产活动中，农民普遍感受，遇到的最大困难首先是"信息闭塞"和"缺少新技术"。在农业科技成果的供给与需求上，具体表现在：① 省级以下具有地方化特色并对地方经济具有带动作用的科技成果少，很多农业发展项目具有高相似性；② 农民亟须推广和增加生产的技术成果相对少。③ 农民通过网络获取科技能力不强，缺乏农业生产科技培训。

如广东的花卉苗木产业，亟须新品种、新栽培技术，农民需要掌握组培、试种、繁育技术、基质配方等精细技术；花卉苗木中期需要掌握智能温室技术，测土配方，统施统治，培护过程需要小型机械操作技术；产品生产技术和质量标准控制，品牌扶持和包装技术。如这种有效供给不足导致结构失衡，农村可利用科技资源短缺，不利于特色精品农业发展和农业整体实力的增强。

（2）关键对策

解决农业科技支持体系存在的问题的关键，是改革完善农业科技研发体系。

农业科技研发体系是为广东农业与农村提供科技支持的核心依托，其职责主要有七方面：一是要切实为现代农业提供新品种新技术支撑；二是要为发展现代农业提供装备支撑；三是要为农村专门技术人才培训提供智力支撑；四是要为提升现代经营能力提供支撑；五是要为农业经济、技术信息传播提供支撑；六是要为农业的综合利用提供技术支撑；七是要为农副产品的精深加工提供技术支撑。

广东省农业科研体系大体可分为两种体制和三种类型，即：以国有为主体和国有与民营相结合的两种体制。从行业归属划分有三种类型，分别为农口部门的农业科技专业研究、推广机构，教育系统相关大专院校的内设农业科研机构，以及围绕产业发展及自身的生产、生存需要的民营农业专项技术研究开发机构。从产业领域划分主要涉及农业种植业，以畜牧业为主体的养殖业，以及林业、水产、水利、农产品加工业等。

农业科技研发领域存在的突出问题是没有形成"体系"，是一盘散沙、多头管理，科研经费源出多门，科研成果束之高阁。从现行农业科技研发推广体系形式来看，主要由农业科技管理体系（由政府科技管理部门和行业科技管理机构组成）、农业科研体系（由农业专业研究机构、相关大专院校及民营专业研究机构组成）、农技开发推广体系（由农口各业务部门组成）、农技服务体系（由镇乡农技服务站及专业技术服务组织组成）构成。由于现行农业科技体系中的研究与技术开发推广服务脱节，众多与农业产研基地相连的龙头加工企业并未能形成自己的研发机构，加之大多数国有农业科研院所在经费上实行定额包干制，政府所拨经费难以维持对农业生产所需技术研究费用，致使研究内容不得不以部门利益最大化为目标，从而造成研究成果难以适应农业生产的不同需求和变化。

要使农业科技成为发展现代农业的重要支撑，加强农业研发体系为广东"三农"建设服务的能力，应当从以下三方面改革现行农业研发体系：① 实行分类支持。政府按技术、产品类型和"公益性"程度，分类分等地对研究单位人员、设备及必要的运行费用提供不同程度的支持，确保工作顺利开展。② 建立新型农技推广体系。除专门的农业技术推广部门以外，在农业科研机构和涉农大专院校建立与研究成果配套的专业农技开发推广体系。此外，还可针对广东热带特色发展的特殊需求，建立分工明确，由农业科研、推广及产业组织、特色农业企业共同参与的产学研结合的利益共同体。③ 建立大批企业研发体系。特色农业企业和大型农业龙头企业的产品技术开发能力强弱直接关系着对农业产业基地的带动能力和企业的发展能力。建立企业技术服务及产品研发体系，不但是农业技术体系的重要组成部分，也是现代农业企业发展的必然趋势。

通过改革，农业科技研发体系应当在以下七方面为发展现代农业提供支撑：切实为现代农业提供新品种新技术支撑；为发展现代农业提供装备支撑；为农村专门技术人才培训提供智力支撑；为提升现代经营能力提供支撑；为农业经济、技术信息传播提供支撑；为农业的综合利用提供技术支撑；为农副产品的精深加工提供技术支撑。

二　广东农业社会化服务体系建设

（1）农业的社会化服务：需求与供给主体

通过我们承担的浙江省农业厅项目"浙江省农业社会化服务与科技支持体系建设"的大量前期调研，我们发现农村在发展现代农业过程中，生产者的成本构成中有相当一部分本应由国家财政承担，这部分就是农业的社会化服务项目和科技支持项目。目前，国家开始大幅度增加农业基础设施的投入力度，但对农业社会化服务体系和科技支持体系建设的公共投入仍未得到应有的重视，这仍然会让农业生产表现出"高成本、高风险和低利润"的两高一低状态，对增加农民收入、发展农村经济是至关重要的。通过调研我们发现，农业生产者亟须的农业社会化服务内容主要有 10 项，而供给主体、供给数量和质量十分有限。同处沿海工业经济发达地域、同属国家同一政体，广东的情况应当与浙江大致雷同。

生产者需求：

- 农业科技创新与科技推广服务（含合作农民和农业工人的技术培训服务，科技下乡，科技特派员制度等）。
- 农业基础设施建设（机耕道、电网改造、冷库、生产性用房、水利设施、标准化农田建设）。
- 农业园区生态建设服务（农业污染治理、生态环境保护、循环经济指导、生态农业技术指导、立体农业技术指导）。
- 金融保险服务。
- 农业外贸服务。
- 农业公关服务（品牌创建服务、产品推介服务、招商引资服务、农业合作服务等）。
- 农业综合信息服务（信息兴农工程）。
- 标准化建设服务。
- 园区、农业企业经营环境维护服务（农户——业主关系，土地流转服务等）。
- 要素市场建设与经营服务（产权、土地流转服务、劳务、技术交易）。

供给主体：

- 政府（公益性服务、非营利性）。
- 物流公司。
- 专业服务公司（服务外包）、农业社会化服务机构。
- 农业服务组织（农协、专业合作社、供销社等）。

（2）农业社会化服务专业组织建设

在提供农业社会化服务供给时，除加大政府公共财政供给外，还必须大力扶持社会力量提供农业服务，其中的重点是大力扶持和规范农民专业合作社建设和继续发挥农村供销合作社作用。

第一，农民专业合作社的规划与培育建设。

农民专业合作社是农业社会化服务和经营活动的新型主体，是建设现代农业的重要力量，进一步提升农民专业合作社发展水平，能增强经营活力和实力，促进现代农业建设和农民增收。

建设要求——以科学发展观为指导，贯彻《中华人民共和国专业合作社法》，坚持"民办、民管、民受益"原则，推进农民专业合作社规范化建设，健全内部治理结构和运行机制。积极引导同类农民专业合作社的联动和重组，创新经营机制，增强服务功能和市场竞争力；加大政策支持引导力度，改善发展环境，促进农民专业合作社做大做强。

主要措施——依法推进农民专业合作社规范化建设。规范农民专业合作社组织机构、股金配置、生产经营、财务管理等制度，完善利益分配机制，保障农民专业合作社成员的财产权、经营权、分配权等合法权益。① 引导农民专业合作社联合重组。引导同类农民专业合作社之间及合作社与相关市场之间进行联合与合作，提升组织化水平。② 创新农民专业合作社经营机制。积极引入承包制、经济责任制、成本核算制以及职业经理人制度等，优化合作社生产经营机制。③ 引导合作社增加服务内容，提高服务质量。④ 创建具有地方特色的农产品品牌，引导品牌资源整合。⑤ 实施农民专业合作社"走出去"战略，支持发展连锁经营等新型流通业态，促进农产品销售。

第二，农村供销合作社建设。

建设要求——坚持为农服务宗旨，坚持社会主义市场化改革方向，坚持合作制原则，明确供销合作社职能定位，加强对供销合作社的领导和政策支持，深化供销合作社体制机制改革和组织体系创新。

主要措施——① 支持发展农产品流通业，鼓励参与现代农业建设。充分发挥供销合作社系统网络、物流设施优势，支持加快社属农产品营销平台建设，推行农产品直销、连锁、配送等现代交易方式，提高流通效率。② 支持农业生产资料流通服务网络建设。建设带动能力强的农资龙头企业，完善农资仓储物流基础设施，建设配送中心。③ 鼓励供销合作社参与发展农村金融。探索发展适合农村特点的金融产品和服务方式，提升服务水平。

第八节　农业现代化建设工程

一　实施农业现代化建设工程对推进城乡一体化的意义与作用

我国城乡之间最大的不同就是收入不同而导致的城乡差距，因此提高农民收入、缩小城乡差距就成为城乡一体化的关键所在。近年来，虽然中央一直强调增加农民收入，但实际上城乡差距仍然在不断扩大，2008—2010 年，我国城乡居民收入比分别为 3.29：1、3.31：1、3.33：1，呈逐年扩大趋势。从地区看，东部沿海省份较低，除直辖市外，辽宁、山东、江苏、浙江和福建均小于 3：1，只有广东省高于 3：1，达 3.12：1，浙江省最小，为 2.45：1。从这个角度看，在沿海地区，广东省推进城乡一体化的任务十分艰巨。

除构建工业反哺农业、城市支持乡村的政策体系外，缩小城乡收入差距的根本途径就是大力发展农村经济，实现农业和农村经济的内生性增长。促进农业现代化是提高农业生产效益、增加农村和农民收入的可靠途径，同时也是确保我国粮食安全和城市农副产品有效供给的必然要求。

要强化城市—城镇—农村的产业关联，依赖分散生产、小规模经营的小农经济方式是难以实现的，必须在县域范围内依据自然条件特色、文化特色、农业发展的传统特色等，因地制宜地培育和建设一批重点现代农业产业园区，包括地方特色农业园、主导产业园和综合性现代农业园；同时为了承担国家的粮食安全责任，必须建设一定数量的粮食生产功能区；为了承担城市的菜篮子安全责任，在城镇近郊还必须建设一定数量的生态蔬菜种植园区。这些园区建设的根本目的是形成规模化生产、现代化经营，彻底改变传统农业面貌。

对推进城乡一体化的作用表现在：① 在工业向工业区集聚、人口向城镇集中的基础上，通过土地流转使土地集中具备了条件，建设现代农业园、促进优质农业生产资源集聚，形成农业产业集群，带动广东分散农户加入城乡一体化的市场和城乡一体的产业链。② 现代农业产业园与传统分散农户的根本差别是实现产业化经营，将工业、商业和农业生产紧密地融合为一个经营整体，因此，农业通过产业化的途径，向城镇延伸了加工和销售环节，通过物流信息也和专业市场网络，建立起城乡产业的垂直一体化，从而拓展了农业在产业链上全程接受非农产业和城市反哺的途径和机会。③ 在分散的农业和农民农村环境下，作为实施城市和工业反哺农业和农村的地方政府，落实政策时找不到着力点，展开工作时甚至难以确认工作目标和对象，导致反哺资源使用效率低下，降低通过反哺实现城乡一体化的效果。有了现代农业园和粮食生产功能区，对象明确、任务具体，通过这些平台可以实现以点带面的效果。④ 有利于形成工业和城市反哺农业和农村的范围经济和规模经济效应，提高支农资金、人才、技术、政策的监管和绩效评估，提高使用效率。⑤ 农业产业集群的培育与建设，将会推动农村物流业、农副产品批发零售业、技术和信息服务业、生活性服务业的发展，通过这些快速衍生的第三产业，将城市与农村、工业与农业融合成为一个区域整体。

二　广东省农业生产基本条件现状

2009 年，省级财政安排农、林、水利支出 70.6 亿元，按可比口径计算，比上年增长 17%。全省已累计解决 620 万人农村饮水安全问题，占全省规划人口数的 37.7%；累计完成通行政村公路硬底化建成里程约 4.7 万公里，2009 年年底基本完成全省行政村公路硬底化建设目标；农村电网工程建设已完成，基本实现村村通电的目标；新建农村户用沼气 13160 户，大中型沼气项目 72 宗；基本完成义务教育学校危房校舍改造任务，乡镇中心卫生院（所）建设取得新进展。①

（1）农田水利基础设施建设进一步加强

2009 年全省共完成水利投资 102.13 亿元。其中：中央投资 6.89 亿元，省级水利投资 28.52 亿元，地县级水利投资 66.72 亿元。广东

---

① 本部分内容的数据由广东省发改委提供。

省现有已建成的小型农田水利设施 20 多万处，其中小型水库 6970 座，总库容 59 亿立方米；10 万立方米以下的塘坝 3.82 万座；万亩以下灌区渠道 10.26 万公里；2007 年，全省耕地面积 4356 万亩，有效灌溉面积 2800 万亩，约占全省灌溉面积的 64%，比 2003 年的 61% 比重增加约 3 个百分点，其中万亩以上灌区 461 宗，有效灌溉面积 1266 万亩，占全省有效灌溉面积的 45%。此外还有一大批小陂头、小电排、小型水闸等农村水利基础设施改造完成，为农业农村的发展提供了有效的保障。

（2）现代标准农田建设初见成效

通过实施农田水利基本建设议案、基本农田保护示范区、农业综合开发、土地整理以及山水田林路"大禹杯"竞赛等工程及相关措施，到 2007 年年底，全省已整治农田 41.1 万亩，受益面积 50 万亩以上。通过现代标准农田建设，改善了农业生产条件，提高了水资源利用率，已整治农田的灌溉水有效利用率从原来的 0.3—0.4 提高到了 0.6 以上，同时，每亩水稻田比整治前增产稻谷 30 公斤以上，增加了农民收入。

（3）林业生态建设得到取得长足进展

2007 年，全省林业用地 1.65 亿亩，占土地面积的 61.8%，其中有林地面积 1.40 亿亩。林木蓄积量 4.03 亿立方米，森林覆盖率 56.3%。全省现有各种类型、不同级别的林业系统自然保护区 255 个，总面积 109.9 万公顷，占全省国土面积的 6.1%，其中：国家级自然保护区 5 个，省级自然保护区 50 个，市、县级自然保护区 200 个。到目前为止，全省已建立各类森林公园 410 处，总面积 96.8 万公顷，占国土面积的 5.4%，其中：国家级 22 处，省级 63 处，市县级 325 处。

（4）海洋与渔业基础设施得到进一步加强

一是渔港设施逐步完善，渔港防灾减灾能力提高。广东省现有渔港 133 个，其中规划建设国家中心渔港 10 个，国家一级渔港 11 个，省区域性重点渔港 29 个。渔港防波堤长度 30231 米，防沙堤长度 12241 米，护岸堤长度 131208.4 米。二是原良种繁育体系初步形成。

全省纳入中央和省基建扶持建设的项目有 13 个，其中良种场 10 个、原种场 1 个和省级水产引育种中心 1 个、遗传育种中心 1 个。三是水生野生动物保护体系逐步健全。截至 2008 年 8 月底，全省建设的海洋与渔业自然保护区 77 个，其中国家级 4 个、省级 6 个，初步建立了以国家保护区为龙头、省级保护区为骨干，市县级保护区为通道的自然保护区网络，重点保护珊瑚礁、红树林、海草床、滨海湿地等，保护总面积达 61 万公顷，海洋与渔业自然保护区数量、面积和保护种类继续居全国首位。

三　农业公共基础设施建设存在的问题

农业公共基础设施仍然严重不足。东西两翼和粤北山区的相当大部分公共农田灌溉设施（主要是由水源地到田间的干支斗毛渠）年久失修、工程设备老化，灌渠淤积垮塌，涝不能排，旱不能灌，村、镇两级防洪排涝体系病险多、标准低。据不完全统计，目前全省农田有效灌溉面积只占 64%，虽然有所提高，但与发达地区相比仍有较大差距，其中旱涝保收面积仅 44%，"望天田"约占全省耕地的 15%，其中河源市平均为 25%，农田灌溉水的利用率（渠系利用系数）平均仅为 0.4—0.5，较高的有东莞市平均为 0.7，较低的河源市仅为 0.35。此外，广东省仍有中低产田面积 1500 多万亩，占耕地总面积的 62%；涉农公益性基础设施建设和维护相对滞后，主要在农业基础科研、良种良法、防灾减灾、检验检测、海陆生态修复、自然保护、信息基础、行业执法等领域公共设施有待健全。

四　农业现代化建设工程推进城乡一体化的机制与过程

农业现代化建设首先要把握好正确的方向。我们不赞成美国式的农业现代化，即粗放式的、高度机械化的、高耗能的、高度资本密集的农业，以及转基因之类的大量有不确定性风险的生物技术广泛运用于农业。简单来说，生物工程加石油农业式的农业现代化道路不适合我国国情。我们要走的农业现代化道路是低碳农业、有机生态农业、土地资金集约化农业。我国的传统农业之所以效益低下，根源是小农经济特征。小而分散的生产单元、缺乏组织化的生产经营者，商品率低直接导致农业效益低下。

实现我国农业现代化的理想途径是农业产业化，理想模式是大力培育和建设现代农业园区。通过这些农业园区建设，带动众多分散的农民参与，形成区域性利益共同体，实现广大农民增收致富。

五　广东农业现代化建设工程的主要内容

为了实现农民增收和履行稳定粮食生产的国家责任，现代农业园区建设分为两大类：一是非粮食生产类现代农业园区，二是专业粮食生产功能区。浙江省2010年起实施的农村"两区"建设就是指这两类农业园区的建设。广东省的农业现代化建设工程应当以"一区三园一体系"建设为主要内容，即在"十二五"及今后相当长时间内，以县域为基本运行单元，重点建设若干粮食生产功能区，重点培育若干现代综合农业园、农业主导产业园和特色农业园，重点构建一个服务功能强大的综合现代农业支持体系。通过这些区和园，形成众多增长极，以他们为核心，在广大农村地区形成众多的利益共同体，带动周边农民参与，加快农村富裕。

城乡一体化的重要目标之一是缩小城乡经济发展差距，关键是发展农村经济，提高农业生产效益。走中国特色农业现代化道路是党的十七大提出的重大战略方针。当前我国正处在工业化、城镇化快速推进时期，迫切要求加快推进农业现代化，构建新型工农关系，实现"三化"（工业化、城镇化、农业现代化）的协调推进和良性互动。另外，加快发展现代农业是建设社会主义新农村和推进社会主义现代化的必然要求。建设新农村，首先要改造传统农业，使之尽快向现代农业转变，同时也是粮食安全和农民增收的保障，是提高我国农业国际竞争力的重要举措。广东省是我国重要的农业生产地域，尤其是热带、亚热带农产品的核心产区，具有明显的区域比较优势，但是随着工业化和城市化的快速发展，农业的地位和农业的比较效益日益下降，使广东的"三农"问题日益突出。为了解决这些问题，在推进农村工业化和农村城镇化的同时，应当与农业现代化紧密结合起来，如在推进农村工业化是重点推进农业产业化，将传统农业发展为贸工农结合、产加销一体的现代农业产业化模式，延伸农业生产价值链，将传统小农经济升级为大农业，在推进农村城镇化时结合农村经营性土地流转，为农业规模化经营提高条件等。

在农村，"无工不富"思想根深蒂固，发展农村经济长期依赖于农村工业的状况，不符合党的十七大提出的走中国特色农业现代化道路的战略思路，要通过有效地发展现代农业，发展农村经济，缩小城乡经济差距。为此，需要加大城市支援农村、工业反哺农业的力度。"三农"问题纷繁复杂，农村"三散"（经营权分散、人口分散、图零散）的现状很难为"以工补农、以城促乡"找到有效的实现路径，为了找到落实这一创举的着力点和切入点，需要集中力量优先发展重点，通过这些重点带动众多分散农民发展，这是广东推进农业现代化最有效的途径。重点建设"两区"，可以落实这一设想。

六 发展现代农业的思路：实现三个"做到"、解决四大矛盾

广东省发改委在 2009 年 12 月发布的《以城乡经济社会发展一体化为主线加快推进广东农村改革发展》的调研报告中提出"十二五"期间广东省农业现代化发展思路为"坚持城乡要素互动，转变农业发展方式"。这一思路是符合现代农业发展要求的。这一思路要求广东省的现代农业发展具体要实现三个"做到"：① 做到"人出来"。就是加快农村富余劳动力向第二、第三产业的转移，千方百计减少农民，较大幅度地提高农业劳动生产率，较大幅度地提高农民的收入水平和生活质量，并为工业化、城镇化提供较充足的劳动力。② 做到"钱进去"。就是把工业化进程中积累起来的资金，包括各级政府的财政资金、工商企业和农业企业的投资资金，引导投向农业和农村。重点吸引非农企业资金进入农业农村。较为雄厚的非农企业资本大规模地进入农业农村，必将优化农业农村的资源结构、产业结构和劳动力结构，加快形成农业农村的资金积累和扩大再生产能力。而政府资金则用以改善农业农村公共基础设施和公共服务，为作为市场主体的工

商企业对农业农村的投资提供良好的软硬环境。③ 做到 "货上架"。就是以农产品（含农副产品）能否摆上城镇大型连锁超级市场（或酒店等）的货架为标准，促进农业产业化。"货上架" 就意味着农产品集标准化、集约化、生态化、市场化和国际化为一体，而且易于食品管理，利于食品安全。

广东省发展现代农业，尤其是建设现代农业园区和粮食生产功能区，和长江三角洲等社会经济发达区域一样，需要解决四大矛盾：① 建设现代农业与农民种粮积极性不高、地方政府抓农业积极性不高、地方干部抓农业积极性不高、金融企业为农业贷款积极性不高等的矛盾；② 加快农村经济发展与农村土地产权制度不完善的矛盾；③ 提高农业综合生产能力与科技体制不适应的矛盾；④ 发展现代农业与农民经营分散、科技文化素质低的矛盾。

第九节　农民工程

农民工程主要包括三项工作：农村劳动力转移、人口集聚、素质提升与就业。这三项工作是相互关联的，也是相互促进的。提高农民素质是实现就业的前提条件，加快农村劳动力转移是促进农村人口集聚和农村城镇化的保障。总的思路是，加大农村劳动力的就业培训力度，优化农村劳动力的空间配置，减少农业就业人口、提高农业生产效率，加快城市化进程，大幅度提高农民工资性收入，缩小城乡居民收入差距。

一　农民素质提升工程

主要包括文化素质、创业精神、科技素质、文明修养四方面。

文化素质提升的任务是消除 40 岁以下青壮年农民文盲和半文盲。

创业精神提升主要是培养农民有积极向上的事业心和发家致富的强烈愿望，彻底改变农民安于现状、不思进取的懒惰、麻木的精神状态。我们将广东的调研情况与浙江的情况比较后发现，广东山区农村

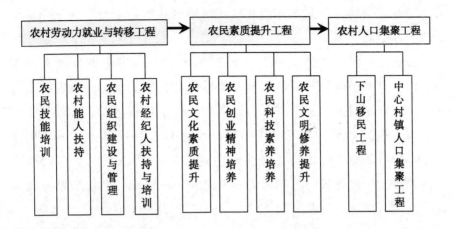

贫困的最根本原因不是资金、不是技术，更不是地方政府领导不得力，是山里人的精神状态和文化特质决定的。根本原因是农民的懒惰和麻木，加上村里没有能人，这些山区农民毫无目的地生存着、守望着青山绿水过着贫困潦倒的生活，百无聊赖地活着，最悲哀的是他们过着痛苦的日子还不知道自己正痛苦着，与浙江山区农村的农民热火朝天搞旅游、埋头苦干种香榧、开开心心住洋房形成截然不同的景象。

科技素质提升主要是培训农民具备基本的生产、生活中的科技常识，杜绝愚昧，培养农民主动学科技、用科技、钻研科技的精神。

文明修养提升重点是教会农民正确地甄别传统文化中的精髓和糟粕，如何扬弃传统伦理道德观中的合理与不合理成分。农民的不文明大多数来源于消极的、腐朽的传统文化和陋习，消除这部分陋习就能极大地提升农民的文明素质。狭隘的家族观念是导致农村群体性事件的根源、愚孝是导致一代不如一代的主要原因、迷信思想导致愚昧行为，这些源于传统消极腐朽观念的不文明行为是农民修养和素质低下的主要表现。

二 农村劳动力就业与转移工程

截至 2009 年前三季度，广东全省新增培训农村劳动力 57.6 万人，新增转移就业 113.2 万人。农民工就业继续呈现出"两升两降"的态势：一是外出就业的本省农村劳动力数量上升，入粤就业的外省劳动力数量下降。二是粤东西北地区新增就业数量上升，珠三角区域新增就业数量下降。

目前，农民工转移就业压力仍然很大。根据广东省发改委的调研，农民富余劳动力就业的结构性矛盾仍然比较突出，表现在技能人才不足、普工过剩。据全省人力资源市场供求数据显示，市场技工的求人倍率达到 1.37，市场技工的缺口数达 123.71 万人次；普工的求人倍率则仅为 0.75，供给大于需求达到 113.66 万人次。全省 75% 左右的农民工、滞留农村劳动力无一技之长，转移就业和稳定就业难度很大。

三　农村人口集聚工程

加快人口集聚是推进城乡一体化的重要支点，也是城乡现代化建设中的必要过程。农村人口集聚工程必须遵循政府引导、农民自愿、分类指导等原则。衡量人口集聚工程成功与否的标准是看能否做到"移得出、住得下、活得好"，即是否为自愿移出、是否有合适的移民小区安置、是否在新移民落地有就业岗位顺利就业。鼓励农民空间集聚具有重要意义。一是降低农村基础上设施建设成本；二是提高农村行政组织工作效率；三是改善农民居住条件；四是提高土地利用规模和效率；五是推进农村城镇化、农业现代化。

当然，在推进农民空间集聚的过程中，也应高度关注由此引起的社会问题。一是长期以来形成的村落共同体结构瓦解对农村社会结构的冲击；二是村落文化、宗族文化的破碎导致的农民文化转型与文化适应问题；三是集聚后新的社区文化的引导和培育，防止农民移民社区成为"文化荒漠"；四是要严防农民集聚工程背后的各方土地利益博弈导致的农民权益受损，这是导致县域内群体性恶性大事件的重要根源。

（1）下山移民工程

下山移民工程主要包括五类：

● 偏远贫困山区弱小村落的迁移。自然条件恶劣、山高路远、生产生活成本高昂，是重点搬迁对象。

- 生态保育区村落的迁移。包括自然保护区的核心区、重要旅游资源去的核心区、重要水源地的上源区。

- 重点工程建设区村落的迁移。风力发电场、填海造陆采土石区等。

- 地质、气象灾害区村落迁移。地质不稳定区、泥石流易发区、台风雷电频发区等。

- 大中城市、中心镇、中心村周边区域空心村迁移。在经济较发达的城镇和中心村周边，存在大量人去楼空的空心村，这些村亟待整治，最好的办法是人口向城镇和中心村迁移。

下山移民工程的主要工作包括：

- 移出地规划。优选移出村落，核实村民聚落面积和山林田土面积和权益，人口普查，新住宅要求，造价核算，资金来源，移出方式确认（整体还是个体），迁移意愿普查等；

- 移入地规划。建设用地指标落实，移民新村规划，建设成本核算，资金来源，新村建设模式选择等。

- 宅基地和农民承包地、山林处理。确定移出农民的宅基地如何开发利用，是退宅还耕还林还草还是开发乡村旅游。移民搬迁后新增的建设用地指标的利益分配。原居民承包的田地山林的承包权问题。

- 移民就业安置。解决移民就业是农民集聚工程能否顺利推进的关键。多方设法解决就业问题成为政府在农民集聚工程中需要解决的最关键问题之一。

（2）中心镇村培育与建设工程

通过中心镇村的培育与建设集聚农村人口的前提条件是有足够的就业岗位和就业机会，缺乏就业机会的中心城镇不可能对农村人口有集聚引力。因此，繁荣中心镇、村经济，大力发展第二、第三产业是实现人口集聚的关键。除此以外，还必须为农民集聚提供住房、公共服务等基本条件。

长江三角洲的经验显示，中心村镇发展第三产业对集聚农民是最有效的途径，其中尤其以建设专业市场效果最明显。事实上，在经济较发达的长三角和珠三角地区，每个中心镇建设一个综合性大型市场、每个中心村建设一个较大的专业批发市场是完全有足够的市场空间的，也是建设城乡物流一体化的要求。浙江省是一个专业市场大省，高峰期全省有各类专业市场 4800 多个，随着市场规模壮大和市场业态升级，现在还有实体专业市场 2700 多个，新生的大型网络市场众多，为浙江省解决农村人口就业和转移农村剩余劳力提供了重要途径。以义乌市场为例，可以解决 30 多万人的农村人口就业问题。义乌依赖大大小小的各类专业市场，解决了周边四县一市的大部分农村劳动力就业问题，同时也快速地促进了周边人口的集聚，义乌人口由 20 世纪 80 年代的不到 5 万集聚到现在的近 300 万（含流动人口）。其路径和模式是值得广东省发达地区农村借鉴的。

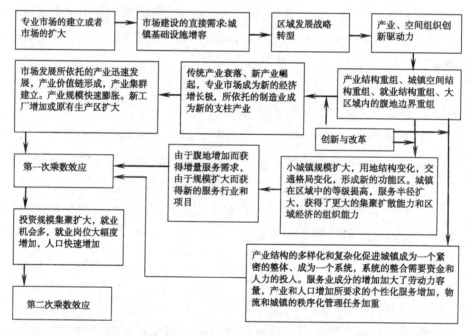

图 7-1　专业市场经营的人口与产业集聚效应：城镇化的动力之源

在加强中心村镇经济发展和基础设施建设以增强对人口集聚的引力外，还必须有一套严谨的管理制度以及对镇村和农民的激励（鼓励）措施。我们建议城镇安置集聚农民所需的住宅用地，应以国有土地划拨方式供地，集中建设公寓式住房，规划居住点人均用地面积不超过 40 平方米；建设联立式住宅的，规划居住点人均用地面积一般控制在 80

平方米以内，最多不超过 100 平方米；农民建房全部向规划居住区集中，纳入农村土地综合整治，除危旧房改造和抢险救灾外，停止规划区外审批宅基地，约束人口向规定区域内集聚。同时应制定相关政策鼓励中心镇（村）吸引人口集聚的积极性，如明确中心镇土地出让获取的收益，除了上缴国家和省的部分外，剩余部分全额返还给中心镇，重点用于农民身份转换的社会保障支出、农民生活补贴以及公共服务设施和基础设施建设；对自愿放弃宅基地到城镇安置落户的农户，可享受在县城和中心镇购买经济适用住房等保障性住房的资格；本县（市）内跨乡镇转移的，人口迁出地乡镇政府应将一定数量的复垦指标无条件转让给迁入地乡镇政府。为鼓励农民向中心村镇集聚，在一定的政策框架内应当允许农房置换城镇住房。以县域为单位，对具有本县常住户口，并具有合法的、具备复垦条件的农村宅基地或已申请获批建房但未建设的，同时自愿永久放弃全部农村宅基地（含自留地）的农村居民户，可以以户为单位申请县域内任意中心镇建设公寓小区。整村或联户成片置换户，以及已经脱离农业生产和农村生活的农户，优先参与置换。相关住房在补缴出让金后，允许上市交易。同时还必须制定置换面积定额、置换房价格和政府补助等具体操作标准。

第十节　农村人居环境建设综合工程

一　村庄整治

村庄整治工程是以整个村庄的社会文化建设和基础设施、生态环境、人居环境等方面进行综合改造，以达到从根本上消除村庄布局混乱、环境恶劣、民风低俗等严重影响农村生产和生活、生态的乱象，缩小农村人居环境与城镇的差距，为城乡基础设施一体化、基本公共服务均等化等的顺利展开打下基础。具体做法是以村庄规划为龙头，以治理"脏、乱、差、散"为主，加大村庄环境整治的力度，完善农村基础设施，加强农村基层组织和民主建设，加快发展农村社会事业，使农村面貌有一个明显改变。

村庄整治工程的总目标：在现有村庄建设和治理的基础上，以县（市）域为基本单元、县政府为责任主体，省负责指导、检查和督促。至 2015 年，对全省尚未整治过的中心村进行全面整治，至 2020 年对尚未整治过的行政村进行整治。村庄整治必须达到相关的标准。①

中心村村庄整治的标准：① 在基层组织建设方面：村党组织坚强有力，成为"先锋工程"先进党组织；村级组织统一协调，村务管理民主规范，各项工作运作有序。② 在发展经济方面：集体经济实力强，人均农村经济总收入和农民人均纯收入达到基本实现现代化的标准。③ 在精神文明建设方面：社区文化生活丰富，社会风尚良好，达到市级以上文明单位的标准。④ 在环境整治方面要做到布局优化、道路硬化、村庄绿化、路灯亮化、卫生洁化和河道净化六化要求。

一般行政村整治的标准：除了在村级组织建设、发展集体经济、文化社会事业、村务民主管理等方面要达到一定的标准外，并要根据各村区位特点、经济条件和社会发展水平，因地制宜地开展以治理"脏、乱、差、散"为重点的环境整治，具体要求是：① 环境整洁。做到按村庄规划搞建设，无私搭乱建建筑物和构筑物；垃圾集中存放、及时清运，消除露天粪坑和简陋厕所。② 设施配套。做到村庄主干道基本硬化；有较完善的给水、排水设施，河道应有功能得到恢复；搞好田边、河边、路边、住宅边的绿化。③ 布局合理。有条件的地方，应结合新村规划，实施宅基地整理、自然村撤并和旧村改造。

二　农村住房改造

农村住房改造是针对单个农户的住房重建、改造、翻修的任务。农村住房质量是导致城乡生活质量差异的重要方面，加快农村住房改造建设，既有利于带动农村投资和消费、促进经济增长，又有利于改善广大农民的居住条件；既有利于统筹城乡发展、促进人口向城镇集

① 本研究中提出的相关标准是借鉴长三角和浙江省提出的村庄整治标准提出的。其中浙江省于 2003 年起开始实施"千村示范万村整治"工程，2003—2013 年的 10 年时间里，对村庄整治有明确的年度任务和明确的整治标准。

聚，又有利于城市基础设施和公共服务向农村延伸覆盖；既有利于加强农村土地管理、守住耕地总量和基本农田的红线，又有利于优化配置农村土地资源、为城乡建设发展赢得空间。

（1）基本原则

● 农民自愿。坚持农民主体地位，尊重农民意愿，充分发挥党组织领导下的农村基层群众自治机制的作用，切实保障农民和村集体的合法权益。

● 统一规划。农村住房改造建设必须符合城乡规划和土地利用总体规划，加强城乡规划与土地利用总体规划的有效衔接。严格执行城乡规划、土地管理、环境保护、质量安全等方面的法律法规和政策规定，坚持依法办事、规范操作。

● 分类指导。对城镇规划建设用地范围内的原农村居民点，要引导其按照城镇社区建设的要求，进行统一集中改造建设；对县市域总体规划中确定集聚发展的中心村、经济强村、大企业驻地村，要引导其按照农村社区建设标准进行统一规划、统一改造；对县市域总体规划中确定的保留村，应适度推进住房改造建设；对县市域总体规划中明确需要搬迁合并的不宜居住村，要引导农户到城镇和中心村购房建房，停止原有村庄宅基地和建房审批。

● 节约用地。适应城乡经济社会一体化发展的新要求，积极引导农村人口向城镇和中心村集中，严格执行一户一宅制度，鼓励不占或少占耕地，尽可能利用空闲地、荒地荒坡建房。

（2）主要内容

● 开展农村困难群众住房救助。摸清困难群众住房状况，到2015年，全部完成农村困难家庭危房旧房改造与翻新任务。

● 2015年全部完成农村危旧房改造、灾后倒房重建。

● 2015年全部完成大型地质灾害点村落的迁建。

● 2015年完成空心村改造任务。空心村指农房闲置率80%以上的集中连片（20户以上）破旧住房。

● 2015年前完成政策性农村住房保险等工作。

● 基本实现农村住房改造建设新增用地与农村建设用地复垦土地

总量增减平衡有余，农村居民点人均建设用地有所下降。

三　古村落保护与适度开发

南粤大地传统文化源远流长，古村古建、古桥古木数量众多，具有突出的地方文化特色。但是从总体上看，广东各地古村落、古建筑大多已成断墙残壁，得到有效保护的很少。近三十年来，因经济生活的改善，大多数屋主都在旁边盖起近现代砖瓦楼房，所谓古村落都成堆柴、圈牛、养猪之厩，十分可惜。还有相当数量的古村古建与现代民居混杂，彻底破坏了古村落的整体环境美感，难以展现古人营村造户的智慧。如东莞南社村已经看不出古村落的原始建筑风貌和村庄布局智慧了。广东省大多数古村落由于保护资金匮乏而日益破败，而有的则被过度开发，古村落的文化生态和景观意象已不复存在。

在城乡一体化过程中，保护地方传统文明、传承地方文化基因、展现地方文化魅力是城乡一体的文化建设的三大任务。广东省的城市文明不能代表地方传统文化，只有乡村特色文化和特色建筑才能体现出广东省独有的传统文化基因。因此，保护和适度开发古村落是广东省推进城乡一体化的重要任务。

古村落的保护与开发经常是矛盾的，处理好保护与发展的关系很重要。在对待古村落时，首先要认识到是文化资源，所有文化资源的价值都体现有滞后性、潜在性和整体性。因此，首要的任务是保护下来，不仅要保护古村落中的古建筑本身，同时也要保护其社会文化氛围和地形、地貌、植被、水系等背景环境，将这个古村落的人居环境作为一个整体进行保护，才能完整地保留古村落的全部价值。

（1）古村落保护与开发原则

● 古村落保护与整饬，坚持"整旧如旧"；

● 古村落的保护与生态环境保护、村庄整治、旅游开发相结合；

● 古村落保护利用和民间民俗文化保护利用相结合；

● 尊重当地村民的合理意愿，保障农民合法权益。

（2）古村落保护的主要内容

两大类：物质遗存的保护和非物质文化的保护。

物质遗存的保护内容主要有：物质组成要素保护，如古建、旧街区、古迹点等；古村落形态的保护，古村落的空间布局形态、风水意象形态以及村落与地形水系巧妙关系处理的特殊形态等；所根植的自然环境保护，人—地是不可分割的整体，保护聚落必须同时保护其自然背景。

非物质文化保护的内容主要有：传统语言；传统生活方式和价值观；社会群体及社会管理；独特生产方式等。

古村落保护的四项重点内容：一是文物古迹的保护；二是重点保护区、地段的保护；三是风貌特色的保护与延续；四是历史文化传统的继承与发扬。

（3）古村落保护与适度开发的措施

- 制定古村落保护、开发、利用的总体规划；
- 确订保护、保全对象和方案；
- 确订适度开发利用的方案；
- 落实古村落保护与修缮、整饬经费。

案例：浙江省的美丽乡村建设工程

浙江省于 2010 年开始实施"美丽乡村行动计划"，为期 5 年。主要目的是全面建设浙江省的农村人居环境，促进农村城镇化和城乡一体化的推进。主要目标是到 2015 年，在原已实施了 9 年的"村庄整治工程"的基础上，将全省 70% 左右的县（市、区）达到美丽乡村的建设要求，60% 以上的乡镇开展整乡整镇魅力乡村建设。建设内容主要是"4 项行动 15 项内容"：

（一）实施"生态人居建设行动"。推进中心村培育、农村土地综合整治和农村住房改造建设，改善农民居住条件，构建舒适的农村生态人居体系。

1. 推进农村人口集聚。大力培育建设中心村，推动自然村落整合和农居点缩减，引导农村人口集中居住。

2. 推进生态家园建设。全面开展"强塘固房"工程。到 2015 年完成收入在 2007 年农村低保收入标准 150% 以下的农村困难家庭危房改造任务。

3. 完善基础设施配套。深入实施农村联网公路、农民饮水安全、农村电气化等工程建设。到 2015 年，通村公路硬化率均达到 100%；行政村客运通达率达到 94% 以上，城乡客运一体化率达到 55% 以上。统筹建设农村社区综合服务中心。

（二）实施"生态环境提升行动"。切实抓好改路、改水、改厕、垃圾处理、污水治理、村庄绿化等项目建设，构建优美的农村生态环境体系。

1. 完善农村环保设施。到 2015 年，农村垃圾集中收集的行政村全域覆盖，每个乡镇建有 1 个以上垃圾中转或处置设施。

2. 推广农村节能节材技术。深入实施污水净化沼气工程，推动"建筑节能推进"工程在农村的实施，支持农户使用新型墙体建材和环保装修材料。

3. 推进农村环境连线成片综合整治。按照"多村统一规划、联合整治，城乡联动、区域一体化建设"的要求，到 2015 年，市级生态村占县域行政村总数的 50% 以上。

4. 开展村庄绿化美化。深入实施"兴林富民示范工程"，到 2015 年，平原、半山区、山区三种类型的村庄林木覆盖率分别达到 25%、20%、15% 以上。

5. 建立农村卫生长效管护制度。加强村庄卫生保洁、设施维护和绿化养护等工作，探索建设村综合保洁站，拓宽保洁范围。

（三）实施"生态经济推进行动"。按照"创业增收生活美"的要求，编制农村产业发展规划，推进产业集聚升级，构建高效的农村生态产业体系。

1. 发展乡村生态农业。深入推进现代农业园区、粮食生产功能区建设，发展农业规模化、标准化和产业化经营。

2. 发展乡村生态旅游业。加快形成以重点景区为龙头、骨干景点为支撑、"农家乐"休闲旅游业为基础的乡村休闲旅游业发展格局。

3. 发展乡村低耗、低排放工业。按照生态功能区规划的要求，严格产业准入门槛，严禁"二高一资"产业到水源保护区、江河源头地区及水库库区入户。

（四）实施"生态文化培育行动"

1. 培育特色文化村。编制农村特色文化村落保护规划，制定保护政策。充分发掘和保护古村落、古民居、古建筑、古树名木和民俗文化等历史文化遗迹遗存，特别要挖掘传统农耕文化、山水文化、人居文化中丰富的生态思想，把特色文化村打造成为弘扬农村生态文化的重要基地。

2. 开展宣传教育。深入开展文明村镇创建活动，把提高农民群众生态文明素养作为重要创建内容。

3. 转变生活方式。结合农村乡风文明评议，倡导生态殡葬文化，全面推行生态葬法。

4. 促进乡村社会和谐。推行以村党组织为核心和民主选举法制化、民主决策程序化、民主管理规范化、民主监督制度化为内容的农村"四化一核心"工作机制，维护农村社会和谐稳定。

第八章

广东推进城乡一体化的政府转型和政策创新

最好的政府制度，是那种能够提供最大的幸福、最大的社会安全和最大的政治稳定的制度。

——西蒙·玻利瓦尔

第一节　城乡一体化与府际关系重构

（1）城乡一体化与府际关系重构

国家与区域治理的主体是政府，政府要有效治理国家和区域，就必须建构一套有效的政府体系。政府体系的构建，需要从政府的职能与使命出发，也要从全面管理社会的需要出发。随着社会经济结构的变化，政府要因应社会经济的变局出发适时地优化和重组政府体系。因此政府职能是与时俱进的，府际关系也需要适时调整。

府际关系有两类，一是横向府际关系，是管理同一空间尺度的行政单元的一套政府体系内部间关系；二是纵向府际关系，是管理不同空间尺度的行政单元的政府体系间的上下关系。国家重大建设议程的实施、府际关系的调整和优化都自然成为区域建设和发展必须考虑的重大问题，随着城乡一体化的推进，为了履行新的政府职能，横向的、纵向的府际关系都必须重构。由于城乡关系要求城市与乡村的统筹与连接，在我国目前仍然是市管县、县管乡、乡管村的背景下，基于城乡一体化的府际关系重构的重点是纵向重构，横向重构是内部调整，是次要的①。

---

① 陈修颖、汤放华：《城乡一体化背景下地方府际关系重构与政府职能转型》，《经济地理》2014 年第 12 期。

（2）基于城乡一体化的现行市—县府际关系审视

现行的政府行政体系是基于城市管理乡村的城市本位理念下设置的。目前，全国行政区划分为省（自治区、直辖市）、县（自治县、市）、乡（民族乡、镇）三级，但部分地方沿袭了"专区（地区）"制度。1982 年中央决定改革地区体制，出台《关于改革地区体制，实行市管县的通知》，推行市领导县体制，并以江苏为试点；1983 年 1 月，国务院批准江苏省撤销所有地区，地区所辖各县划归 11 个市领导。1999 年，出台要求加大地方机构改革力度的 2 号文件，在全国推广"市管县"的体制改革，文件明确了"市管县（市）"体制改革方向。中国多数地方的行政区划层级目前实际上由"虚四级"变为"实四级"。

作为现代大工业和商品经济发展的产物，市管县体制是在中国特定的政治经济环境下，在传统计划经济体制向社会主义市场经济体制转轨过程中产生的，有其历史的必然性。改革开放以来，随着农村生产关系改革的深入和农村经济的发展，一方面农村因亟须获得城市在技术力量、智力支持、信息服务、资金支援等方面的援助，对城市依赖大为加深；另一方面城市的工业生产、经济改革也迫切需要辐射到农村，以保障城市的市场、劳务、原料及副食品供应。城乡一体化反映了商品经济条件下城乡关系的紧密联动规律。作为这一客观经济规律作用的产物，市管县体制对于密切城乡关系、加强城乡合作、巩固工农联盟、促进城乡一体化进程等诸多方面都起到了一定的推动作用。实行市管县体制表明了政府的一种企图通过城乡合治实现城乡互补和城乡一体化的努力。改革开放前，我国一直实行城乡分治体制，在管辖范围上市政府一般只限于城区和郊区，在户籍管理上实行市民和农民分类管理，在政府体制上则实行一般区域性地方政府和市镇政府两套体制，在行政区划管理体制上城市型行政区和地域型行政区并存。随着市管县体制的推行和深入，我国城乡关系已由过去的城乡联盟发展到城市领导乡村，基本实现了城乡合治的地方行政管理体制。

但是，从中国目前的实践来看，所谓城乡合治，基本上仍然是板块式的合治，而不是真正有机的一体化合治，企图通过市管县的行政体系实现城乡合治，尤其是平等对待城乡、推进城乡一体化的理想设计是行不通的。管县的市政府的机构设置大都可以清晰地分成两个系统，一是城市管理系统，二是农村管理系统，两者之间基本上互不相关。城乡合治并不能带来城乡互补或城乡一体化。在不彻底改革城乡二元分割的户籍制度和不彻底打破重工抑农、重城轻乡观念的情况下，任何形式的城乡合治都改变不了"外合内分"的客观事实。因此，企图通过市管县体制实现城乡合治，不符合当代中国城乡的实际状况。

近年来，在中国经济发达的东南沿海地区，如苏锡常地区、珠江三角洲、环渤海经济圈等，市管县体制已经严重束缚了区域经济发展。一些市将县视为"附属行政单位"，要求其经济发展从属于市区经济发展的需要，"市管县"演变成了"市刮县"。从土地使用、财政收入、人才科技、基础设施建设等方面都采取城市优先、工业优先的策略。

（3）基于城乡一体化的府际关系重构

城乡一体化是中国社会经济发展的必然趋势，实现城乡融合也是人类社会人—地关系的最高目标。因此，基于城乡一体化的府际关系重构是实现国家有效治理的必然要求，实现府际关系重构的有效途径是行政区划调整。实现城乡一体化，既要消除城市本位思想立足的府际关系体制，又要防止城乡割裂、互不关联的府际关系出现。

海南省和浙江省是率先实施省管县改革的省份，但对城乡一体化的效应各不相同。海南省实施城乡分治，对城乡一体化的影响主要是强化了县域社会经济综合体概念，减少了"城里人管乡下事"的机会，但县域经济欠发达，对城乡一体化的推进作用不明显，显然这不是省管县体制造成的问题。浙江省实施的是"财政省管县"，与行政上的省管县有本质区别。为了确保基层财政稳定，浙江省财政厅决定从实际出发，大胆试验，不按一级政府一级财政的文件要求实行市管县，而是继续实行扁平化的省直接管市、县的体制，以简化中间层级，避免"雁过拔毛"。以县域为基本空间单元的经济组织模式，意味着县域经济和镇域经济的相对重要性不断加强，同时对独立性的要求也在不断增强，这是浙江"省管县"财政体制得以存续发展的最根本原因，也是浙江省城乡一体化得以快速推进的根本原因。

推进城乡一体化的合理空间单元是什么？县域是最基本的城乡复合的地域经济社会综合体单元，实现城乡一体化，最基本的地域单元就是县域，而不是现在推行的"市管县"的市域。首先，县城和中心镇是连接城乡的唯一关键节点，是城乡一体化的直接推动者和实践者；其次，基础设施的城乡网络化、基本公共服务的城乡均等化、产业的城乡一体化都需要在一个最基本的同质性人—地复合单元上展开，差异性越大越不构成一个经济社会共同体，围绕一个共同目标下的行动越难展开，目标的实现也就越不可能。市管县构成的市域，实际上包含了多个最基本的城乡复合地域单元——城乡利益共同体，空间尺度过大，不符合城乡合治的基本规律。

我们建议广东省推行"省域财政直管县、县域强镇又扩权"，构建有利于城乡一体化的新型市—县—镇三级府际关系。

省域财政直管县，利于县域财政相对独立，能够量入而出地对全县基础设施建设、公共服务设施建设、产业优化与升级等涉及城乡一体化的重大问题做出因地制宜的决策。同时，为了加强行政领导，防止大中城市与县域的割裂，在一些重大的城乡一体化工程和改革措施的制定上，充分发挥大中城市的作用，需要大中城市的参与和领导，因此，人权和事权仍然保留在地级市。

县域强镇又扩权，利于构建城乡一体化的社会经济共同体。城乡一体化的基本空间单元所形成的空间结构是核心—外围结构，中心是城镇核，外围是乡村腹地，依据县域内地域分异的实际确定城乡一体化的空间结构，这样就形成了不同的县域城乡一体化单元，如单核结构、双核结构、多核结构等。为了有效管理，需要科学地确定中心镇的大小和范围，科学地进行行政区划调整，大幅度地减少镇的数量，将有条件的中心镇培育建设为小城市，加大中心镇的事权和财权，提高城乡一体化的组织力和动员力。

（4）强化县级政府在城乡一体化中的核心作用

县级政府应当成为城乡一体化的领导者、组织者。广东省的乡镇企业发达，数量众多、涉及三次产业的各个领域，它们置身于农村、依托于农业和广大农民，有着直接的工农联系，其活动和经营建立起了城乡联系，因此，乡镇企业是最重要的实施工业反哺农业的载体。但是，这种反哺是非制度化的，仅仅是建立在企业自身发展的需要之上的，如需要廉价的劳动力、廉价的原材料、廉价的土地、宽松的环境和生态进入门槛等，被动地推动了农村小城镇建设和农民增收。随着工业反哺农业、城市反哺乡村成为国家的战略行为，乡镇企业作为推进城乡一体化的主体就不合适了，地方政府特别是县级政府应当成为城乡一体化的领导者和组织者，各类产业园区、现代农业园区和粮食生产功能区应当成为实施者，而大量具有联通城乡产业、大量吸纳城乡就业人口、具有社会责任的园区企业就成为推进城乡一体化的载体。

随着国家对"三农"投入的不断增加，新农村建设、城乡一体化等成为国家战略行为，各种涉农、支农资金等"三农"资金的增加，需要按照规划统一预算、统一管理、统一配置，能承担这一职责的只有县级政府。一方面，政府可以通过导向性的制度安排，吸引市场上的非政府掌控的要素流向农村的特定区域、特定行业，以实现特点目标；另一方面，可以利用财政途径集中涉农资金，如国家和上级地方政府下拨经费、县域内非农企业筹集的支农基金等，做到集中使用、统一监管，提高资金使用效率。此外，县级政府可以轻松地通过科学预算，重点推进产业园区、农业园区和粮食生产功能区建设，还可以有效推进中心镇、中心村的培育与建设，更重要的是，可以有计划地推进农村基础设施以及基本公共服务设施和基本公共服务项目等公共品的建设，集中财力进行农村环境和生态建设，等等。

国家"十二五"规划中提出要增强县域经济发展活力。"扩大县域发展自主权，稳步推进扩权强县改革试点。建立健全县级基本财力保障制度，增加对县级财政的一般性转移支付，逐步提高县级财政在省以下财力分配中的比重。依法赋予经济发展快、人口吸纳能力强的小城镇在投资审批、工商管理、社会治安等方面的行政管理权限。发挥县域资源优势和比较优势，科学规划产业发展方向，支持劳动密集型产业、农产品加工业向县城和中心镇集聚，推动形成城乡分工合理的产业发展格局。"这些"十二五"期间的战略性安排是符合区域经济发展对府际关系优化的基本要求的。

（5）尝试撤镇建街和强镇扩权等行政管理体制改革

在经济发达的县级市，推行撤镇建街，实行农村社区管理体制等行政管理体制改革能有效加快城乡一体化进程。在社会经济发达、城镇化水平较高、人口密度较大、城乡发展差距较小的县级市和大都市连绵区的近郊县，全面撤销建制镇、建立相应的街道办事处，不仅有利于建立全市发展战略一盘棋、城乡规划一张图、行政审批一个口、城乡标准一个样的城乡一体化管理体制，也会大大消除广大地方官员和农村居民的城镇心理认同感，根除有碍城乡一体化的传统空间差异意识。

强镇扩权的目的是加快有实力的农村小城镇发展为小城市。在职能、服务能力、行政管理等方面，农村小城镇与小城市都存在本质差别，根本原因是政府权限的制约。目前，广东省经济发达的农村小城镇，主要是重点镇和大多数中心镇，经济发展水平、综合实力、城镇规模等都与小城市没有差别，但是小城镇政府的职权有限，出现"大城镇小政府"的局面，在管理上"看得见的管不着、管得着的看不见"现象普遍存在，严重制约了有实力的农村小城镇的持续发展，并出现大量因政策缺位、管理缺位而导致的城市管理问题。因此，强制扩权的改革势在必行。

（6）基于城乡一体化的政府职能转型

国家"十二五"规划对加快转变政府职能大致有六方面的总体要求。一是健全政府职责体系，提高经济调节和市场监管水平，强化社会管理和公共服务职能；二是加快推进政企分开、政资分开、政事分开、政府与市场中介组织分开，调整和规范政府管理的事项，深化行政审批制度改革，减少政府对微观经济活动的干预；三是继续优化政府结构、行政层级、职能责任，坚定推进大部门制改革，着力解决机构重叠、职责交叉、政出多门问题；四是在有条件的地方探索省直接管理县（市）的体制；五是完善公务员制度；六是深化各级政府机关事务管理体制改革，降低行政成本。

　　上述六方面的总体要求中，对顺利推进城乡一体化具有重要意义的主要是强化政府的公共服务职能、优化府际关系和推行省直管县（市）制等三方面。其中强化政府的公共服务职能尤为重要。

　　2003 年有学者提出由经济建设型政府向公共服务型政府的转型，2004 年经济学界就政府转型形成了较为广泛的共识①；2005 年国务院决定把以政府转型为重点的行政体制改革作为改革重点；2006 年国务院讨论"十一五"规划，明确把行政管理体制改革作为"十一五"改革攻坚的关键和重点。

　　城乡一体化是构建和谐城乡关系和区域关系的必然要求，经济基础和上层建筑的关系决定了经济转型必然要求政府职能转型。基于城乡一体化的政府职能转型具有三个最基本的特征：一是由城市中心型向城市统筹型转型；二是由财富创造为核心任务向财富公平分配为核心任务的转型；三是由经济建设服务向经济建设与公共服务并重转型。

	理念	政策	空间正义	绩效考核	招商引资	财政预算	规划建设
城市中心型	经济发展优先	牺牲农业发展工业，牺牲农村发展城市	非正义	GDP	工业项目优先的城市工业区建设	城市和工业优先	城市和工业园区
城乡统筹型	人的全面发展，PRED 和谐	以工补农、以城促乡	空间正义与公平	幸福指数	现代农业、农业产业化与第二、第三产业并重	三农发展优先	城镇体系、大中小城市与农村小城镇并重

第二节　推进城乡一体化的三级政府职责

（1）省府五大职责

调查与研究职责。摸清城乡关系现状与问题，了解省情民意，考

---

① 迟福林：《以公共服务建设为中心的政府转型》，《海南改革发展研究院简报》2011 年第 1 卷第 17 期。

察国外及国内典型，借鉴国内外经验。研究城乡一体化的重大关键问题，如目标与任务、行动路径、重大工程、试点方案、推进模式、绩效考核办法等，为职能部门的决策提供政策制定和行动依据。

规划职责。省域城乡规划一体化规划、省域城乡一体化总体规划、省域城乡一体化土地利用规划、省域城镇—村镇体系规划、省域城乡一体化专项规划（省域基础设施城乡一体化规划、省域基本公共服务城乡均等化规划、省域产业布局一体化规划、省域生态保护与建设城乡一体化规划等）。

建设职责。基于推进城乡一体化目标的产业和重大项目布局与建设，基于城乡一体化目标的基础设施、基本公共服务项目建设，重点培育与建设的中心镇对象的确定，综合或者专项城乡一体化试点工作安排与部署等。

政府职能转型与体制改革。研究并实施府际关系优化工作，明确各级政府职能，横向政府机构设置改革，行政区划调整等。

制度创新。现有政策、制度的梳理与分析，基于城乡一体化目标的制度构建，出台关键的重大制度，如城乡一体化的土地制度、城乡一体化的人口与就业制度、城市基础设施向农村延伸的制度、基本公共服务向农村覆盖的制度，生态补偿政策的制定与调整等。

（2）县（市）府职责

县（市）是城乡一体化最基本的地域单元，是具体行动的执行者，也是城乡资源配置最重要的主体，关系到城乡一体化推进的质量和进度，也是各种社会变革中不可回避的新问题、新矛盾的直面者，承受的压力很大，责任重大，因此也是城乡一体化推进中承担风险最大的一级政府，在大胆探索与稳妥前行二者间需要谨慎权衡。

县（市）府应当承担的职责主要是县域各项城乡一体化规划，重点发展区域的发展引导，中心镇、中心村的培育与建设工作的实施，农业现代化工程的布局与建设，农村与农业基础设施建设，基本公共服务向农村的覆盖，农业支持体系的建设，基层政权组织及设施建设，新农村建设的各项任务的落实（空心村改造、村庄整治、下山移民、偏远弱小村撤并、村级行政区划调整等），经营性土地的流转和宅基地的整理，农村社会治理，各级政府下达的各项涉农经费的科学分配和监督。

（3）乡镇职责

乡镇范围的城乡一体化规划，基础设施建设的落实，中心村建设的落实，基本公共服务的落实，支农惠农资金的落实。中心镇的职责和一般乡镇的职责是不同的。中心镇需要落实产业集聚、人口集中、协调土地流转、城镇本身建设等更多的职责。对强制扩权的重点镇，还需要履行县市区下放的众多社会经济管理职能。如浙江省义乌市下放给强制扩权试点镇佛堂镇（浙江省小城市试点镇）的职权多达70余项，因此，重新梳理、整合归并复杂的职能，建设一支高效精干的队伍，是中心镇面临的重大挑战。

地级市主要抓省府布置任务的督促、落实与检查，向省府反馈县域城乡一体化的进展和问题，组织区域内职能部门相互借鉴与经验推广等工作。

（4）合理划分各级政府关于涉农事务的事权和财权

以涉农事项是否跨行政区划及其在本级政府中的重要程度为主要标准，合理划分各级政府涉农的事权财权。属跨省行政区划涉农事项的或经规定程序确定为中央政府重大涉农事项的，应视为中央政府的事权，实行中央统筹、以中央财政投入为主的投入机制，逐步取消省及其以下政府的配套资金，以此类推，确因财政困难难以履行本级政府事权范围内涉农重大事项的，可申请上级政府的专项转移支付解决。

（5）加强基层重建

城乡一体化工程只有通过自上而下与自下而上相结合、政府主导与全民主体相结合、财政引导与市场运作相结合，才能顺利推进。因此除明晰各级政府责任、将政府的权利之手尽可能地延伸至社会最基层之外，还必须加强基层重建，让农民合法地组织起来，充分发挥农村能人、经纪人、行业协会、农村合作组织等"新乡绅"的动员力和号召力。基层群众自治组织的功能不能削弱，也不能完全由政府之力替代，建立在合法基础上的基层组织是可控的重要力量。政府虽然可以伴随着权力之手将公共服务和基础设施建设等延伸到基层,但这样强化了农民的依赖性,由"坐、等、看"慢慢变为"坐、等、要",一旦政府有所失误,官民冲突随之而起,这是政府全盘主导城乡一体化的梦魇。事实上,政府不可能包办一切,也包办不好基层社会的所有事务。在遇到筹资、动员、基层协调等涉面广、民意强的事务时,政府应当将事权交给"新乡绅"。当然,前提是首先要重建基层,使基层秩序化。

第三节 城乡产业一体化发展制度环境营造

(1)完善土地承包经营权畅顺流转的制度设计,打造城乡统一的交易平台,通过土地集中扶持规模经营主体,同时,逐步实现农民土地经营权等资源的财产性收入成为农民增收的重要组成部分。

(2)全面推进集体林权制度改革,进一步完善生态公益林体系建设。

(3)合理引导国外先进技术和产业资本投资发展现代农业,培育省内农业跨国经营企业,提高统筹"两种资源、两个市场"能力。

(4)加强公益性农业技术推广、建立华南农业科技创新中心、健全省、市、县、乡镇四级农产品质量安全监管和动物防疫体系。

(5)积极探索建立政策性、商业性、合作性和互助性及多种所有制并存的农村金融服务体系,开展政策性农林渔业保险试点,积极开发商业涉农保险产品。

第四节 城乡均衡的基本公共服务体系建设

在由物质短缺型社会的全民第一要务是发展经济,保障物质消费品供给。进入21世纪,我国成为了物资和资金供给充裕的国家,但是公共产品供给短缺成为经济社会转型时期最突出的问题。一方面,公共产品供给总量不足，不能满足国民急剧增长的公共服务产品需求，同时公共产品的供给结构也不合理，种类结构不合理导致人际间的公共产品消费不公平，区域供给不合理导致城乡间、地域间公共服务产品供给的不公平；另一方面，社会管理体制机制还停留在城市本位主义和 GDP 崇拜阶段，不适应经济社会转型的需要，社会服务业发展滞后。

为了实现基本公共服务城乡均等化，体制改革方面迫切需要解决两个关键问题：一是制度供给不均的问题；二是公共资源配置不均的问题。其中公共财政资源配置最为关键。要尽快实现城乡居民人均财政性义务教育、基本医疗卫生、基本社会保障，以及公共文化、大众体育、公共安全、公共环境、公共基础设施等方面支出的城乡均等化。

城乡收入差距过大的问题是制约广东省城乡一体化推进的最大障碍。尽管城乡收入差距产生原因十分复杂，但从本质上看，城乡收入差距过大主要是由两方面原因造成的。一是农村居民的可支配收入绝对值少于城镇居民；二是从可支配收入中支出公共服务产品的费用比城镇居民多。这一多一少自然使城乡居民的实际收入差距扩大，显然，如果不改革公共资源城乡配置的政策制度，社会经济越发达，这种差距将更加难以缩小，因为城镇居民享受的财政支出性公共服务随着财政收入增加而不断改善，而农村居民需要承担日趋昂贵的公共服务产品的消费开支，最突出的是医疗和教育两项，因此目前农村居民致贫原因居前两位的是医疗致贫和教育致贫。

创新公共服务产品提供方式。原则是加快发展社会服务业，大胆探索放宽社会发展领域的市场准入和投资限制，形成除基本公共产品（社会保障、基本公共服务、重要基础设施等）由政府公共财政提供为主、其他中高端尤其是生活非必需的公共服务产品提供主体多元化、提供方式多样化的社会服务业发展新格局，满足城乡居民多元化、多层次的公共品需求。

第五节　基于城乡一体化的土地产权制度改革

（1）防止三种错误做法

土地制度关系到农业稳定、农民权益以及农村基本经营制度，更加事关农村稳定、全社会稳定的大局。在进行城乡一体化的土地产权制度改革中，必须杜绝三种错误做法：一是将农民的土地权益置换城市户口或者社会保障。二是通过农民集中居住将节省的农村宅基地转化为城镇建设用地。三是不切实际地将承包土地流转实行土地集中连片。

在统筹城乡土地利用过程中，普遍存在一个误区，就是片面强调农民转换为市民，并以此拿农民的土地换取城镇户口，拿农民的土地换社会保障。根据土地承包法的规定，农民如果在设区的地级市以上城市落户，就要放弃家庭承包土地。实际上这是违背农民意愿的，在农村，土地的功能不仅仅是生产，还有保障功能，这是最让农民放心的心理底线。据报道，南京市要给 50 个优秀农民工落户，结果只有一个农民办理了手续。[①]农民的土地是一种权利，拿土地换户口、换保障，农民不仅没得到实惠，反而失去安全感和就业的土地载体。当然，农民转换为市民后，仍然长期占有集体土地也是不合适的，显然这需要一个缓冲过渡期，需要新的土地制度。

新农村建设过程中，存在一种普遍倾向：将农民集中居住作为城镇建设用地短缺的解决方案，其思想根源还是城市本位思想。当建设项目缺少建设用地时，让农民腾出宅基地是多数地方政府会采取的措施。其实，农民宅基地流转的背后潜藏着一双巨大的利益之手，最终损害的是农民的利益。

理论上讲，农村人口集聚能提高农村基础设施利用率、降低行政成本、提高管理效率、促进农地流转、利于农业规模化和现代化经营

---

① 韩俊：《统筹城乡发展的三大误区》，《中国乡村发现》总第 12 集。

等诸多好处，但是由于农村人地关系的特殊性，适当的分散居住是科学合理的，因为在机械化、现代化程度不高，地形复杂的条件下，农业生产有一个合理的耕作半径，超出这个半径，生产是不经济的。农村人口集聚，必须建立在农民自愿、政府监管、市场参与的原则之上。从长三角的实践看，凡是成功的、深受欢迎的农民集中居住主要是三类：一是偏远弱小村的下山移民工程；二是有就业保障的向中心村、中心镇集中；三是有地质灾害隐患的整体搬迁集中。除这三类外，其他目的的人口集中都必须深思熟虑，综合权衡各方利益，否则将激化各种矛盾，影响社会稳定。

农民承包土地的流转应当是市场行为，政府不应干预过多，只能有限引导，多做协调工作，化解各类矛盾。浙江金华自 2010 年开始进行现代农业园建设，地方政府对土地流转只是有限介入，基本由现代农业园的投资主体——业主与园区规划范围内的分散农民协商解决，通常以实物地租的形式实现土地流转，遇到少数"钉子户"，也是由业主自行与农地承包户面对面解决。结果十分理想，每个园区基本上都能顺利流转实现土地集中连片，而周边所涉土地的农民都能成为该园区的员工或者形成经营利益共同体，实现农民与业主双赢，共同推动了农业现代化和园区化。

（2）城乡一体化的土地流转的现有相关政策规定

第一，关于农民的土地承包经营权。

对进城落户农民通过家庭承包方式取得的土地承包经营权，分两种情况做出规定。一是对小城镇落户的农民，允许其继续持有土地承包经营权。2000 年《中共中央、国务院关于促进小城镇健康发展的若干意见》规定，"对进镇落户的农民，可根据本人意愿，保留其土地承包的经营权，也允许其依法有偿流转"。《农村土地承包法》进一步明确，"承包期内，承包方全家迁入小城镇落户的，应当按照承包方的意愿，保留其土地承包经营权或者有序依法进行土地承包经营权流转"。二是对到设区市落户的农民，允许集体组织收回其土地承包经营权。《农村土地承包法》规定："承包期内，承包方全家迁入设区的市，转为非农业户口的，应当将承包的耕地和草地交回发包方。承包方不交回的，发包方可以收回承包的耕地和草地。"对家庭承包的林地和通过其他方式承包的"四荒地"，法律未作明文规定。

第二，关于宅基地使用权。

对如何处理进城落户农民的宅基地使用权，现行法律法规和政策文件极为谨慎。或者是无法操作的一纸空文，或者是无主回收。

无约束力的规定。1990年国务院批转的《国家土地管理局关于加强农村宅基地管理工作的请示》提出，"对已经'农转非'的农民，要适时核减宅基地面积"，但宅基地的分配使用是以家庭为单位，这一要求缺乏可操作性。2000年《中共中央、国务院关于促进小城镇健康发展的若干意见》提出"对进镇农户的宅基地，要适时置换出来，防止闲置浪费"，2004年国土资源部《关于加强农村宅基地管理的意见》提出"对'一户多宅'或者空置住宅，各地要制定鼓励措施，鼓励农民腾退多于宅基地"，但都不是强制性要求。有人根据《土地管理法》第65条关于"因撤销、迁移等原因而停止使用土地的"，"农村集体经济组织报经原批准用地的人民政府批准，可以收回土地使用权"的规定，主张农村集体经济组织可以收回迁出户口农户的宅基地，但各地的实践中普遍没有采纳这种主张。

无主宅基地回收。少数地方根据房屋状况决定是否收回宅基地使用权。如河北省2002年颁布的农村宅基地管理办法规定，农村村民户口迁出本集体经济组织后，其宅基地上的房屋损坏不能利用的，应当退还其宅基地，由村民委员会无偿收回。

（3）农村土地制度及其利益格局重构的背景和新趋势①

① 三大背景

• 乡村工业化、城镇化迅猛发展，促成农业社会向现代工业社会加速转型，是农村土地制度及其利益格局重构的总根源。

• 农村非农产业和城镇迅速扩张，"离农离土"人口激增，引发了农地大规模的流转，为基层行政和自治组织重新配置土地资源提供

---

① 本课题组成员王景新教授完成的农业部课题（0330）《现代化进程中农民土地权益保护研究》的基本结论。

了机会。

● 稳定农村土地承包关系、保护农民土地权益的政策导向，与为满足不断增长的非农用地需要而周期性调整农村土地关系之间的博弈，规定着未来农村土地制度及其利益格局重构的基本方向。

② 四个新趋势

● 农村社会转型，尤其是工业化、城镇化快速推进，土地资源争夺将越来越激烈，土地利益矛盾也将空前释放。

● 土地流转和大量被征用，必然诱致农村土地制度利益格局的重构，在这样的历史时期，应该特别重视保护农民土地权益。

● 现实农村土地权利变迁，总是趋向不断强化国家或政府利益而削弱集体和农民权益。

● 应该特别指出，发达地区土地流转中强大的行政推动力是以同样强大的财政实力作后盾，在反哺或回报农民的旗帜下而进行的。政权的组织资源和财政资源大量投入，在一定程度上取得了农民的信任，释放了农民的不满情绪，使东部地区保持了极强的经济活力和稳定的社会环境。

第六节　城乡基本公共服务均等化的制度基础建设及保障措施

一　制度基础建设

（1）强化政府在基本公共服务供给上的主体和主导作用

首先要强化地方政府的公共服务职责。转变政府职能，将规划引导、政策制定、统筹协调等方面作为政府的主要职责。集中主要精力用于建立健全城乡一体化的基本公共服务体系。

其次要调整公共财政政策。目标是加快建立覆盖广大农村的公共财政制度。扩大对农村水、电、路、气等基础设施投入的同时，同样要加大对基本公共服务内容的硬件建设，如学校、医疗站、应急避险

中心等。加大对义务教育的财政投入力度，完善义务教育以政府投入
为主的机制。在扩大农村医疗覆盖面时同样需要加大财政投入，只有
加大财政倾斜力度，才能体现出农村医疗服务的公共产品特点，也才
能真正实现城乡医疗服务均等化。基本养老制度的均等化同样需要财
政的大量投入，明确省、市、县三级政府的职责、明确政府和个人分
摊的份额是顺利推进基本养老保险的前提。社会求助带有最显著的公
共产品特性，也是体现社会主义制度优越性的标志。从国内外的实践
情况看，社会求助由政府直接实施管理并不断加大公共财政投入是各
国政府推行的一种制度安排。①

（2）提高政府基本公共服务产品供给责任和能力

首先要积极推进行政体制改革。利用大部制改革的机会，积极探
索有益于城乡一体化管理的行政机构新体制，适时整合行政资源。减
少行政层级，扩大省管县范围，不断探索和完善适应城乡一体化要求
的行政管理体制，为基本公共服务均等化提供体制保障。

积极推进财政体制改革。重点是推进县乡财政管理体制改革，建
立和完善农村公共财政制度。县乡财政管理体制是县级政府用以加强
县乡之间各种分配关系和财政管理责任与权限的重要手段。加快县级
财政体制改革也是强化县级政权在推进城乡一体化中充当主体责任人
的基本要求。

积极推进社会管理体制改革。重点是户籍管理、就业管理、流动
人口管理等。探索建立城乡统一的社会服务管理体制，整合医疗卫
生、社会保障和救助、劳动就业等方面的资源，建立统一联合的基层
社会服务机构，构建覆盖全民的社会服务网络，形成遍布城乡的政府
和社会联结点。②

积极推进公共服务机构改革。我国的教、科、文、卫、体等机构
都是事业单位性质，不是严格意义上的公共服务机构，单位性质特
殊，承担职责重要，行政权限缺失、财政投入有限。大多数事业单位

---

① 课题组：《缩小广东城乡贫富差距报告》（上），广东人民出版社 2010 年版。

② 同上。

为了职工福利和单位的有效运转，"就地生财"现象十分普遍，这种趋利现象与所从事的事业为公共服务业的性质相去越来越远。公共服务机构改革十分迫切，理顺责、权、利三者关系是关键。有两个改革方向：要么转移出行政职能，要么改制为行政机构。

二 完善保障措施

（1）明确工作责任。进一步明确工作职责，分解落实工作任务，逐年制订年度工作计划。省级有关部门着重抓好政策制定、公共财政制度完善、督查考核和相关指导服务工作，并根据本行动计划，制订实施本部门的五年实施方案和年度工作计划。各市、县（市、区）政府是行动计划的实施主体和责任主体，要切实做好任务和项目的具体落实工作。

（2）深化体制改革。深化行政管理体制改革，增强政府履行社会管理和公共服务的能力。创新公共服务供给机制，积极推行政府购买公共服务等方式，引导企业和社会力量参与基本公共服务供给。深化事业单位改革，加大监督管理和公益类事业单位的公共预算投入，强化绩效监管。

（3）强化财政保障。围绕推进基本公共服务均等化，健全公共财政体制。深化预算制度改革，优化财政支出结构，完善预算支出标准体系，扩大民生领域覆盖范围，确保各级财政新增财力2/3以上用于社会事业和民生改善。加快形成统一、规范、透明的财政转移支付制度，提高一般性转移支付规模和比例，加大对欠发达地区的转移支付力度。完善各级政府的事权财权划分，形成合理的分级保障机制。深化公共财政体制改革，努力增强基层政府提供公共服务的财政能力。

（4）加强政策引导。加快完善基本公共服务政策体系。编制并发布实施基本公共服务均等化相关政策规章，强化基本公共服务均等化的法治保障。确立基本公共服务的范围、标准以及与之相适应的一系列制度安排。制定和完善促进基本公共服务均等化的就业、社保、教育、卫生等一系列配套政策，强化政策之间的协调整合。

（5）加强考核监督。强化组织领导，建立工作协调和责任落实机制。建立健全基本公共服务均等化的考核评估体系及相应的激励约束机制。根据公共资源的投入产出情况，研究制定基本公共服务均等化的评价指标体系，做好绩效评估工作。有计划地开展督查评估，将基本公共服务均等化行动计划的实施情况纳入政府部门年度目标责任制考核，纳入市县政府领导班子和领导干部政绩考评体系。

后　记

本著作出版受国家自然科学基金项目《中国欠发达地区城市群建构中的新区域主义（41371182）》资助。

本著作是在广东省政府面向全国公开招标的 2010 年重大政府决策咨询项目《推进广东城乡一体化的路径和相关政策研究》〔2010102〕最终研究报告的基础上经过理论深化和资料更新等大幅度修改提升后的研究成果。

本研究在完成过程中得到广东省政府政研室、广东省各地级市相关部门、中山大学李志刚教授的大力支持与帮助，研究中参阅了大量前人研究成果，少数登载于政府网站上的文章由于匿名发表，本著作引用时未标出出处，在此向所有这些作者和网站表示感谢。本著作的出版得到中国社会科学出版社宫京蕾老师以及本人所在单位浙江海洋大学的大力支持与帮助，深表谢意。

陈修颖